Heinrich Pröhle

Unterharzische Sagen

Mit Anmerkungen und Abhandlungen

Heinrich Pröhle

Unterharzische Sagen

Mit Anmerkungen und Abhandlungen

ISBN/EAN: 9783944349664

Auflage: 1

Erscheinungsjahr: 2009

Erscheinungsort: Bremen, Deutschland

@ Saga-Verlag in Access Verlag GmbH, Fahrenheitstr. 1, 28359 Bremen.
Alle Rechte beim Verlag und bei den jeweiligen Lizenzgebern.

Unterharzische Sagen.

Mit

Anmerkungen und Abhandlungen

erausgegeben

von

Dr. Heinrich Pröhle.

Aschersleben,
rlag von Oskar Folke.
856.

Sr. Erlaucht

dem

Herrn Grafen Botho zu Stolberg-Wernigerode

unterthänigst gewidmet.

„Die volkssage will aber mit keuscher hand gelesen und gebrochen sein. wer sie hart angreift, dem wird sie die blätter krümmen und ihren eigensten duft vorenthalten. in ihr steckt ein solcher fund reicher entfaltung und blüte, dass er auch unvollständig mitgetheilt in seinem natürlichen schmuck genugthut, aber durch fremden zusatz gestört und beeinträchtigt wäre. wer diesen wagen wollte, müste, um keine blösse zu geben, in die unschuld der ganzen volkspoesie eingeweiht sein, wie der ein wort zu ersinnen ausgienge, in alle sprachgeheimnisse. aus elben elfen machen heisst unserer sprache gewalt thun; an farbe und gehalt der mythen selbst ist sich noch schonungsloser vergriffen worden. man meinte die volkssage zu überbieten, und ist immer hinter ihr geblieben; nicht einmal soll da, wo sie lückenhaft vortritt, eine ergänzung vorgenommen werden, die ihr wie alten trümmern neue tünche ansteht, und mit ein paar strichen schon ihren reiz verwischt. Ihre manigfaltigkeit in der einstimmung überrascht, an unerwarteter stelle spriessen verschönernde nebenzüge, doch nicht auf jedem boden geht sie üppig hervor und erzeigt sich streckenweise mager oder spröde; zumal belebt ist sie da, wo reime und formeln in ihr auftauchen. ergibigste ausbeute scheinen die samlungen zu gewähren, die mitten in einer sagenreichen landschaft sich erhebend aus ihr nach allen seiten sorgfältig schöpfen, ohne weit die grenze zu überschreiten; so hatten Otmars Harzsagen ein günstiges feld vor sich, das wol in gleich eingehaltner schranke nochmals durchzogen zu werden verdiente."

Jacob Grimm am 28. April 1844.

Inhalt.

Vorwort XVIII

Sagen von Thale und der Roßtrappe.

1 — 2.	Hünen und Riesen im Bobegebirge . . .	1
3 — 5.	Die Sage von der Roßtrappe	2
6 — 7.	Das Bärensdorf	3
8.	Fahle Hölle	3
9 — 10.	Der stille Sumpf und der Warnstedtsche Teich	4
11—12.	Die Siebensprünge	4
13—18.	Der Mönchenstein vom Kloster Wendhausen	5
19.	Die Linde am Bobekessel und der Zwerg . .	6
20.	Pfingstopfer an der obern Mühle bei Thale .	6
21—23.	Nickelmänner und Wassermänner in der Bode	7
24—26.	Die Zwerge im untern Bodethale . . .	7
27.	Die Mahleiche	8

Sagen von Alten-Brak, von der Schönburg und von Treseburg.

28—31.	Die Nahrungsgeister von Alten-Brak . . .	9
32.	Der Brunnen auf der Schönburg . . .	10
33.	Kegelspiel auf der Schönburg	11
34.	Osterfeuer auf der Schönburg	11
35—37.	Der Hasenteich bei Alten-Brak . . .	11
38.	Die Spukeiche	12

Sagen vom Rübeland und der Baumannshöhle.

39.	Der Ziegenbock auf der Woistenkirche	13
40.	Die Hundekirche	13
41.	Der schwarze Mann zwischen der Rapbode und der alten Burg	13
42.	Die Jungfer auf der alten Burg bei Rübeland	14
43—44.	Hüttenkobolde	14
45—46.	Geister in der Baumannshöhle	14

Sagen von Quedlinburg.

47.	Der Vogelheerd bei Quedlinburg	17
48.	Henrich der Vogler und die Stadt Quedlinburg	17
49.	Das Ritterfeld	18
50.	Vom Kirchenraube	19
51.	Sanct Anna und die Mutter Gottes	20
52.	Von der Nicolai=Kirche	20
53.	Von dem Marienkloster auf dem Berge Sion (Monsionberge, Münzenberge)	22
54—59.	Das wilde Wasser auf dem Münzenberge	22
60.	Albrecht von Regenstein und die Stadt Quedlinburg	24
61.	Pater Harm	25

Sagen von Blankenburg und der Umgegend.

62—63.	Die Teufelsmauern	26
64—67.	Die weiße Frau und der Brunnen vom Blankenburger Schlosse	27
68.	Weg von der Quelle auf dem Blankenburger Schlosse nach dem Münzenberge	28
69.	Das Dorf Börneke	29
70.	Spuk bei Hüttenrode	29
71.	Die Quargeshöhle von Helsungen	29

Sagen von Michaelstein, Heimburg und Benzingerode.

72.	Evergodesrode, Volkmarstein und Michaelstein	30
73—74.	Der Name Michaelstein	33
75.	Michaels Bild	33
76.	Der heilige Michael und die Lörke	33
77—82.	Der Mönchenmühlenteich	33
83—87.	Das Teufelsbad	34
88.	Der Jungfernpaul beim Teufelsbade	35
89.	Zwerge in den Kreuzgängen	35
90.	Der Abt im Klosterkeller	35
91.	Der Papenteich	35

92.	Der Hirsch auf dem Probstberge und am Klostergrunde	36
93.	Die Lausehügel	36
94.	Die Mädchenwiese	36
95.	Feuer ohne Kohlen	36
96.	Die Heimburg brennt ab 1288	36
97.	Geld auf der Heimburg	37
98.	Der Keller auf der Heimburg	37
99.	Kegeln auf der Heimburg	37
100.	Jungfer auf der Heimburg	37
101—104.	Die Hünensteine	37
105.	Untreue Baumbreite	38
106.	Riesen	39
107.	Quarge	39
108.	Der Uhlius	39
109.	Bene cincta rota	39

Sagen vom Regenstein.

110.	Verbindung zwischen Michaelstein und Regenstein	40
111.	Wagen auf dem Regensteine	40
112.	Der Name Regenstein	41
113.	Steine auf dem Regensteine	41
114.	Schmieden auf dem Regensteine	41
115.	Ziegen auf dem Regensteine	41
116.	Die Ahnfrau auf dem Regensteine	41

Sagen von Osterwieck und der Umgegend.

117.	Die gestohlene Gans	42
118.	Die Jungfrau und das Feuer unter dem Altar der Stephanikirche	43
119.	Der Kobold	43
120.	Der Welthund bei Stötterlingenburg und Lüttchenrode	44
121.	Smidbusch bei Osterwieck	45
122.	Die Kirchbergszwerge bei Osterwieck	46
123.	Der Eseltreiber und die zwölf Esel in der Trift zwischen Wallwie und dem Kirchberge	46
124.	Das beherzte Mädchen	47
125.	Gottslohn	47

Sagen von der Harburg, von Wernigerode, Nöschenrode und Hasserode.

126—128.	Der Kreuzberg	49
129—144.	Sagen von der Harburg	51
145.	Die Glockenblumen oder Pfingstrosen auf den Zwölfmorgen	56

	146.	Der Mönchsbrunnen	56
147—148.		Papen=Annecke	59
149—150.		Die Zwerge von der Heidemühle	60
151—152.		Zwerge im Thiergarten	60
	153.	Die Zwerghöhle am Voigtstiegberge	61
	154.	Zwerglöcher und Zwergklippe am Salzberge	61
	155.	Zwerge vom Teichdamm	61
	156.	Der Kuhlkropf	62
	157.	Venediger im Bärenloche	62
	158.	Das Pferd von Röschenrode	62
159—161.		Die Fluthrenne	63
	162.	Ursprung der Stadt Wernigerode und des Rathhauses	63
	163.	Die weiße Frau vor dem Westernthore	64
	164.	Der spukende Schimmel vom Wernigeröder Rathhause	64
	165.	Reiter verschwindet im Teich	64
	166.	Sage vom alten Wernigeröder Waisenhause	65
167—168.		Feuersbrunst	66
	169.	Der schwarze Mann mit der Ruthe	67
	170.	Das Wallfischgerippe am Schlosse	68
	171.	Der Bärenstein vor der Neustädter Schenke	68
	172.	Der Ziegenbocksreiter, das Johannisthor und die Johanniskirche	68
	173.	Das Hickemännchen. (In Wernigeröder Mundart.)	69
	174.	Nächtliches Orgelspiel in der Kirche zu Hasserode	70
	175.	Hohe Warte	71
176—177.		Der rothe Rock	71
	178.	Der Teufel holt einen armen Sünder vom Galgen	71
179—180.		Pastor Recchard. (Zum Theil in Wernig. Mundart)	73
	181.	Gebannte Frau	74
	182.	Der Ganter (Gänserich)	75
	183.	Geisterhafte Kinder	75
	184.	Die Steinkuhlen	76

Sagen von der Mönchenlagerstätte, von der Himmelpforte, von Drübeck, Altenrode und Darlingerode.

	185.	Mönchenlagerstätte und Waschwässerchen	78
186—189.		Die Frau am Waschwässerchen	79
	190.	Die Franzosen im Schweng	81
	191.	Herenruhepunkt	81
	192.	Hirsch an der Mönchenlagerstätte	81
	193.	Das entführte Köhlerpferd	81
	194.	Der verhängnißvolle Hahnenkräh	81
195—196.		Der Bischof	82
	197.	Unterirdische Gänge	83
198—200.		Der Weinkeller von der Himmelpforte	83
201—204.		Der Schweinehirt von Drübeck	86
	205.	Der alte Kolbaum	88

206.	Der Enke von Drübeck	88
207.	Der goldne Mönch von der Himmelpforte	88
208.	Die goldne Röhre	89
209.	Geld mit der schwangern Frau versetzt	89
210.	Der eingerodete Hahn	90
211.	Licht und Hund bei der Himmelpforte	90
212.	Der Mönch mit dem feurigen Kreuze	90
213.	Die alte Johannisnacht	90
214.	Die silberne Glocke	90
215.	Der Brunnen bei der Himmelpforte	91
216.	Schlangen bei der Himmelpforte	91
217.	Das Fest am Himmelfahrtstage. (In Wernigeröder Mundart)	91
218—219.	Das Oehrenfeld	93
220.	Die Hebamme von Drübeck	93
221.	Die Thürme von Drübeck	94
222.	Die Sau vom Kloster Drübeck	94
223—224.	Die Prinzessin mit dem Schweinerüssel	94
225.	Der Mönch in der Bartholomäi-Kirche	95
226.	Wie die Mönche zu Drübeck bauten	95
227.	Der Nachtwächter vor der Liesebergsgasse	95
228.	Die Zwerge am Butterberge	96
229.	Geld-Brennen	96
230.	Das schwarze Pferd im Nonnenbache	97
231.	Die Tän'sche	98
232.	Der Hund beim Born	98
233.	Saubrunnen	98
234.	Der große Fürst	98

Sagen von Beckenstedt, Wasserleben, Silstedt und Rebbeber.

235.	Von der Linde auf dem Stukenbergsanger zwischen Charlottenlust und Beckenstedt	99
236.	Hans-Christel	100
237.	Die Gans auf der Ilse	100
238.	Die Frau an Möwes' Linde	101
239.	Kutsche im blauen Sumpfe	101
240.	Kutsche im großen Teiche	101
241.	Pferd im großen Teiche	101
242—245.	Kinder aus dem Wasser	102
246.	Jäger Eisenbein	102
247—251.	Verschiedene Zwergsagen	103
252.	Tückeboten	103
253.	Rickelmänner	104
254.	Bericht vom heiligen Blute zu Wasserleben	104
255.	Eine weiße Jungfer wirft mit Schuhen und Steinen	105

Sagen von Ilsenburg.

256—286.	Prinzessin Ilse	106
287.	Der Ziegenbocksreiter vom Schloßberge	111
288—289.	Glocken im Kammerberge	111
290.	Das Mitthauerloch	112
291—295.	Zwerge, Mönche, greise Männchen	112
296.	Der Kobold in Ilsenburg	113
297—298.	Ilsenburger Erdgeister	113
299.	Der Teufel und die Speckseite	113

Sagen von Stapelburg und dem Scharfensteine.

300.	Der Trompeten=Hai	114
301.	Der Teufel als Ochse	115
302.	Zwerge im Burgberge	115
303.	Der Reiter	115
304.	Sieben Könige, eine Jungfer und goldne Pantoffeln im Scharfensteine	115
305.	Die Goldstapel	116
306.	Die Schlange auf dem Scharfensteine	116
307.	Der Erdgeist oder die Otterschlange	116
308.	Die Küche mit drei Thüren	116
309.	Das Haus im Schimmerwald	116

Brockensagen.

310—314.	Die Mainacht	117
315.	Der Hexenaltar	121
316.	Die Hippel= oder Tanzwiese	121
317.	Dekolum	122
318.	Wein in den Brunnen auf dem Brocken	122
319.	Der silberne Krug	122
320.	Die Höhle am Brocken	123
321.	Der Braunschweiger	123
322.	Der Schneidemüller und der Venediger	123
323—324.	Köhler und Venediger	125
325.	Ringeling	126
326.	Der Wehrwolf am Brocken	126
327.	Johannisblume	126
328—330.	Morgenbrodsthal	127
331.	Die Kirchenstelle auf dem Brocken	128
332.	Wölfe am Brocken	128
333.	Vom Andreasberge unter der Waldschmiede	128
334.	Kahlkopf	130

335—339.	Katzensagen. (Zum Theil in Wernigeröder Mundart)	130
340—341.	Die Hohneklippen	133
342—344.	Die Dreikäse	134
345—346.	Wunschsumpf	134
347.	Die Brautklippe	135
348.	Das Brockengespenst	136

Sagen von Schierke und Elend.

349.	Der Schlosser am Brocken	137
350—351.	Schierke und die Venediger	138
352.	Der Erdgeist im Mönchenloche	139
353.	Der große Mann	139
354.	Der Schmiedebrunnen	139
355.	Feuer in der Andreasnacht	140
356.	Der Kindtaufsvater von Schierke	140
357.	Der Pferdekulk und der Kaisersumpf	140
358.	Der Wehrsumpf	140
359.	Elend	140
360—363.	Die Jungfrau von der Elendsburg	141

Sagen von Elbingerode und der Umgegend.

364.	Die braunschweig = hannöversche Grenze zwischen Elbingerode und Hüttenrode	143
365.	Musik am Pferdekopfe	144
366.	Der Galgenberg bei Elbingerode	144
367—368.	Das Elbingeröder Zwergloch. (Zum Theil in der Mundart von Elbingerode)	145
369.	Zwerge von Königshof	146
370.	Die weiße Jungfrau auf der Susannenburg	146
371.	Papenberg	146
372.	Prophezeiung	147

Sagen von Sorge und Vogtsfelde.

373.	Wiechmannshausen und der Schatz zu Vogtsfeld. (In der Mundart von Vogtsfeld)	148
374.	Kinder im Wehrsumpfe	149
375—378.	Die Hüttenmännchen (oder: das Hüttenmännchen zu Vogtsfeld und Sorge	149
379.	Der Erdgeist in Sorge	150
380.	Der Stein mit dem Kreuz am Tostborn	150
381.	Die Hütten auf dem Harze	151

Sagen von Braunlage.

382.	Der Wormsberg bei Braunlage	152
383—388.	Der Kappelfleck	153
389—390.	Achtermannshöhe	154
391—392.	Die weiße Jungfer und das Gewölbe vom Königskruge	154
393—394.	Huckepolte	155
395.	Gänsebreck im Born am Hasenkopfe	155
396.	Graue Männchen in Braunlage	155
397.	Des Räubers Höhle	155

Sagen der Grafschaft Stolberg.

398—400.	Der Auerberg	156
401—412.	Eruna, Auerine, die weiße Jungfer	157
413—415.	Hunniskirche. Hunrot	160
416—419.	Bielstein und Hainfeld	161
420—422.	Georgine (Eruna), der Erbgeist oder die Jungfrau vom silbernen Nagel	162
423.	Geisterkirche zu Stolberg	163
424.	Heidecke	163
425.	Das graue Männchen	164
426.	Die Uftrunger Butterhexen	164
427—428.	Entstehen der Räders=See	165
429—435.	Die Hebamme und die Kinder in der Räder=See	166
436.	Robishayn und die Taterin	167
437.	Der tanzende Geist	168
438.	Die Hebamme im Neustädter Teiche	168
439.	Kinder aus dem Röhrenteiche	168
440.	Der alte Stolberg	168
441.	Antoniuskopf	168
442.	Der Gaukler zu Stolberg	169
443.	Der Puterhahn in der alten Münze	169
444.	Der Wagen im Bach	169
445—446.	Der Ziegenbock	169
447.	Der Slowak im Zwilsberg	170
448.	Die Venetianer	170
449.	Das Kurloch	170
450.	Die goldene Schlange	170
451.	Der Bär von Breitenstein	170
452.	Der Geist in der Heimkehle	171
453—454.	Zwerge	171
455.	Der Teufelsschacht bei Strasberg	171
456.	Der Schatz unter der Linde	172
457—458.	Frauenruh	173

Abhandlungen und Zusammenstellungen.

A. Eine Pfingstbetrachtung 174
B. Ueber die Zwerge in Familiensagen 182
C. Ueber einige Märchen und Sagen vom Hirsch . . . 187
D. Stellen am Harze, welche von Venedigern besucht sein sollen 199
E. Der wilde Jäger und die Frau Holle 205
F. Frû Frêen, Frû Frien, Frû Frêtchen 208

Anmerkungen.

Zu den Sagen von Thale und der Roßtrappe 212
Zu den Sagen von Alten-Brak, von der Schönburg und von Treseburg 215
Zu den Sagen vom Rübeland und der Baumannshöhle . . 215
Zu den Sagen von Queblinburg 216
Zu den Sagen von Blankenburg und der Umgegend . . . 217
Zu den Sagen von Michaelstein, Heimburg und Benzingerode 217
Zu den Sagen vom Regenstein 218
Zu den Sagen von Osterwieck und der Umgegend . . . 221
Zu den Sagen von der Harburg, von Wernigerode, Röschenrode und Hasserode 221
Zu den Sagen von der Mönchenlagerstätte, von der Himmelpforte, von Drübeck, Altenrode und Darlingerode . . 225
Zu den Sagen von Veckenstedt, Wasserleben, Silstedt und Rebbeber 226
Zu den Sagen von Ilsenburg 227
Zu den Sagen von Stapelburg und dem Scharfensteine . 228
Zu den Brockensagen 228
Zu den Sagen von Schierke und Elend 232
Zu den Sagen von Braunlage 233
Zu den Sagen von Stolberg 233
Zu Abhandlung A. 235

6). **Harzbilder, Sitten und Gebräuche aus dem Harzgebirge.** Leipzig, F. A. Brockhaus. 1855. 8. 119 S.

Das zuletzt unter Nr. 6 genannte Büchlein enthält im Wesentlichen die Gebräuche des Oberharzes, zwar ohne mythologische Erläuterungen, jedoch in reiner, für den wissenschaftlichen Gebrauch bestimmter Auffassung.

Auch Nr. 3, die „Harzsagen" beschäftigen sich vorzugsweise mit dem Oberharze, und wie im Format, so schließen sich auch dem abgehandelten Gebiete nach die „Unterharzischen Sagen" streng an die „Harzsagen" an. Die vorliegenden unterharzischen Sagen behandeln die Gegend von der Roßtrappe an (deren allbekannte Sagen man eigentlich erst nach dem Zusammenhange, in welchem wir sie nun vorführen, beurtheilen kann), über den Brocken hin (dessen Sagen hier zum ersten Mal planmäßig gesammelt sind), bis zur Grafschaft Stolberg, von deren eben so schönen als alterthümlichen und reichlichen Sagen (ich verweise zur Begründung dieses Urtheils auf Nr. 401—405, 421, 427, 458) ich mich mit Ausnahme von Nr. 452, welche von mir selbst einer gedruckten Quelle entlehnt ist, niemals nur eine Andeutung gelesen zu haben erinnere. Ein drittes selbständiges Buch soll die Sagen des östlichen Harzes, vom Brocken bis zur Grafschaft Mansfeld enthalten. Auch die Kyffhäusersagen, von mir neu gesammelt, sollen ihm einverleibt werden, da Bechstein nur die gedruckten Quellen erschöpft, die mündliche Ueberlieferung aber allzugering bedacht hat. Meine auch für den östlichen Harz und den Kyffhäuserberg längst angelegten Sammlungen an den verschiedenen Orten so weit zu vervollständigen, daß auch für diesen ein Abschluß möglich war, hinderte mich in dem verflossenen Sommer so Manches, zum Glück war's nichts Böses, ich will aber hier nur den weit früher als ursprünglich

Vorwort.

Seit einer Reihe von Jahren sammle ich an den Ueberlieferungen des Harzes und habe dieselben niedergelegt in folgenden Schriften:
1) **Aus dem Harze.** Leipzig, Mendelssohn, 1851. 8. 120 und VIII S.
2) **Kinder- und Volksmärchen.** Ebenda 1853. 8. 254 und LII S. (Mit mythologischen Bemerkungen).
3) **Harzsagen.** Gesammelt auf dem Oberharze und in der übrigen Gegend von Harzeburg und Goslar bis zur Grafschaft Hohenstein und bis Nordhausen. Ebenda 1854. 8. 306 und XXXVIII S. (Mit Anmerkungen und mit mannigfachen Erörterungen im Vorwort).
4) **Märchen für die Jugend.** Mit einer Abhandlung für Lehrer und Erzieher. Halle, Buchhandlung des Waisenhauses. 1854. 8. 236 und XVI S. (Auch mit mythologischen Anmerkungen).
5) **Weltliche und geistliche Volkslieder und Volksschauspiele.** Mit einer Musikbeilage. Aschersleben, Focke. 1855. 8. 324. (Mit ausführlichen Anmerkungen).

bestimmt war unter meinen Augen in Wernigerode begonnenen Druck der unterharzischen Sagen selbst nennen, welcher allein schon größere Ausflüge durchaus nicht gestattete, sowie den bedeutenden Umfang, den die durch den Brocken und Ilsenburg so höchst wichtigen Sagen der Grafschaft Wernigerode in diesem Buche (S. 49 bis 140, 182, 188—193, 206, 208—211) erhielten, welchen zunächst immer noch gründlicher nachzuforschen nicht allein am Angenehmsten, sondern auch am Allergerathensten schien *).

Wie in jeder der oben unter Nr. 2—6 aufgeführten Schriften, so habe ich auch heute schon wieder die Ehre, eine diesmal ganz besonders zahlreiche Reihe von Gönnern dankbar namhaft zu machen, welche mich in der Arbeit gefördert haben: die Oberlehrer Kallenbach und Keßlin, der Lehrer Sievert vom Lyceum zu Wernigerode, Secretair Großhennig, Dr. Friedrich, Reg.-Rath Stiehler, sämmtlich zu Wernigerode; H. Krause zu Stade und Pastor Göroldt zu Aberstedt; sowie meine lieben Freunde den Gymnasiallehrer Gustav Forcke aus Wernigerode, den Kaufmann Gustav Adolf Leibrock, der einen musterhaften Fleiß auf die Geschichte seiner Vaterstadt Blankenburg verwendet und Stübeners Werk weit hinter sich lassen wird, und Dr. Gustav Schöne, der jetzt als Mitarbeiter der Pertz'schen Monumente von Halle nach Berlin geht.

Ueber die Einrichtung des vorliegenden Buches brauche ich mich nicht auszusprechen. Sie ist wesentlich die der „Harzsagen," welche ich im Vorwort jenes Buches zu

---

*) Die Sagen der Stadt Wernigerode selbst sind zwar für die Alterthumskunde nicht so wichtig, als die der Stadt Stolberg, jedoch in poetischer Hinsicht zum Theil ganz vortrefflich. Ich verweise auf Nr. 166, 167, 168, 176.

begründen suchte. Sie hat Billigung erfahren*) und gegen unsern guten J. W. Wolf**), der jede Sage gleich hastig nach dem mythologischen Gegenstande, nie nach dem Orte, schematisirt haben wollte, brauche ich sie nicht mehr zu vertheidigen. Ich kann ihm auch das ihm öffentlich versprochene Gesammtregister über alle meine bisherigen Sammlungen schuldig bleiben: denn seine vielgetreue Seele ist zu unsern Vätern eingegangen. — O, wie sollte ihm die deutsche Erde nicht leicht sein?

Die eigentliche Localliteratur habe ich wieder eben so gern als in den „Harzsagen," hauptsächlich für die Anmerkungen, herbeigezogen***). Die neuere sogenannte Harzliteratur dagegen, welche für die Sommerfremden bestimmt ist, habe ich absichtlich unbenutzt gelassen, weil sie von Jahr zu Jahr abgeschmackter und lächerlicher wird. Dahin gehört auch die Literatur der bisherigen unterharzischen Sagen mit Ausschluß von Otmars Volkssagen****), deren Aufführung in den Harzsagen begonnen

*) Siehe literar. Centralblatt von 1854, Nr. 18.

**) Siehe die Anzeige der „Harzsagen" in seiner Zeitschrift II, 2, S. 119 und 120.

***) S. 216, am Schlusse der Anm. über die Baumannshöhle ist Geiger ein Druckfehler und dafür zu lesen Görges. Es ist der bekannte Postsecretair gemeint, der sich im Lande Braunschweig billetantisch um die antiquarischen Local-Forschungen bekümmert hat, die im Ganzen dort sehr darniederzuliegen und jetzt auch an der Wolfenbüttler Bibliothek durchaus keinen Anhalt mehr zu haben scheinen.

****) Dieselben sind schon charakterisirt Harzsagen, Vorwort S. XVII—XX. Eine Abhandlung über den Verfasser selbst soll bald erscheinen, als weiterer Vorläufer einer Arbeit über Gleim und seine Freunde, in Betreff deren ich mich schon 1849 oder früher wegen der bem Domgymnasium zu Halberstadt in Verwahrung gegebenen Gleimschen Papiere an meinen verehrten Lehrer, den Director Theodor Schmid gewendet, auch am gestrigen Tage, während der Wahl eines Abgeordneten für die 2. Kammer nochmals die gütige Zusicherung erhalten habe, daß sie mir zur Bearbeitung anvertraut werden sollen.

ist, welche fortzusetzen sich aber kaum der Mühe lohnen würde.

Mit Bedauern bemerke ich, daß die Vergleichung der vorliegenden Sagen mit denjenigen in Sammlungen aus andern deutschen Gebieten wiederum Manches zu wünschen übrig läßt. Allerdings ist für die ältere deutsche Sagenliteratur auch darauf gerechnet, daß der Leser, wenn er die diesmal von mir herbeigezogenen Stellen, z. B. in Jacob Grimms Mythologie und in den Harzsagen nachschlägt, durch die Citate die er dort abermals vorfindet, schon wieder viel weiter umschauen kann.

Das Material für die Forschung so reichlich als möglich zu geben war auch diesmal mein erstes Bestreben. Ich habe die Bausteine aber diesmal schon ungleich mehr behauen als in den Harzsagen.

Zunächst muß hier verwiesen werden auf die im Formate der unterharzischen Sagen gedruckte, meinem theuren Lehrer Jacob Grimm gewidmete Abhandlung:

„De Bructeri nominibus et de fabulis, quae ad eum montem pertinent. Wernigerodae, sumptibus et typis Bernhardi Angerstein. MDCCCLV." 8. 48 p.

Sie schließt sich auf das Engste an die Abhandlungen des vorliegenden Buches an.

Von diesen wird namentlich Abhandlung C, welche da wir dies Vorwort abfassen schon fertig gedruckt ist die Untersuchungen über den Hirsch um ein Beträchtliches weiter führen. Wie über den Hirsch im stolbergischen Wappen, so habe ich auch über die Säule in demselben gesprochen, und könnte ich meine bisherige Ansicht auf folgende Weise zusammenfassen:

„Wenn die Säule nicht gar zu spät in das stolbergische Wappen aufgenommen wurde, so geschah es gewiß in einer Art und Weise, welche an die sächsische Säule erinnerte. Und zwar war diese letztere hauptsächlich

aus den Kämpfen gegen die Thüringer noch im Gedächtniß. Hier knüpfte daher die gelehrte Sage von Otto de Columna an und erklärte für römisch, was man aus dem deutschen Alterthume nicht mehr verstand. Wie wenig sonstige Willkür dabei war, zeigt die bekannte Inschrift:
„Stolberg ward fundirt
A. C. 590
Wider die Thüringer aufgeführt."
Allein nicht nur setzt diese Inschrift den Ursprung der Stadt Stolberg im Vergleich mit dem sonstigen ersten Vorkommen dieses Namens so früh, daß man an ihre Zuverlässigkeit durchaus nicht glauben kann, sondern auch an die äußere Zusammengehörigkeit der Säule mit dem Hirsche ist nicht mehr zu denken*). Erst im Anfang des 17. Jahrh. ist nach gütiger Mittheilung Sr. Erlaucht des Herrn Grafen Botho anfänglich auf Münzen, die Säule in das stolbergische Wappen gekommen, durch Beziehungen zu den Grafen von Henneberg, die sie angeblich auch von den Columna's führten, welche letzteren, die Columna's, fabelhaft bleiben. Es wäre nun noch möglich, die hennebergische Säule von der heidnischen Säule herzuleiten, doch darüber können wir bei völliger Unbekanntschaft mit der hennebergischen Geschichte nichts beweisen. Wir lassen also die Untersuchung über die Säule vorläufig fallen, bitten nach den eben gegebenen Nachträgen das Nöthige auf S. 197 und 198 zu berichtigen, dagegen das interessante Zusammentreffen schon jetzt zu beachten (S. 194 und 195), daß uns die Fabel von den Columna's gleich der Stelle Witekinds auf Schibungen hinweist. Wir können nur den Wunsch hinzufügen, daß

---

*) Die von Prof. Günther Förstermann erwähnte und einigermaßen begünstigte Ansicht, der wir nicht beistimmen zu können glaubten (s. S. 196), beruht auf einem einfachen Irrthume.

es Sr. Erlaucht dem Herrn Grafen Botho, dem gediegenen Kenner der stolbergischen Geschichte, gefallen möge, seine genealogische Arbeit über seine Vorfahren bald zu veröffentlichen, welche ohne Zweifel ein monumentales Werk werden wird, das nach vielen Richtungen hin anderweiten Forschungen dienen würde. — Unsere Untersuchungen über den H i r s ch thut die auffallende Jugend der Säule im stolbergischen Wappen natürlich keinen Eintrag. —

Schließlich bitte ich um freundliches Entgegenkommen und um schriftliche Zusendungen für die Sagen des östlichen Harzes, vom Selkethale bis zur Graffschaft Mansfeld, einschließlich von Questenberg, der Rothenburg, dem Kyffhäuser und Sangerhausen.

Wernigerode, um Michaelis 1855.

Heinrich Pröhle.

Sagen von Thale und der Roßtrappe.

Hünen und Riesen im Bodegebirge.

1

Schon vor den Zwergen, sagt man in Thale, gingen die **Hünen** im Bodegebirge, zogen auf die Jagd und aßen viel Fleisch. Einst führten sie einen Krieg gegen Oestreich, nahmen das Lager in Abwesenheit der Oestreicher, fanden dort viel Wein und tranken sich davon voll, wurden aber von den rückkehrenden Oestreichern berauscht gefunden und getödtet. Endlich tödteten alle noch übrigen Hünen ihre Kinder und sich selbst.

2.

Nach den Zwergen, sagt man umgekehrt in Quedlinburg, fanden sich Riesen an, oder auch die Zwerge wurden von den Riesen vertrieben. Die Riesen trugen Eisenstäbe, sagt man in Thale.

Die Sage von der Roßtrappe.

3.

Behrens in der Hercynia curiosa berichtet als Volkssage aus dem Bobethale, »wie vor Alters ein König auff den da herum gelegenen alten Schlössern gewohnet, der eine sehr schöne Tochter gehabt, welche einesmahls ein Verliebter durch Hülffe der schwarzen Kunst auff einem Pferde entführen wollen, wobey es sich zugetragen, daß das Pferd mit einem Fuße auf den Felsen gesprungen, und mit dem Huff=Eisen dieses Wahr=Zeichen eingeschlagen habe.« Behrens erzählt die Sage auch folgendermaßen: »Sonst ist in diesem Flusse [der Bode] unter dem Roß=Trapp ein tieffes und fast unergründliches Loch vorhanden, welches von denen Einwohnern der Creful genennet wird, und erzehlet von demselben der gemeine Mann: wie vormahls eines Hünen=Königes Tochter eine Wette angestellet habe, mit ihrem Pferde an gedachtem Orte dreymahl von einem Felsen zum andern zu springen, welches sie zweymahl glücklich verrichtet hätte, zum drittenmahl aber sey das Roß rückwerts übergeschlagen, und mit ihr in den Creful gestürtzet, worinnen sie sich auch noch befinde, massen solche einesmahls von einem Taucher, einigen zu Gefallen, um ein Trinckgeld so weit ausser Wasser gebracht worden, daß man etwas von der Crone sehen können; als aber derselbe solches zum drittenmahl thun sollen, hätte er anfänglich nicht daran gewolt, endlich aber daßselbe gewaget, und dabey vermeldet: daß, wenn aus dem Wasser ein Blut=Strahle oufftiege, er alsdenn von der Jungfer umgebracht seyn würde, und die Zuschauer geschwinde davon eilen möchten, sonst sie ebenfalls in Lebensgefahr kämen, welches alles denn vor besagter maßen erfolget sey.«

4.

Mündlich wird jetzt die Sage vom Roßtrappfelsen auf vielerlei Art erzählt. Man berichtet, eine Prinzessin sei von 7 Brüdern verfolgt und habe ein verwünschtes Pferd geritten, das sie über den Abgrund geführt und seinen Huf in den Felsen eingeschlagen habe. Die Prinzessin selbst sitze aber jetzt im Bodekessel, der keinen Grund hat, weil er verwünscht ist.

Die Krone habe sie während des Sprunges zu Roß verloren und sie sei in den Kronensumpf, Chresol oder »Cranal« gefallen. Dort habe eine Wassernixe sie gesucht, aber nicht gefunden und sei nicht wieder zum Vorschein gekommen. Nach einigen Erzählungen liegt in diesem Sumpfe ein B ä r und ein L ö w e, auch ein D r a ch e soll sich dort befinden. In einer gedruckten Quelle, in Krieger's »Bodethälern,« wird gesagt, daß eine große Wassernixe die Krone bewacht, und wer sie haben will, muß mit ihr kämpfen. Neben dem Kronensumpfe liegt das Mucksool.

5.

Es wird auch erzählt, der älteste, größte und dickste von den Brüdern sei der g r o ß e C h r i st o p h, der sitze jetzt versteinert im großen Probststuhle unter der Roßtrappe, wo er einen großen Hund bei sich sitzen habe. Andre sagen, der große Christoph sitze mit den 7 Brüdern über dem Kronensumpfe.

Das Bärensdorf.

6.

Bei Thale ist das B ä r e n s d o r f mit vielen Schätzen untergegangen. An der Stelle, wo es stand, befinden sich mehr Güter in als über der Erde.

7.

Auf dem K i r ch b e r g e im Bärensdorf hat eine Kirche gestanden. In diesem Orte gab es Löwen und Bären, welche die kleinen Kinder aus der »Pujje« (Wiege) holten. Zuletzt wurden die Bären in's Feuer geworfen.

8. Fahle Hölle.

Im Umkreise des ehemaligen Dorfes Bärensdorf liegt am Eingange des linken Bodeufers die »fahle Hölle.«

Der stille Sumpf und der Warnstedt'sche Teich.

9.

Unter der Teufelsbrücke liegt ein stiller Sumpf. Von diesem sagt man den Kindern, daß darin eine warme Stube sei, worin sie vor der Geburt von der Kindermutter beaufsichtigt würden. In einem stillen Sumpfe im Bodethale hat auch der Teufel gelärmt, als ein Forstbeamter auf das Floßholz trat, das gerade darüber lag.

10.

Andre sagen in Thale, die Kinder würden aus dem Warnstedt'schen Teiche gezogen und kämen von den »Ütschen« (Fröschen), welche eben so schrieen wie sie.

Die Siebensprünge.

11.

Unweit Thale, da wo jetzt die Fabrik steht, liegen die sogenannten S i e b e n s p r ü n g e. Dicht neben denselben sollen sich heidnische Grabstätten finden.

12.

Einst verlangten sieben Prinzen nach den Schätzen der Prinzessin, deren Roß seinen Huf in den Roßtrappfelsen eingrub. Sie wurden aber bei ihrem gefährlichen Unternehmen von sieben Riesen getödtet. Als sie begraben waren, kamen sieben Prinzessinnen, ihre Geliebten, daher, warfen sich auf ihre Gräber und weinten sich zu Tode, da wo jetzt die Siebensprünge sind, denn diese entstanden gleichsam von ihren Thränen. Auch sieben Birnbäume pflanzten die Prinzessinnen auf die Stelle.

Der Mönchenstein vom Kloster Wendhausen.

13.

Julius Bernhard von Rohr sagt in seinem 1736 erschienenen Vor- oder Unterharze bei dem Dorfe Thale: »In denen ehemaligen Zeiten soll ein Jungfrauen-Closter, welches Winethahusen geheißen, und in die Halberstädtische Diöces gehört, hier gewesen sein. Ob man zwar vorgiebt, daß selbiges als das erste in hiesiger Gegend zu Ehren der heiligen Pusinnä gestiftet und von Kayser Ottonis des Ersten Tochter Mathildis aufgerichtet worden, so bleibt doch die Historie dieser Stiftung sehr ungewiß. Im zehnten Seculo soll dieses Closter auf Befehl Kaysers Ottonis nebst allen seinen ihm zugehörigen Stücken dem neuen Quedlinburger Canonissin-Stifft mit einverleibt seyn.« Herr v. Rohr gedenkt auch des Steins auf dem jetzigen v. Busche'schen Gute, der noch von dem ehemaligen Kloster herrühren solle.

14.

Wir haben von diesem Steine Folgendes mündlich erfahren. Von ihm hängt das Heil des Gutes ab, besonders wegen der Viehzucht. Als man ihn einst vom ehemaligen Klosterhofe entfernen wollte, konnten ihn acht Pferde nicht bis an den Mühlgraben ziehen. Als er aber doch fort war, starb alles Vieh. Ueberhaupt hatte man während seiner Abwesenheit keine Ruhe auf dem Amte. Da man beschloß, den Stein wieder auf's Amt zu holen, konnte ihn ein einziges Pferd in Galopp dahin bringen. Seitdem ist er im Taubenpfeiler eingemauert.

15.

Wenn ein Stück Vieh über den Stein ging, war es am andern Morgen todt.

16.

Einst wusch ein Mädchen vom Amte sein Zeug und klopfte es auf dem Stein. Da ward ihr hinten der Rock aufgehoben und zur Strafe wurde sie von unsichtbarer Hand hinten geklopft. Auch vor's Bett kam der Spuk dem Mädchen und schlug es.

17.

Der Mönchenstein hat seinen Namen von einem Mönch, der sich immer mit einer Bärenhaut auskleidete und der nahe am Brunnen auf dem Amthofe auch abgebildet stehen soll. Dagegen zeigt sich auf dem andern Gute in Thale eine weiße Frau.

18.

Am Donnerstag und Freitag war der Spuk im Kloster am Aergsten, besonders im Fohlenstalle. Einst war ein Hund verschwunden, der flog nachher aus dem Klosterthurme heraus.

---

19. Die Linde am Bodekessel und der Zwerg.

Der Linde am Bodekessel gegenüber wohnt, wie auch in Kriegers »Bodethälern« erwähnt wird, in einer Felsschlucht ein Zwerg, der in der Nacht heilende Blumen und Kräuter oder Wurzeln bündelweise hinlegt, wenn Jemand ihn zwölf Stunde vorher um Hülfe anfleht.

---

20. Pfingstopfer an der obern Mühle bei Thale.

Zu Pfingsten ertrinkt jedesmal ein Kind an der obern Mühle bei Thale, wenn nicht ein Huhn, ein Hund oder eine Katze hineingeworfen wird.

Nickelmänner und Wassermänner in der Bode.

21.

In Queblinburg warnt man die Kinder vor dem Nickelmann in dem Arm der Bode, der als Mühlgraben durch die Stadt fließt, damit sie nicht an's Wasser gehen. Auch sagt man, der Nickelmann fordere jährlich ein Opfer.

22.

Bei Thale sieht man die Nixen, wie sie sich die Haare auskämmen auf den Weidenbäumen, und Wassermänner schütteln dort die Fischreusen aus.

23.

Zwischen Hordorf und Krottorf (Kreis Oschersleben) in der Bode wohnen Nickelmänner. Bei hellem Sonnenschein sehen die Fischer sie auf den Weiden am Ufer sitzen und sich sonnen. Einst kam ein Nickelmann zu einem Fischer in Krottorf und gab sich bei ihm in Dienst. Als Lohn verlangte er nichts als täglich zwei Pfund Fleisch zu essen, sagte auch, daß er Streit habe mit seinem Bruder und von dem Fleische stark werden wolle, ihn zu überwinden. Da er nun meinte, stark genug zu sein, kehrte er ins Wasser zurück und dabei sagte er dem Fischer: Wenn das Wasser grün würde, so solle er fliehen, denn dann hätte sein Bruder gesiegt; wenn es aber bräunlich würde, so hätte er selbst gesiegt. — Der Fischer hatte die Netze immer voll gehabt, so lange der Nickelmann bei ihm gedient.

Die Zwerge im unteren Bodethale.

24.

Im Thalischen Kirchenberge, der neben Bärensdorf liegt und auf dem sich ein runder Hügel befindet, hauste der Zwergkönig Ewaldus. Man sagt auch, daß sich auf dem Kirchenberge ein »Mönch« zeige.

25.

Die Zwerge hielten sich bei Thale in den Höhlen auf. Man erzählt von ihnen die auch aus andern Orten bekannten Geschichten vom Abfressen der Erbsenfelder und Verleihen des Geschirres. Wer Geschirr leihen wollte, brauchte blos hinzugehen und zu rufen, so stand es auf seinem Tische. Besonders oft holten die Zwerge auch den eingesäuerten Brodteig fort.

26.

In der Zwergkuhle bei Quedlinburg wohnten Zwerge. Von ihnen liehen die Leute, die auf dem Münzenberge wohnten, Geschirr zu Kindtaufen. Hinter einen Mann Namens Gödecke rief einst, als er nach Hause ging, eine Stimme her: »Gödecke! Gödecke! sech mal vor Frebecken, sien Kind wolle starben!« Als Gödecke nach Haus kam, sagte er zu seiner Frau: »Frue, alleweile is mik en artigen Spaß passirt. Röpt einer hinder mik dorch: »»Gödecke, Gödecke, sech mal vor Frebecken, sien Kind wolle starben!«« Da ertönte eine Stimme: »Verfluchter Gödecke, warum häwwe je kein Soolt in Surdeich edan!« Dies war die Stimme des Zwergs Frebecke, der seinem Kinde von Gödecke's Brode gegeben hatte. Als die Leute kein Salz in den Sauerteig thaten, wurden die Zwerge krank.

27. Die Mahleiche.

Am Lindenberge bei Thale war eine Mahleiche. Ein Ritter entführte ein Mädchen und wurde von den Verfolgern erstochen. Die Entführte pflanzte diese Eiche auf seine Grabstätte. Sie zeichnete sich durch ihre Stärke vor allen Bäumen aus, wurde aber roher Weise bei der Gemeinetheilung abgehackt.

Sagen von Alten-Brak, von der Schönburg und von Treseburg.

Die Nahrungsgeister von Alten-Brak.

28.

In den Bergwerken und Hütten in der Nähe des Brockens zeigen sich die Nahrungsgeister. Dies sind Zwerge und wo sie erscheinen, hat der Berg- und Hüttemann viel Glück und reichliches Eisen, auch helfen sie dem Hüttemann schmieden.

29.

Die Hütte von Alten-Brak stand früher auf der Riefenswiese, wurde aber von den Zwergen dort zerstört und an einer andern Stelle wieder aufgebaut. In die alte Hütte kamen die Zwerge, aßen und tranken und wärmten sich am Hüttenofen. Die Hammerschmiede aber beschabernackten sie, warfen mit glühendem Kram hinter ihnen durch und schmissen einem Zwerge ein Bein ab. Am andern Abende trug dieser Zwerg das Bein auf seiner Schulter und sagte: dies wäre das **alte Brak** (brache, wüste Stelle) und sollte es auch bleiben. Seitdem ging Alles verkehrt und jetzt sind Schlangen auf den Brinken.

30.

Andere erzählen folgendermaßen: Weil die Zwerge so viel Glück brachten, wollten die Hüttenleute dem Zwergkönige eine besondere Freude machen und setzten ihm ein paar Stiefel hin. Die nahm er und kam nicht wieder. (So wurde auch zu Alten-Brak erzählt, daß zu Ilsenburg die Zwerge immer Eisen in die Schmiede gebracht hätten. Auch sagten ihnen die Schmiede des Abends, was sie fertig machen sollten, und am Morgen war es gethan, denn die Zwerge schmiedeten rastlos des Nachts. Zuletzt bekamen sie ein paar Stiefeln und dann erschienen sie nicht wieder. Man sagt auch, wenn jemand entlassen werden soll: **Der bekommt bald ein paar Schuh.**)

31.

Die Zwerge von Alten-Brak zogen sich zurück in das Lange'sche Gebirge an der Lupbode und tauschten dem Lange'schen Amtmann ein Kind um.

---

32. Der Brunnen auf der Schönburg.

Bei der Ludwigs-Hütte (Alten-Brak) liegt die Schönburg, auf dieser befindet sich ein Brunnen und darin ein Kessel mit Schätzen. Wer Nachts zwischen 11 und 12 hinkommt, kann ihn heben. Wenn man aber bei der Hebung des Kessels spricht, so versinkt er wieder.

---

33. Kegelspiel auf der Schönburg.

Auch eine Kegelbahn mit goldnen Kegeln ist auf der Schönburg gewesen. Einst war ein Köhlerpferd verschwunden und der Köhlerjunge sollte es suchen. Dabei kam er auf die Schönburg und sah die Gesellschaft auf der Kegelbahn. Sie forderte ihn auf, die Kegel aufzustellen und versprach ihm, daß sein Pferd wieder da sein solle, wenn er es thäte. Außerdem aber gab sie ihm zur Belohnung den Kegelkönig. Den warf er in den Busch, als er aber nachher davon erzählte, ward er aufgefordert, ihn zu holen. Er fand ihn auch und der Kegelkönig war von Gold, wiewohl er doch früher nicht dies Aussehen gehabt hatte. Jetzt wurde auf der Schönburg auch nach den andern Kegeln gesucht, doch waren sie nicht mehr vorhanden.

---

34. Osterfeuer auf der Schönburg.

Das Osterfeuer von Alten-Brak wurde früher auf der Schönburg gehalten. Man verbrannte dabei Buchenhecke (Buchenreisig). Einst tanzte man um's Feuer, da sah man auch Geister um das nämliche Feuer tanzen, welche sogar die Menschen mit Steinen warfen. Seitdem ward das Osterfeuer auf einer andern Stelle gehalten. — Auch Osterwasser wird in Alten-Brak eifrig geholt und man sagt, es halte siebenerlei Krankheiten ab.

Der Hasenteich bei Alten-Brak.

35.

Am Hasenteiche bei Alten-Brak hat auch ein Schloß gestanden. Dort bellt ein Hund und ein Reiter sprengt von da nach der Schönburg.

36.

Am Hasenteiche ließen sich sieben Jungfern sehen, und von ihnen trug eine ein Bund Schlüssel. Diese zu fragen, was ihr Begehr wäre, ging man in der Johannisnacht aus und fand sie weiß gekleidet.

37.

Zu Alten=Brak sagt man, daß die kleinen Kinder im Hasenteiche sitzen.

---

38. Die Spükeiche.

An der Spükeiche erschien ein Mann und eine Frau besonders dem Bäcker von der Treseburg.

Sagen vom Rübeland und der Baumannshöhle.

39. Der Ziegenbock auf der Woistenkirche.

Auf der Woistenkirche, über den kleinen Stein bei Rübeland weg, zeigt sich ein Ziegenbock und verfolgt die Leute.

40. Die Hundekirche.

Ueber Rübeland bei der alten Burg liegt über der tiefen Sitte (dem tiefen Bruche) die Hundekirche, von der ein Mann in Rübeland sagte, daß sie eine **heidnische** Kirche gewesen sei. Dort leitete ein schwarzer Mann die Menschen irre.

41. Der schwarze Mann zwischen der Rapbode und der alten Burg.

Von der Rapbode im Moorthale bis zur alten Burg spukt der schwarze Mann und zeigt sich unter andern den Hirten. Dort sind einst zwei Tabuletkrämer von zwei Soldaten erschlagen.

42. Die Jungfer auf der alten Burg bei Rübeland.

Mittags zwischen 11 und 12 Uhr zeigt sich auf der alten Burg bei Rübeland eine weiße Jungfer. Zuweilen winkt sie. Auch sieht man es auf der alten Burg brennen, weil dort ein Schatz steht.

Hüttenkobolde.

43.

Im Rübeland nennt man die Nahrungsgeister gewöhnlich Hüttenkobolde und sagt, daß diese Feuerklumpen gewesen seien. Wenn der Nahrungsgeist des Nachts in der Hütte arbeitete, so kam Bestellung. Auch ließ sich ein **weißes Kaninchen** sehen, wenn Bestellung kam.

44.

Die Hüttenkobolde arbeiteten in den Feierstunden der Hüttenleute. Sie hatten dicke Köpfe. Einst ließ man einem Hüttenkobolde aus Dankbarkeit einen **grauen Rock** machen, und gab ihm ein paar Schuhe. Da sagte er: jetzt müsse er fort, die Schuhe wären sein Laufpaß.

Geister in der Baumannshöhle.

45.

Von der Baumannshöhle erzählt G. H. Behrens in der Hercynia curiosa, »daß ein gewisser feiner Mann, welcher nicht gar weit von der Höle gewohnet, und dieselbe denen curiösen Reisenden auff ihr Verlangen gezeiget, sich einesmahls habe gefallen lassen, gantz alleine ohne einige Gefährten mit brennenden Lichtern, wie gebräuchlich, in die Höle zu steigen, um darinnen eines und das andere noch weiter zu erkundigen, nachdem demselben aber die Lichter in währender Durchsuchung der Höle eines nach dem andern verloschen, und er zu seinem

Unglück das mitgehabte Feuerzeug nicht finden können, habe er sich vergebens bemühet, die Ausfahrt wieder anzutreffen, derowegen er darinnen drey gantze Tage und Nacht ohne Speise und Tranck zugebracht, im Finstern herum getappet, und so lange in der Irre gewandert, biß ihm endlich ein Engel in Gestalt eines brennenden Lichtes oder Feuers erschienen, und denselben aus der Höle geführet; als er nun also wunderlich errettet worden, und unverhofft wieder aus derselben an das Tageslicht kommen, habe er solches erzehlet, aber nur drey Tage darauff noch gelebet, und sey hernach gestorben. Ebener massen berichtet Eckstormius, wie in denen Eisen-Hütten bey dem Rübelande ein armer gemeiner und seinen seeligen Eltern bekannter Mann sich auffgehalten, welcher einesmahls, als die Höle noch offen gestanden, und mit keiner verschlossenen Thür verwahret gewesen, sich unterstanden, gantz alleine vor sich in die Höle zu kriechen, habe sich aber aus denen Klüfften nicht wieder finden können, weilen er kein brennendes Licht mit sich genommen, berohalben er acht Tage lang mit Herumwandern daselbst zubringen müssen, biß er endlich durch Gottes sonderbahre Hülffe hinwieder an des Tages Licht gelanget, und nach dem noch eine Zeit lang gelebet; in diesen acht Tagen aber habe er vor grosser Furcht und Schrecken gantz Eis-graue Haare bekommen; weilen derselbe durch viele Gespenster, wie er erzehlet, auff mancherley Art geplaget worden, denn es hätten etliche derselben ihn angegriffen, eines Diebstahls beschuldiget, und deswegen auffzuhengen befohlen; wenn er nun dieser loß gewesen, sey er von andern eines Todtschlages bezüchtigt, und daher zum Schwerdt verdammet worden; noch andere hätten ihn auff eine andere Weise gequälet und gepeiniget, auff welche Art es kein Wunder gewesen, daß der Mann nicht aus Angst verzweiffelt wäre; wie denn auch ebenfalls es keine unmügliche Sache ist, daß er dieserwegen grau geworden.«

———

46.

Behrens berichtet auch folgendes: »Sonst erzehlet der gemeine Mann ausser demjenigen, was allbereit von mir ist angeführet worden, noch unterschiedene Dinge von der Baumannshöle, welche mit der Wahrheit nicht gar wohl überein zu kommen, und deswegen ziemlich fabelhafft zu seyn scheinen, doch ist hierunter meines Erachtens dasjenige nicht zu rechnen, was offt gedachter Eckstormius in seiner Epistel auch unter andern anführet: wie nemlich öffters Leuthe durch Wunderseltsame Träume gleichsam bezaubert worden, als wenn Schätze in dieser Höle verborgen wären, derowegen sie hinein gekrochen, um selbige zu suchen und zu heben; nachdem nun dieselben unverrichteter Sache wieder heraus kommen, sey von ihnen erzehlet worden, wie sie zwar grosse eiserne Schatz-Kästen darinnen angetroffen, hätten aber nicht darzu gelangen können, weilen darauff sehr grosse schwartze Hunde gelegen gewesen, welche dieselben verwahret gehabt.«

Sagen von Quedlinburg.

47. Der Vogelheerd bei Quedlinburg.

D. Friedrich Ernst Kettner sagt in der Kirchen- und Reformationsgeschichte von Quedlinburg: »In diesem Hartzgau oder Gegend hatte Kaiser Heinrich sein Jagd-Hauß, da er sich an dem Vogelfang vergnüget, und allhier seinen bequehmen Auffenthalt gesuchet, wie Ihm dann auch die Kaiserl. Crone auf dem Finken-Heerd angetragen worden.«

48. Henrich der Vogler und die Stadt Quedlinburg.

Kaiser Henrich der Vogler hat endlich die Hunnen geschlagen und gedämpfet, welches unter allen seinen Thaten das Vornehmste gewesen, und hat darauf die Stadt Quedlinburg zu erbauen, auch das neue Stifft darinnen zum Stande zu bringen sich fleißig lassen angelegen seyn. Daselbst hatte schon der dritte Bischoff zu Halberstadt Haimo ums Jahr 481 das Kloster S. Wiperti an der Bode erbauet, und mit Benedictinern aus dem Kloster Hirschfeld besetzt, wiewol hernach die Abtißin Beatrix II. Prämonstratenser in dasselbe soll eingeführet haben; in diesem Kloster hat Bischoff Haimo seinen guten Freund Rabanum, Abten von Fulda, da er aus seinem

Kloster verjaget worden, so lange beherberget und erhalten, bis ihn der König Ludovicus zum Ertz-Bischoffen von Maintz gemacht. Nach dieser Zeit, ungefehr A. 928 hat Kaiser Henrich das Stifft und die Stadt zu bauen angefangen, welche er aber nicht ausführen können, da er A. 936 zu Memmleben an der Unstrut gestorben, und allhie zu Quedlinburg in S. Petri oder Servatii Kirche begraben worden, und schreibt der Mönch Sigebertus, daß der Berg, worauf er begraben worden, hernach von allen Seiten feurige Flammen von sich gegeben, darum auch seine Wittwe Mathildis nach seinem Tode nicht nur viel arme Leute speisen, sondern auch den Vögeln unter dem Himmel täglich ihr Futter geben lassen, vermeynend, ihm dadurch desto leichter die Vergebung seiner Sünde zu wege zu bringen; sie versamlete auch dreyßig Tage nach dem Leichenbegängnisse in die Stadt Quedlinburg eine Anzahl geistlicher Frauen, und verschaffte ihnen Unterhalt, und verschrieb solches auf ihre eigene Güter mit Bewilligung ihrer Söhne, wie sie auch A. 943 gestorben, ist sie allhie neben ihrem Ehe-Herren vor dem Altar S. Servatii begraben worden. Was aber die Stadt betrifft, so ist dieselbe eine Kaiserliche Frey-Stadt und besser als andre Städte in Sachsen privilegiret gewesen, daß die Fremden ihre Waaren frey herein bringen und verkauffen oder durchführen dürffen, ohne Geleite, Zins und Zoll davon zu geben, und waren die Bürger auch anderswo auf gleiche Weise befreyet, zwischen den Flüssen Elbe und Rhein, so weit das Römische Reich gehet. Solche Freyheit hat die Stadt lange behalten, beyde zu Wasser und zu Lande, und haben die Kaiser gemeiniglich, sowol ihre Synodos mit ihren Bischöffen und Prälaten, als Reichs-Tage mit den weltlichen Fürsten und Herren, daselbst gehabt.

49. Das Ritterfeld.

Anno 1182 hat man in Sachsen und Thüringen, wie auch um den Hartz, bey Quedlinburg und Ditfurt, die Raben und Kräen einen gantzen Tag mit einander streiten gesehen, so daß ihrer viele verwundet, ja gar todt auf die Erde gefallen, davon soll das Ritterfeld allhie seinen Nahmen bekommen haben,

man hat auch nach Spangenbergio A. 1191 Raben und
andre Vögel mit glühenden Kohlen in den Schnäbeln fliegen
gesehen, womit sie Häuser und Scheuren angezündet.

50. Vom Kirchenraube.

Nachdem auch der Halberstädtische Bischoff alle Jahr
nach alter Gewohnheit den Palmtag zu Quedlinburg hielte,
und nach verlesener Paßion und gethaner Predigt alle die in
Bann that, welche dem Stiffte Quedlinburg, oder deſſen zuge=
wandten Klöſtern und Kirchen Schaden, oder Hinderung und
Abbruch an ihren Freyheiten und Gütern thäten, begab es sich
einsmahls, daß, da Biſchoff Conradus vor dem Altare ſaß,
und mit dem Lichte verschoß, die Glocken auch dabey nach
Gewohnheit geläutet wurden, ein gewiſſer Ritter darüber lachte,
und sich vernehmen ließ, ſolche Alfanzerey würde keinem ſchaden,
wie er aber aus der Kirche gegangen, iſt er gleich vom Teuffel
beſeſſen worden, daß er in den Harz gelauffen, und niemand
gewußt, wo er geblieben. Dies fand ich in einer alten auf
Pergamen geschriebenen Chronick, darinnen viel Geschichte der
Kaiſer, Könige und Fürſten, wie auch der Päbſte und Biſchöffe,
ſonderlich in dieſen Landen, verzeichnet waren. Ferner ſtund
auch in dieſer Chronicke, daß im damahligen Kriege zwiſchen
den Kaiſern Philippo und Ottone, als Ertz=Biſchoff Ludolph
und andre Fürſten das Halberſtädtiſche Land und Stifft Qued=
linburg in Abweſenheit Biſchoff Conradi wider die Feinde be=
ſchützet, und dem Landgrafen von Thüringen die Raubſchlöſſer
Lauenburg und Stecklenberg wieder abgenommen und sie zer=
brochen, damahls auf dem Stecklenberge von wegen des Land=
grafen ein Edelmann geweſen, der vom Stiffte Quedlinburg
etliche Hufen Landes und Holzungen um einen jährlichen Zins
gehabt, als er aber in dieſem Krieges=Lerm erschlagen worden,
habe sein Sohn sich daſſelbe vor sein Erbgut zueignen und der
Kirche nichts davon geben wollen, vermeinend, der Landgraf
ſollte ihn wol dabey ſchützen, habe sich auch an keine Ver=
mahnung der Abtißinn und des Biſchoffs gekehret, und da er
endlich von dieſem am Palmſonntage in den Bann gethan
worden, habe er deſſen geſpottet und geſagt, das Eſſen und
Trincken würde ihm eben ſo gut darauf ſchmecken als vorhin,

wie er aber gleich hernach beym Tische den ersten Trunck gethan, sey er plötzlich gestorben, und als ein Verfluchter in eine wüste Kirche begraben worden, sein Weib und Kinder wären auch bald darauf an der Pest gestorben und hätten ihr Gut andern lassen müssen.

51. Sanct Anna und die Mutter Gottes.

Anno 1249 hat sich zu Quedlinburg ein greulicher Sturmwind mit Blitz, Donner und Hagel erhoben, und mit einem schweren Regen, dabey Steine eines Fingers lang gefallen, die viel Menschen getödtet und die Dächer und Häuser sehr beschädiget, also, daß die Leute zu Quedlinburg sich des gänzlichen Untergangs besorget. Dies Unwetter kam vom Brocken her und währete vom Morgen an bis um ein Uhr Nachmittags. Da sind der Rath und Gemeine zusammen gekommen, haben Gott und seiner H. Mutter ein Gelübde gethan, diesen Tag St. Annen jährlich mit grosser Andacht zu begehen, und an demselben eine Procession der Mutter Gottes zu Ehren auf dem Monsion=Berg anzustellen, eine Messe zu halten und gemeine Allmosen zu thun. Solcher grossen Hagelsteine sind sonderlich viele auf den Juden=Kirchhoff, itzo Weingarten genannt, gefunden, und ist davon eine ganze Heerde Vieh jenseits des Grabens erschlagen worden, sie waren grau und stuncken wie Schwefel.

52. Von der Nicolai=Kirche.

Kettner sagt in der Kirchen= und Reformationsgeschichte von Quedlinburg: »Es seynd sonst viel Nicolai, und heisset Nicolaus nach dem Griechischen so viel, als ein Ueberwinder. Den Nahmen Nicolaus führte 1) ein Diaconus der Kirchen zu Jerusalem, aus Antiochien. 2) Nicolaus ein Ketzer, davon die Nicolaiten herkommen. 3) Nicolaus I. II. III. IV. V., welche die päbstliche Würde verwaltet haben; aber allen diesen ist diese Kirche nicht gewidmet, sondern der

H. Nicolaus war zu Patara in Aſia gebohren, und hernach Biſchoff zu Myra in Lycien, lebete im Anfang des IV. Seculi, wurde in wehrender Verfolgung des Licinii gefangen und ins Elend verjaget. Nachdem aber Licinius geſtorben und ihn Constantinus aus dem Gefängniß erlöſet, beſuchte er ſein Biſch= thum zu Myra und zerſtörete alle Götzen=Tempel. Er ſoll auf dem Concilio zu Nicäa geweſen ſeyn und dem Ario. wider= ſtanden haben. Er ſtarb 343. Er ſoll einem armen Manne, der drei Töchter gehabt hat, am Nicolai=Tag etliche Beutel Geld eingeworffen haben, damit er ſie ausſteuren könnte. Er war ſehr gutthätig, und wendete alle ſein Vermögen an die Armen, und pfleget man umb deſſentwillen am Nicolai=Tag denen Kindern Gaben einzuwerffen. Die Moſcowiter halten ihn vor den Himmels=Pförtner, vor den Patron ihres Landes, ja vor den Regierer der gantzen Welt. Die Münche in Moſcau, derer ſehr viel ſind, leben insgemein nach den Regulen Baſilii und des H. Nicolai. Er iſt ein Waſſer= und Fiſcher= Gott bei den Papiſten und Moſcowitern, der denen, ſo aus Lycia in Aegypten ſchiffen, ein Nothhelffer geweſen iſt; ſie behaupten auch, daß er von Italien nach Archangel auf einem Mühlſtein geſchwommen ſey, und wer daran zweiffelt, ſetzt ſein Leben gewiß bey den Moſcowitern in Gefahr. Weil nun die Neuſtadt an dem Bode=Waſſer lieget, und die Bode die Alt= und Neuſtadt theilet, weil auch an dem Orth, allwo die Kirche ſtehet, Teiche geweſen ſind, und die Kirche auf ellerne Pfäle geſetzet iſt, ſo kan es wohl ſeyn, daß man umb deſſent= willen die Kirche dem Waſſer=Heiligen Nicolao gewidmet, da= mit nicht die Ergieſſung der Bode der Neuſtadt ſchade. Es iſt das Fundament auf einen höltzernen Grund geleget worden, weil ein Fiſchteich daſelbſt geweſen. Ob aber 2 reiche Schäfer die 2 Thürme haben bauen laſſen, weil ſie einen Schatz in einer wüſten Kirchen gefunden haben, davon hab ich keinen Beweiß geſehen. Anno 1201 ſoll ſie zu bauen angefangen ſeyn, unter der Abtißen Agnes von Meiſſen, durch Hülffe und Collecten von den Bürgern.«

53. Von dem Marienkloster auf dem Berge Sion
(Mon-sionberge, Münzenberge.)

In Kettners 1710 erschienener Kirchen- und Reformations-Historie von Queblinburg heißt es: »Dieses adeliche Nonnenkloster ist in dem X. Seculo von Mechtilde II., Ottonis I. Tochter mit Hülffe Kaisers Ottonis II. als ihres Bruders zu bauen angefangen worden. Zu Zeiten Ottonis III. ward es continuiret, welcher Anno 985 seine güldene Krone darzu gegeben, Anno 1017 den 27. Febr. ist es in Gegenwart Kaiser Heinrich III. und der Abtißin Adelheid II. auch des V. Erz-Bischoffs Gerens zu Magdeburg eingeweihet worden. Es muste die Abbatißin auf dem Berge Sion dem Stiffte gehorsam seyn, und von der Fürstlichen Abtißin mit ihrem Kloster dependiren, die unterste Capitularin auf dem Schlosse wurde je zuweilen zur Abbatißin gemachet. Es ward in die Ehre S. Marien und des Apostels S. Andreä geweihet, und hatte viel Altäre, als unser lieben Frauen, S. Georgii, Nicolai, Stephani, Mariä Magdalenä, Johannis, Annä, Cathäkinen, das Siegel des Klosters ist noch vorhanden, sie lebeten eine Zeit lang nach den Regeln S. Benedicti. Zu Zeiten der Reformation Anno 1541 unter der Abtißin Annä Regierung ward solches Kloster wegen Krieges-Schulden und anderer Ursachen eingezogen, es war diesem Kloster viel entwendet worden, die Kloster-Jungfrauen hatten es verlassen, biß auf eine, welche sich im weltlichen Habit gekleidet, wie die Beantwortung der Gravaminum Hertzog Moritzens bezeuget.«

Das wilde Wasser auf dem Münzenberge.

54.

In Winnigstadii Chron. Quedl. heißt es: »A. 1333 ist die andere Glocke in der Neustadt gegossen worden; im selben Jahre soll auch der Brunnen auf dem Monsionberge sich ergossen haben, und vom Berge bis in der Stadt Graben gelauffen seyn, als wolte er die gantze Stadt ersäuffen, als aber ein gemein Gebet geschehen und eine ewige Spende gelobet worden, ist es noch ohne Schaden abgegangen.«

55.

Mündlich wird berichtet, daß mithin Wasser des jetzt aus Furcht allmälig von den Bewohnern des Münzenberges ganz verschütteten Brunnens sei mit einem Brautbette gestopft. Andere sagen, es seien zwei ganz schneeweiße Pferde von dem dem Münzenberge gegenüberliegenden Schlosse in das Wasser geworfen. Noch andere sagen, die Prinzessin, die auf dem Schlosse gewohnt, habe ihr Deckbett und ihr Schimmelreitpferd in den Born geworfen und das Wasser damit gestillt.

56.

Nach dem Born ging eine Nonne mit Schlüsseln und zurück. Auf dem Platze, der sich auf dem Münzenberge befindet, traf sie sich mit einem Pater und zwei andern Nonnen.

57.

Es soll auch Kinder in den Born auf dem Münzenberge gezogen haben. Historisch scheint es, daß sich über dem Born eine Mühle oder vielleicht nur ein Brunnengehäuse befunden habe, worin zwei Ziegenböcke gegangen seien.

58.

Das Gelübde vom Jahre 1333, der Bußtag, soll noch vor 40 Jahren in der alten Weise abgehalten und zugleich ein Hut mit Geld unter die versammelten Armen geworfen sein. Dabei soll aber mancher Unfug geschehen und diese Spende endlich auf Neujahr verlegt sein.

59.

An der Steinbrückermühle am Markte und am gegenüberliegenden Hause steht auf dem Dache ein Männchen zur Erinnerung an die Überschwemmung. So hoch hat das Wasser gestanden.

60. Albrecht von Regenstein und die Stadt Quedlinburg.

Anno 1336 erhub sich ein Widerwille zwischen der Alten-Stadt und Grafen Albrecht von Regenstein, welcher, ungeachtet der vorigen Versprechungen, zu weit in die Gräntzen und Gerechtigkeiten der Bürger griff, das der Rath nicht leiden wolte, darüber es zum Kriege kam. Der Graf lag im Kloster S. Wiperti, auf der Alten-Burg und zu Gerstorff, und ließ viel Bürger gefangen nehmen, die fielen aber aus, und scharmützelten mit ihm, daß er kaum davon kam, und musten die Befehlshaber des Klosters die Gefangenen wieder heraus geben. Der Graf verstärckte sich und belagerte die Alte-Stadt, hatte sein Lager in der Neu-Stadt und Kloster, dagegen bauten die Bürger die zwey Thürme, einen auf der Klinge, den andern hinter dem Marstall, und thaten dem Feinde mit Geschütze grossen Schaden, trieben ihn aus der Neu-Stadt und jugen ihn nach Gerstorff, da geschah wieder ein starck Scharmützel, und als sich der Graf nach dem Kloster S. Wiperti begeben wolte, kamen ihm die andern Bürger aus der Stadt zuvor, und führten ihn gefangen in die Stadt, setzten ihn aufs Rathhauß in einen Kasten und muste ein Jahr da sitzen, darnach muste er auf Erkäntniß der Hanse-Städte die Stadtmauer und sieben Thürme nach dem Westendorff bauen lassen, und einen schrifftlichen versiegelten Revers von sich stellen, daß er und alle seine Nachkommen der Stadt nie wieder zu nahe kommen wolten, und musten alle Grafen darin willigen, wolte er anders aus dem Kasten kommen, denn es war ihm das Urtheil vom Kaiser schon gefället, daß er, als der wider den Land-Frieden gehandelt, solte enthauptet werden, das Tuch, darauf er gerichtet werden solte, ward hernach den armen Leuten gegeben. Da er erst gefangen worden, zogen die Bürger im grimmigen Zorn hinaus und verstörten das Kloster mit der Kirche, auch die Gärten, Bäume und Weinberge, das geschah am S. Magdalenen-Abend, zerbrachen auch hernach und rissen die zwey Thürme S. Wiperti ein, und ward der Schade auf viel tausend Marck gerechnet. Weil aber die Münche daran keine Ursache gegeben, als die dem Grafen nicht wehren kön=

nen, so hat Herzog Otto von Braunschweig mit andren Fürsten die Bürger dazu gezwungen, daß sie den Chor und Creutzgang wieder bauen müssen.«

61. Pater Harm.

Im Gymnasialgebäude zu Queblinburg, wenn wir nicht irren einem früheren Augustinerkloster, spukt Pater Harm und bewacht die in den weiten Kellern vergrabenen Schätze.

Sagen von Blankenburg und der Umgegend.

Die Teufelsmauern.

62.

Conring stellt die auch in Leuckfeld's Blanckenburgischen Antiquitäten erwähnte Meinung auf, »es sey insonderheit unsere vorhabende Blankenburgische Hartz=Gegend noch vor der Sündfluth von einigen großen Riesen aus den Nachkommen der Cainiten bewohnet gewesen, indem man von ihren ungeheuren Knochen und Cörpern, welche durch die Sündfluth in die grossen Hartz=Gebirge, und sonderlich in die Baumans-Höhle, so sich in der Blanckenburgischen Graffschafft befindet, mit Gewalt getrieben worden, noch einige über Bleibsaal gefunden, und noch finde, so kein geringes Zeugniß von solchen hier gewohnten Einwohnern geben könten. Zu dem wären die noch in der Blanckenburgischen Graffschafft verhandene, und in einer so gewaltigen Größe und Länge aus entsetzlichen Felsen und Stein-Klippen auffgerichtete Mauren und Pyramiden Merckmale genug, daß solche vormahls nicht von kleinen Menschen, und derer bamahls noch unbekandten Hebe=Kunst auffgeführet worden, sondern sie müsten die eingewohnten Riesen zu ihren Urhebern gehabt haben, welche solche zu Beweisung ihrer Macht und Siege oder Opffer-Stellen verfertiget, die hernach von denen folgenden Einwohnern um deswillen, als ob sie von dem Teuffel erbauet, mit den Nahmen der Teuffels-Mauern beleget worden.«

63.

Über die Teufelsmauern sagt von Rohr, »das gemeine Bauer-Volck, oder vielmehr die Einfältigen unter ihnen, aus hiesiger Gegend, haben sich von dem Ursprunge dieser so genandten Teufels-Mauern folgendes einfältige Gedichte ausgesonnen, welches sie einander erzehlen. Sie sagen: der böse Geist hätte sich einstens unterstanden, die Erd-Kugel, oder die gantze Welt, wie sie es nennen, mit Gott zu theilen, so, daß dem grossen Gott die eine Helffte zu seiner Beherrschung übrig bleiben, die andere Helffte aber ihm überlassen seyn solle. Er hätte dahero in hiesigen Landen den Anfang machen wollen zu theilen, und diese Mauer, die sich hernach durch die Welt hätte erstrecken sollen, angelegt. Gott hätte seinem Spiel und seiner Boßheit eine Zeitlang zugesehen, endlich aber hätte er selbige, da sie sonst über die massen hoch gewesen, ruinirt, und ihm seinen Bau nicht weiter verstattet. Daher wären noch diese Stücke Mauern davon übrig geblieben.«

Die weiße Frau und der Brunnen vom Blankenburger Schlosse.

64.

Auf dem Schlosse zu Blankenburg zeigt sich eine weiße Frau mit Schlüsseln, mit denen sie oft zur Nachtzeit rasselt. Sie soll besonders zur Winterszeit bei Schneewetter, ferner zur Kriegszeit (sie kündigte Krieg an) und bei Unglücksfällen in der Familie erschienen und im Lesezimmer des Schlosses mit einem Hündchen abgebildet sein. Dies Hündchen, ein kleines weißes Spitzhündchen, sah man auch mit ihr gehen.

65.

Bei einer Hochzeit, die bei Schneewetter im Schlosse abgehalten wurde, vernahm man das Gerassel von Wagen, und doch war nachher Niemand zu sehen. Diesen Lärmen hatte die weiße Frau verursacht.

66.

Die Schlüsseljungfer verschwand stets bei dem **Brunnen** auf dem Schlosse.

67.

Im Brunnen auf dem Schlosse befindet sich ein Kasten mit Schätzen, der noch nicht gehoben werden konnte.

---

68. Weg von der Quelle auf dem Blankenburger Schlosse nach dem Münzenberge.

Brückmann sagt in der epistola itineraria de signis urbium mnemonicis (Wolfenbüttel 1735) folgendes: »Blanckenburgi, ad fauces Sylvae Hercyniae, fons quidam in arce Ducum Brunsuicens., montana praealta, loci signi mnemonici, habetur. · Hic perennis puteus jugis aquae, tempore, quo Comites Blanckenb. dominatum hic loci tenuerunt, ante aliquot secula per rupes durissimas in profundum caesus, hoc peculiare prae reliquis fontibus habet, quod a terrae superficie usque ad profundum aquae scala vel cochlidium ducat. Sunt, qui hanc proferunt traditionem, ex hoc loco viam esse per subterraneum quendam cuniculum (in praesenti vero non amplius permeabilem, sed quibusdam in spatiis prolapsum et ruinosum) usque ad montem Sionis, vulgo Müntzenberg dictum, qui Quedlinburgi, duobus Blanckenburgo milliaribus dissiti, videndus. An traditio sit veriloquium? nec scire, nec dicere possumus.«

69. Das Dorf Börneke

leitet seinen Ursprung und Namen von einem kleinen Borne her, nahe beym Pfarrhofe, der das Börneken hieß. Ein Einsiedler, sagt die Tradition, welcher bey diesem Börneken, wo damals Wald war, seine Wohnung aufschlug, wurde wegen vermeynter Wunderkuren berühmt und bekam starken Zulauf. Verschiedene baueten sich bey ihm an, welchen mehrere folgten, die nach und nach das Holzrevier ausrotteten, wovon der Hoppelnberg ein Überrest ist. So entstand das Dorf Börneke.

---

70. Spuk bei Hüttenrode.

Bei Hüttenrode ist es »mit den Schaafen nicht richtig.«

---

71. Die Quargeshöhle von Helsungen.

In Helsungen unter'm Heidelberge befindet sich ein Keller, in dem sich zwölf Zwerge aufhalten. Einst setzte man eine Ente hinein, die kam auf dem Blankenburger Schlosse wieder zum Vorschein.

Sagen von Michaelstein, Heimburg und Benzingerode.

72. Evergodesrode, Volkmarstein und Michaelstein.

Einige hundert Jahre vor der Anlegung des Stiftes Michaelstein soll über demselben in dem rauhen großen Hartz-Walde auf einer ziemlich hohen Klippen, unter welchen ein schöner heller Brunnen herfür quillet, ein frommer Einsiedler oder sogenannter Clausner, derer damahls sich viele in denen rauhen Gebirgen aufhielten, und ein strenges Leben in Fasten und Beten führeten, gelebet, und daselbsten eine kleine Wohn- und Bet-Clause vor sich erbauet, auch mit Namen Volckmar geheißen haben. Weiln er nun nach damaliger Zeit-Beschaffenheit an solchem Orte gar einen ernsten und stillen Wandel geführet, habe er dadurch verursachet, daß man nicht allein ihn den heiligen Volckmar benennet, sondern, seiner Heiligkeit sich theilhafftig zu machen, haben sich auch unterschiedene stille Brüder zu ihm begeben, und gleiche Lebensart mit ihm angetreten, daß sie nach ihrer damahligen Erkenntniß fleißig in ihren selbstgemachten Clusen und Hölen gebetet, und mit weniger Speise, so ihnen entweder von gutherzigen Leuten zugeschicket worden, oder sie sich selbsten in der Wildniß bereitet, sich vergnüget, darbey aber auch einige sonst gelernte Hand-

arbeit zu ihrer besseren Erhaltung getrieben, und fürnemlich in
einer nahe bey ihrer Wohnung eröffneten Marmor-Gruben die
schönsten Marmelsteine gebrochen, und an andere überlassen
haben. Welcher Steinbruch nachmals eingegangen, daß man
wenige Merckmale anitzo davon finden kan. Hierdurch haben
diese Brüder und Einsiedler mit ihrem sogenannten H. Volckmar
sowol Gelegenheit als Mittel bekommen, zu Erweckung ihrer
mehrern Andacht eine neue Capelle oder kleine Kirche an ge-
dachten Ort bey der Cluß dieses ihres Vorgängers, so man
noch S. Volckmarstein in dem Hartze nennet, aufzuführen, in
welcher sie insonderheit, weiln sie einige Reliquien von der
Jungfer Marien und deren Begräbniß in Besitz zu haben
vermeinten, zu Ehren dieser Mutter Gottes ihr ein Begräbniß
oder Grabmahl, so das Grab Marie nachgehends genennet,
und in solchen die angegebenen Reliquien geleget worden, aufgerichtet, und mit vieler schöner Arbeit versehen haben, und
soll dieses geschehen seyn zur Zeit Kayser Heinrich des Voglers,
und seines Sohnes Kayser Ottonis des Grossen, dahero des
Erstern Gemahlin, die Kayserin Mechtildis, so zur geistlichen
Stiftung und Schenkung sehr geneigt, auch damals das herrliche Stift in Quedlinburg, so nur etwa zwey Meilen unter
der Michelsteinischen Gegend lieget, aufrichtete, zu solcher im
Hartz erbaueten Kirchen besagtem Volckmar und seinen Brüdern
ihr ohnweit davon gelegenes Gut zu Kepferungsrode, so nachmals
von dem gemeinen Manne Kipperode genennet worden, nebst andern Stücken geschenket, welche sämmtlich hierauf Kayser Otto I.
im Jahr 956 dem damals angelegten Stifte incorporiret hat.
Man setzet auch ferner hierzu, daß nach dem Absterben des
S. Volckmari durch die obgedachten Reliquien bey dem gemeldeten
Grabe der Jungfrau Marien sich unterschiedene Wunder, insonderheit durch Curirung vieler Kranckheiten, haben spüren lassen, womit
die anwesenden Einsiedler und Clerici viel Geldes gelöset, und
selbige also diesen Ort über zweyhundert Jahr bewohnet. Als
aber in denen folgenden Kriegeszeiten durch die Räuber und
Buschklöpper der Hartzwald sehr unsicher gemacht, und folglich
auch diese wenige geistliche Brüder auf dem S. Volckmarsteine
dadurch höchst verunruhiget, sie aber zum Theil auch müde
wurden, in so entlegenem Walde auf hohen rauhen und un-
fruchtbaren Klippen länger zu wohnen, als wurde zu Anfang
des zwölften Seculi Graf Burchard zu Blanckenburg be-

wogen, sein zwischen Blanckenburg und Heimburg vor dem Hartz=Walde gelegenes Gut, Evergodesrode damals genannt, vorgedachten Hartz=Einsiedlern von S. Volckmar nicht allein zur sichern Wohnung einzuräumen, sondern ihnen auch daselbst eine Kirche zu ihrem Gottesdienst aufzubauen, welche hernach von dem Bischof zu Halberstadt, gleichwie die erste zu S. Volckmar, in die Ehre des Ertz=Engels Michaelis eingeweihet, und der gantze Ort und vorgenanntes Gut Evergodesrode, Michaelstein oder Michelstein genennet worden. Besagter Graf Burchard von Blanckenburg begab sich auch hierauf gäntzlich seiner Regierung, und ward ein Conversus bey diesen Brüdern in der Michelsteinischen Kirchen, schenkte aber an solche noch zuvor den gantzen Stoffenburg bey der lütchen Lauenburg, beredete auch die damals lebende Abtißin in Quedlinburg, Namens Beatrix 2., daß sie unterschiedene obberührte, zu ihrem Stift gehörige Güter an die Kirche zu Michelstein übergab, damit die angelangten Volckmarischen Brüder davon desto austräglicher und besser leben könnten. Besagte Abtißin erlangte aber auch damit bey dem damaligen Pabste Innocentio II. daß sie An. 1139 nächst andern mehrern Stücken die Confirmation über diese Michelsteinischen Güter erhielt, wobei aber zu behalten, daß damals dieses Michelstein noch nicht zu einem ordentlichen Closter=Stifte vor einige Regulier=Mönche angeleget war, sondern es lebten nur einige wenige Irregulier=Geistliche und Einsiedler, so von S. Volckmar gekommen, bey der neugebaueten Michaelis-Kirchen, welche ihre Wohnungen in denen daselbst befindlichen Häusern des gewesenen Gräflichen Gutes Evergodesrode genommen, und den Kirchendienst dabey verrichteten; jedoch ist bald darauf diß Michaelstein oder Michelstein zu einem Closter vor Cisterienser=Mönche aus dem alten Camper=Stifte, so von Aulesburg durch die Stifter anhero berufen, angeleget worden.

Der Name Michaelstein.

73.

Mündlich wird erzählt, daß der erste Abt im Volkmarskeller Michael geheißen habe. Als es ihm dort nicht mehr gefallen, habe er einen Stein aufgehuckt, ihn bis Michaelstein getragen und dort sich angebaut.

74.

Andere erzählen: Als die Mönche nicht mehr im Volkmarskeller wohnen wollten, banden sie einem Manne Namens Michael einen Stein um, und da, wo er nicht mehr fortkonnte, bauten sie sich wieder an.

---

75. Michaels Bild.

Des heiligen Michaels Bild steht auf der Dachecke des Klosters und ist einst heruntergefallen. Da wurden die Ochsen im Stalle unruhig.

---

76. Der heilige Michael und die Lörke.

Im Herbste schickt der heilige Michael Lörke und andres Ungeziefer.

Der Mönchenmühlenteich.

77.

Im Mönchenmühlenteiche bei Kloster Michaelstein sitzt eine Frau. Sie geht daran umher in weißem Kleide mit einem Bund Schlüssel, und zwar am Kruggarten vorbei bis nach der »Geldmünze« im Kloster.

78.

Nicht allein die Kinder in Blankenburg, sondern auch die in Heimburg werden aus dem Mönchenmühlenteiche bei Kloster Michaelstein gezogen.

79.

Am Mönchenmühlenteiche lag einst ein Kind und war dann gleich verschwunden.

80.

Im Mönchenmühlenteiche sitzt ein Nickelmann.

81.

Der Mönchenmühlenteich muß wenigstens alle sieben Jahr ein Menschenopfer haben, das darin ertrinkt.

82.

Aus dem Mönchenmühlenteiche sind die Steine zum Kloster Michaelstein genommen.

Das Teufelsbad.

83.

Das Teufelsbad bei Kloster Michaelstein hat keinen Grund.

84.

Im Teufelsbade pflegte eine weiße Jungfer zu verschwinden.

85.

Im Teufelsbade kam ein Schächtelchen geschwommen, darin war ein Kind, es war aber sogleich wieder verschwunden.

86.

Beim Teufelsbade saß ein kleines Mädchen von zehn Jahren und weinte, war aber dann nicht mehr zu finden.

87.

Beim Teufelsbade zeigen sich zwischen 11 und 12 Uhr Leichenzüge.

---

88. Der Jungfernpaul beim Teufelsbade.

Beim Teufelsbade befindet sich der Jungfernpaul. Dort zeigte sich eine Jungfer.

---

89. Zwerge in den Kreuzgängen.

In den Kreuzgängen von Kloster Michaelstein wohnten Zwerge.

---

90. Der Abt im Klosterkeller.

Im Klosterkeller zu Michaelstein spukt ein Abt. Als Jemand Wein herausholen wollte, drehte er ihm den Hals um.

---

91. Der Papenteich.

In den Papendiek ist ein Pastor mit der Kutsche hineingefahren. Ein Holzhacker nahm dort einen Fisch weg, der verlangte, daß ihm sein eines Auge, das er verloren hatte, wieder hergebracht würde.

---

92. Der Hirsch auf dem Probstberge und am Klostergrunde.

Auf dem Probstberge unweit Michaelstein ging ein Hirsch mit goldenem Halsband, hinterließ aber keine Spur, der Hirsch war weiß, eine Jungfer von Michaelstein gehörte dazu. Auch am Klostergrunde bei Michaelstein ging ein weißer Hirsch.

---

93. Die Lausehügel.

Zwischen Michaelstein und Blankenburg, unweit der Mönchenmühle, liegen die »Lusehuchel« (Lausehügel). Ein Riese ging da einst vorüber, den drückten Steine im Schuh. Da schüttelte er sie aus und sagte: »Die alten Lausehügel!« Daher die Lausehügel und ihr Name.

---

94. Die Mädchenwiese.

Über dem Teufelsbade befindet sich die Mädchenwiese. Dort tödtete ein Bräutigam seine Braut und sie zeigt sich nun um die betreffende Zeit.

---

95. Feuer ohne Kohlen.

Unweit Michaelstein stand ein großer Mann an einem Feuer. Kohlen waren nicht zu finden.

---

96. Die Heimburg brennt ab 1288.

De Borch vor dem Harte genomet Heymborch wart entsengt van dem wilden Büre, in dem Pingstavende in dem Donreweder, unde brende reyn aff, de Grave de darup was vorschreckede sick, dat he daran sterff, do vell de Herschop an de Graven to Reghensteyn. Ein Donreweder kam 1289 up S. Peter unde Pauwels Dage, unde warede twe Dage unde twe Nachte, dat de Lüde vorschreckt worden, dat se menden, be jungste Dach wolbe komen, wente dat Kayserhus to Gosseler brende aff van dem Blixsen, unde be Stad Hamborch brende halff uth in be Lenge, unde brenden mer Stidde unde Torppe.

97. Geld auf der Heimburg.

Auf der alten Heimburg steht Geld, besonders im Brunnen.

98. Der Keller auf der Heimburg.

Im Keller auf der Heimburg hausen Geister und ein Venediger ist darin verschwunden. Es brennt darin Geld.

99. Kegeln auf der Heimburg.

Auf der Heimburg (einige sagen im Keller) wird gekegelt. Die Kegel sind von Silber, die Kugeln von Golde, oder umgekehrt.

100. Jungfer auf der Heimburg.

Auf der Heimburg zeigt sich eine Jungfer.

Die Hünensteine.

101.

Stübner erzählt in seinen Blankenburgischen Denkwürdigkeiten: »Zwischen Benzingerode und Heimburg sind drey im Triangel stehende sogenannte Hunnensteine merkwürdig. Sie sind von ungleicher Größe. Der höchste dieser Steine steht im Benzingeröder Felde und hat 12 Fuß Höhe, 4½ Fuß Breite; der mittlere im Göddenhusischen Felde auf der Mitternachtsseite des Hellbeeks, zwei Büchsenschüsse weit vom vorigen, ist 10 Fuß hoch, 5½ Fuß breit; der niedrigste im **Heimburgischen** Altfelde, einen Büchsenschuß weit von letzterm, hat 9 Fuß Höhe, 5 Fuß Breite. Man hält diese für Denkmale daselbst im Kriege gebliebener heidnischer Helden.«

102.

Andre erzählen mündlich: drei Hünen auf der alten Burg Heimburg hätten um die Wette geworfen und eine Prinzessin sei der Preis der Wette gewesen. Der jüngste aber habe am Weitesten getroffen. 80 Pferde bringen seinen Stein nicht fort. Es ist dies wohl der Stein am Wege zwischen Heimburg und Silstedt, der ein so gar eigenthümliches Aussehen hat, daß er wie ein bemoofter Weidenbaum dasteht und Jedem auffällt.

103.

Es wird auch erzählt: drei Schwestern hätten durch den Steinwurf um einen Pflüger gewettet und die jüngste habe gewonnen.

104.

Noch Andre erzählen: die brei Hünensteine seien vom **Regensteine** aus geworfen worden.

---

105. Untreue Baumbreite.

Zwischen Halberstadt und Heimburg liegt die untreue Baumbreite, neben dem Osterholze. Dort begegnete einem Reiter ein lahmer Bettelmann und wies in einen Baum, wo seine Krücken hingen, sagte auch, daß ein Übermüthiger sie dort aufgehangen hätte. Der Reiter stieg ab und kletterte hinauf, sie herunter zu holen. Der Bettelmann aber, der sich nur lahm gestellt hatte, schwang sich auf das Pferd und jagte davon.

---

106. Riesen.

Wenn die Benzingeröder ihren Herrendienst nach Heimburg thaten, setzten die Riesen sich hin, zogen die Hosen ab und die Bauern fuhren im Kothe der Riesen nachher fest. Sie wohnten auf der Altenburg in Höhlen, setzten sich dann auf die Burg und sahen den Leuten, die festgefahren hatten, zu.

---

107. Quarge

waren auch auf der Altenburg Heimburg, waren aber von den Riesen getrennt. Auch im nahen Derenburg sind »Quargeslöcher.«

---

108. Der Uhlius.

In Benzingerode flog ein Hund mit gluhem Schwanz durch die Luft. Dieser soll zum wilden Jäger gehört haben, aber auch der Uhlius (der Teufel) gewesen sein und den Leuten etwas zugetragen haben. In einem Hause zu Benzingerode hielt der Uhlius sich auf.

---

109. Bene cincta rota.

So soll ein alter Bischof zum Schmid von Benzingerode gesagt haben, als dieser ihm auf der Durchreise ein Rad am Wagen beschlagen hatte, und daher soll, einer gelehrten Sage zufolge, das Dorf Benzingerode den Namen haben. Auch soll die Schmiede zu Benzingerode zu einer Abgabe von Nägeln an die dortige Pfarre verpflichtet gewesen sein.

Sagen vom Regenstein.

110. Verbindung zwischen Michaelstein und Regenstein.

Eine große Leuchte kommt vom Mönchenmühlenteiche bei Michaelstein, geht nach dem Regensteine und fährt in den Staufenberg. Mit der Leuchte kommt eine brausende Kutsche.

111. Wagen auf dem Regensteine.

Auf dem Regensteine ist ein gespenstischer Wagen mit 8 Pferden umhergefahren und wieder verschwunden.

112. Der Name Regenstein.

Anno 479 toch be Königk Melverikus to Doringk myt Macht over den Hart, unde wolde de Sassen vordryven wedder uth dem Orde des Landes, vor dem Harte, dar nu Reghensteyn unde Warnigerode licht, unde de Sassen kemen ome underwegen in de Möte by dem Torppe Bedekenstidde, dar sloghen se de Doringk, dat der vele dot bleven, by vyff dusent, be Königk to Doringk nam be Flucht, unde vele siner Lüde. Na düssen Stribe gingen de Sassen to Rabe, na deme dat yt vor dem Harte wat noch woyste was, unde geven eynem ebbelen Manne, de was strytbar, unde wanede in dem Torppe to Vebbekenstibbe, de heyt Hatebolbus, eyne Stibbe vor dem Harte to buwende, wur òne dat het bevelle; so rechte he sick na òrem Bode, unde reyth vor dem Harte here, unde fand eynen groten Steynen=Berch, unde sprack, düsse Steyn is gereghent, darupp schall myne Woning wesen, unde buwede upp den Steyn eyne Borch, unde wart geheten de Grave to Reghen=steyne, unde buwede Blankenborch unde Heymborch.

---

113. Steine auf dem Regensteine.

Auf dem Regensteine ist ein Loch vorhanden, welches mit allerhand kleinen Steinen, die nicht auf dem Berge, sondern nur in der Ebene gefunden werden, angefüllet ist, und wollen die Führer vor gewiß berichten: daß solche Steine von denen bösen Geistern hieher gebracht würden, denn wenn man dieselben heraus nähme und hinweg trage, so kämen doch alsobald wieder andere hinein, ja auch oftmals diejenigen, welche man heraus genommen hätte. Es werden auch von ihnen viele Abentheuer erzehlet, so sich bei diesem Loche sollen zugetragen haben mit denjenigen, welche sich erkühnet, freventlicher Weise etwas darbei vorzunehmen.

---

114. Schmieden auf dem Regensteine.

Die Geister auf dem Regensteine schmiedeten wie eine Falschmünzerbande.

---

115. Ziegen auf dem Regensteine.

Auf dem Regensteine stellen die Geister den dort etwa befindlichen Ziegen nach.

---

116. Die Ahnfrau auf dem Regensteine

schwebte im Brunnen und bei dem Brunnen, denn sie hatte Flügel.

Sagen von Osterwieck und der Umgegend.

117. Die gestohlene Gans.

Vor langer Zeit ist in Osterwieck einer Frau eine Gans gestohlen, als Dieb derselben hatte sie eine andere Frau in Verdacht. Sie verklagte daher dieselbe und ließ sie beeiden. Beide Frauen starben bald darauf. Da hört denn einst ein »Chorännenknabe« (Currendenknabe) während der Nacht ein Läuten in der St. Nikolaikirche. Er springt in voller Angst aus dem Bette, zieht sich an und geht nach der Kirche, welche er offen und hell erleuchtet findet. Der Knabe begibt sich auf seinen Platz, sieht viele Andächtige, erkennt aber Niemand, versteht auch nicht, was sie singen. Nach Beendigung des Gesanges kommt ein Pastor hinter dem Altar weg und begibt sich davor, wird aber auch nicht von ihm erkannt. Das scheint ihm wunderlich, doch soll er nicht lange im Unklaren bleiben. Es stehen nämlich zwei Weiber auf und gehen vor den Altar. Der Knabe erkennt sie als jene beiden Frauen. Der Pastor verhört diese und es ergibt sich daraus die Unschuld der für schuldig gehaltenen Frau. Zugleich wird offenbar, daß der Dieb noch am Leben, jetzt aber schwer krank sei. Nach diesem kommt eine Frau auf den Knaben zu, die derselbe als die vor einigen Jahren verstorbene Schwester seiner Mutter erkennt. Sie gibt ihm durch einen Wink zu verstehen, daß er sich aus der Kirche entfernen möge. Der Knabe thut's, die Kirchthür wird mit aller Gewalt hinter ihm zugeschlagen. Da er draußen ist, schlägts, er zählt 12. Zu Hause angekommen, fragt ihn seine Mutter, wo er gewesen sei. Morgen früh, antwortet er, will ich's euch erzählen. Am Morgen theilt er ihr alles mit. Die Mutter meldet's der Obrigkeit und die in der Kirche als Gänsedieb bezeichnete kranke Frau gesteht, durch den Pfarrherrn tief ins Gewissen gegriffen, ihr Vergehen.

118. Die Jungfrau und das Feuer unter dem Altar der Stephanikirche.

Vor etwa 300 Jahren, so erzählt die Chronik, ist ein großer Theil der Stadt ein Raub der Flammen geworden und die Sage fügt hinzu, daß wahrscheinlich kein Haus und keine Kirche verschont geblieben seien, wenn nicht eine Jungfrau das Feuer besprochen hätte. Diese Jungfrau soll unter dem Altar der St. Stephanikirche ein Feuer unterhalten und dadurch das Aufkommen eines Feuers innerhalb der Stadt verhüten. Wirklich ist auch seit vielen, vielen Jahren kein Haus abgebrannt und viele Osterwiecker sind deswegen so sorglos, daß sie ihre Habe nur gering oder gar nicht versichert haben.

119. Der Kobold.

Viele Bewohner von Osterwieck haben noch zwei alte Jungfern, welche Schwestern waren, gekannt, von denen es allgemein geheißen hat, daß sie in der Stube unter dem Ofen einen Kobold gehabt hätten, der ihnen auf ihr Verlangen den Teufel zum Schornstein hereincitirt habe, durch den ihnen dann ihre Wünsche befriedigt wurden. Die Jungfern waren nicht unbemittelt, hielten den ganzen Tag Thüren und Laden verschlossen, gestatteten Niemanden den Eingang in ihr Haus und wenn Jemand etwas von ihnen wünschte und verlangte, so antwortete eine von ihnen: Ick will'n erst mal fragen. Neugierige Buben haben wohl mitunter durch die Ritzen der Fensterladen geblickt und dann unter dem Ofen ein großköpfiges ungeschlachtetes Wesen mit feurigglühenden Augen gesehen.

---

120. Der Welthund bei Stötterlingenburg und Lüttchenrode.

Eine halbe Stunde westlich von Osterwieck liegt das Dorf Lüttchenrode um das ehemalige auf einem Berge gelegene Nonnenkloster Stötterlingenburg herum. Nicht weit vom Kloster, am nördlichen Abhange des Berges, lag eine Oberförsterei; das Haus davon steht noch und zeugt von nicht geringem Wohlstande seiner Bewohner. Von einem dieser Oberförster erzählt man: er habe einen Jäger gehabt, der eines Tages einen armen Mann, der im Forste sich ein Bündel Holz gesucht, mit seinem Hunde gehetzt, und als derselbe sich noch vertheidigen wollte, ihn mit dem Hirschfänger durchbohrt. Bald darauf wird er krank und wird im Fieber das Bild seiner unmenschlichen That nicht vor Augen los, und ehe er noch einen Geistlichen zur Vorbereitung auf den Tod bekommt, verscheidet er. Seit diesem Tage nun geht ein gewaltig großer Hund, Augenzeugen (und dies sind die ernstesten Versicherungen der meisten Bewohner von Lüttchenrode) vergleichen seine Größe mit der eines Kalbes oder Esels. Auch soll der Welthund, so genannt wie man sagt weil er sich schon an vielen Orten hat sehen lassen, mit einem Esel große Aehnlichkeit haben. Grau auf dem Rücken, weißlich unterm Bauche, mit großen feurigen gequollenen Augen begegnet er, vorzugsweise des Winters, nach eingetretener Dunkelheit, meistens aber zwischen 10 und 11 Uhr Nachts, den Menschen. Sein Ausgangspunkt ist im Giebel des besagten Försterhauses. Unter einem Kastanienbaume entsteigt er der Erde, wo der Jäger, dem als Mörder der Friedhof nicht gegönnt wurde, beigescharrt sein soll, und springt jedesmal an einer bestimmten Stelle über den Zaun, kommt aber einen andern Weg zurück. Er thut Niemandem etwas zu Leide, aber alle Hunde, wenn sie ihn auch nicht sehen, geben durch Pfeifen oder Verkriechen ihre Angst zu erkennen. Im Kloster Heinigen soll sich der in den Welthund verwandelte Jäger auch oft sehen lassen, was wohl davon herrühren mag, daß die dortigen Wälder mit unter demselben Oberförster gestanden haben.

---

121. Smidbusch bei Osterwieck.

So ziemlich auf dem halben Wege von der Stadt Osterwieck nach dem Kirchberge, einem Theile des Fallsteins, läßt man rechts eine Grund liegen, welche jetzt mit Weiden bewachsen ist. Hier soll früher ein Kloster gestanden haben, von dem aber jetzt nur noch Ueberreste in der Erde aufzufinden sind. Es ward das Wallwier = Kloster genannt. Unfern desselben in nordöstlicher Richtung stand ein Schatz, den sich schon so Mancher wünschte, aber die Hebung als ein zu großes Wagestück ansah. 12 Mann fassen endlich den Entschluß, sich daran zu machen und lassen, um ihren Zweck nicht zu verfehlen, einen Jesuiten von Hildesheim kommen. Unter anbefohlenem Stillschweigen wird die Arbeit begonnen und die 12 Männer sind bald so glücklich, den in einer Braupfanne liegenden Schatz auf die Hebebäume zu bringen. Da kam ein Mann vom Holze herunter, den Niemand kannte, er hat sie gegrüßt, Niemand ihm aber gedankt. Darnach hat der Jesuit sich zu ihm gewendet und mit ihm gesprochen. Der Fremde hat aber gesagt, daß sie den Schatz durchaus nicht heben könnten, weil derselbe einem Vogel mit Namen Pelikan vermacht sei, den eine in Asien lebende Prinzessin besitze, von der sie ihn nicht würden erhalten können. Doch sei die Hebung des Schatzes möglich, wenn er ihm einen der Arbeiter überliefern wolle. Der Jesuit fragte, welchen er denn wohl wolle? Da hat sich der Fremde den mit der rothen Mütze auserwählt, dieser aber hat leise vor sich hingesprochen: »Dick sall de Hund wat —«. Worauf ihn jener ergriff und ihn ¾ Stunden weit mit sich in der Luft forttrug und ihn dann in eine Dornhecke warf, die deshalb noch heute Smidbusch heißt. Der Verunglückte soll der Urgroßvater eines vor einigen Jahren zu Osterwieck verstorbenen Bäckers gewesen sein und der Mann, welcher dies erzählte, will in seinen jüngeren Jahren den Ring gesehen haben, der beim Niedersinken der Braupfanne auf den Hebebäumen ist hängen geblieben.

122. Die Kirchbergszwerge bei Osterwieck.

Im Kirchberge bei Osterwieck haben sich vor alten Zeiten Zwerge aufgehalten, welche gar freundlich gegen die Osterwiecker gesinnt waren. Sie haben dieselben bei Kindtaufen, Hochzeiten und sonstigen Ehrengelagen mit schönen Speisen allerlei Art versehen. Die Osterwiecker pflegten, wenn sie solche Feste vor hatten, ihre Wünsche auf einen Zettel zu schreiben und diesen vermittelst eines Stockes in ein bestimmtes Loch des Berges zu stecken. Bald darnach fanden sie dann vor der Oeffnung die erbetenen Speisen auf silbernem Geschirre, das sie nach dem Gebrauche wieder da hinstellen mußten, wo sie es gefunden hatten. Da hütet denn einst ein Schäfer in der Nähe die Schafe, findet die von den Zwergen hingesetzten Speisen, verzehrt sie und verunreinigt das Geschirre mit eigenem Kothe. Das aber hat die Zwerge so sehr verdrossen, daß sie von der Zeit ab allen freundschaftlichen Verkehr mit den Osterwieckern abgebrochen und ihn noch jetzt nicht wieder angeknüpft haben.

---

123. Der Eseltreiber und die zwölf Esel in der Trift zwischen Wallwie und dem Kirchberge.

Meiner Frauen Großvater, so erzählte ein alter Osterwiecker, hat Wegener geheißen, der ist ein Dachdecker gewesen und hat einen Gesellen gehabt mit Namen Siegelmann. Dieser ist oftmals des Mittags 12 Uhr weggegangen und dann erst um 2 Uhr wieder zur Arbeit gekommen. Da hat sein Meister denn oft gescholten und gefragt, wo er immer so lange bleibe. Er aber hat geantwortet, er ginge nach Wallwie, denn da haben die Tatern zu ihm gesagt: er sollte noch ein paar Mal kommen, dann wollten sie ihm den »rechten Grund« sagen. Da kommt er den einen Mittag erst um 3 Uhr wieder heim; sein Meister aber ist sehr aufgebracht und meint, daß er es mit ihm nicht mehr abhalten könne. Nun, Meister, erwiedert er, ist es das letzte Mal. Morgen gehe ich nach Beckenstedt, da soll ich 12 Tragsäcke und Esel kaufen, dann soll ich die Nacht hinkommen nach

Wallwie und soll die 12 Esel mit Geld beladen. Das hat er denn auch gethan und ist nach Wallwie getrieben, aber noch heute nicht wiedergekommen und Niemand weiß, wo er mit seinen Eseln geblieben ist. Doch haben einige gesagt, daß er von Wallwie in der Trift heruntertreibt hin nach dem Kirchberge. Die Schwester des Erzählers selbst will ihn des Nachts beim Erbsenbinden auf dem Wege dahin mit den zwölf Eseln gesehen haben.

124. Das beherzte Mädchen.

In einer Spinnstube zu Osterwieck war die Jugend zusammen und es kam die Rede darauf, daß derjenige, der von der alten Kirche daselbst einen Spohn schnitte, eine Belohnung haben solle. Ein Mädchen geht hin und findet vor der Thür einen gesattelten Schimmel. Um den Altar saßen zwölf Mann und zählten Geld. Es setzte sich auf und jagte davon. Die Räuber verfolgten sie und kaum konnte der Thorwirth noch das Thor vor ihnen zuschlagen. Zu dem Schimmel fand sich Niemand und das Geld dafür gehörte dem Mädchen.

125. Gottslohn.

In Appenrode bei Osterwieck war eine Frau, die war sehr geizig. Sie hatte ein Mädchen, das war mildherzig, that den Frauen von dem Vermögen der Frau viel zu Gute und gab es ihnen durch's Gossenloch. Dafür bekam sie auch von den Armen alle die Gottslohne, die der Frau gehört hätten. Darum saß die Frau drei Tage nach ihrem Tode auf ihrem Altmutterstuhle hinter dem Ofen, auf dem ihr Sitz immer gewesen war, ging in die Speisekammer, in den Keller, bei's Vieh und lärmte sehr mit dem Geschirr. Ihr Sohn bestellte endlich ein paar Jesuiten, die mußten sie nach ihrem Begehr fragen. Da sagte sie, sie wolle nichts weiter als die Gottslohne, welche die Dienstmagd für das bekommen hätte, was sie durch's Gossenloch gegeben hätte. Das Mädchen wurde befragt und antwortete: die solle sie in Gottes Namen alle hinnehmen. Die Frau sagte: darauf solle sie die Hand geben. Das erlaubten die Jesuiten nicht, sie mußte den Besenstiel hinhalten und wie sie ihn hinhielt, zerknitterte er in tausend Stücken. Die Frau sagte: sie könne jetzt zu Gnaden kommen, wenn ihr Sohn ein Schwein schlachte, von drei Scheffel Weizenmehl Kuchen backe, von drei Scheffel Brodmehl Brod, und wenn dies Alles unter die Armen vertheilt würde. Das geschah und hernach wurde sie in das Kiebitzbruch in der Kutsche mit vier Pferden gefahren und ließ sich nicht wieder sehen.

Sagen von der Harburg, von Wernigerode, Nöschenrode und Hasserode.

Der Kreuzberg.

126.

Auf dem Nöschenröder Kirchhofe wohnte wie gewöhnlich ein ganz armer Mann, den rief es drei Nächte hinter einander: »Komm, geh mit mir! Komm, geh mit mir!« Es führte ihn auf den Kreuzberg, da sollte er einen Kasten mit Geld heben. Die Frau des Mannes aber war erwacht als er aufstand und ihm nachgefolgt, denn sie glaubte, er wolle aus stehlen gehen. Sie rief deshalb ängstlich: »Du willst wohl aus stehlen gehen?« Da that es einen Kling und der Kasten war verschwunden.

127.

Am Kreuzberge bei Wernigerode waren Zwerge. Sie liehen Geschirr zu Hochzeiten und bekamen dafür Speisen ohne Salz und Kümmel. Ein Knecht verrichtete seine Nothdurft vor dem Loche, der brach dann beim Pflügen das Bein.

128.

Die Zwerge vom Kreuzberge schoben einst den Menschen eins ihrer Kinder unter. Da nahmen die Menschen eine halbe Eierschaale, Wasser darin zu kochen, und das Zwergkind sagte: Mutter, wat wutte da maken? Die Mutter sagte: »Dit Thee inne koken.« Da sagte das Kind:

»Sau bin ick doch sau oolt
Wie de Schimmelwoolt,
Dreimal e hacket un dreimal e koolt,

Un håwwe noch nich e sein in der Eierschaale Water koken.« Damit war das falsche Kind fort und das rechte wieder da. Es war gebracht von einem Zwerge, der sagte dem Knaben: er sollte auf den Sonntag allein vor das Zwergloch kommen und rufen. Er erzählte aber, daß die Zwerge äßen von Silber und Gold. Zeug hatte er von den Zwergen bekommen, wenn das zerriß, strich ein Zwerg mit der Hand darüber und es war heil; hatte er ein Loch im Kopf, so ward von den Zwergen mit bloßer Hand darüber gestrichen und es war heil; er hatte das eine Bein meist in der einen Hand gehabt, auf dem andern hatte er gehuckt. Er hatte gesessen auf einer Hutsche, zum Schlafen kroch er in eine Mütze, dann trugen sie ihn wohin und er schlief besser wie im Bette. Er wäre dann fortgewesen, wüßte nicht wohin. — Den Sonntag brachten die Seinen ihn aus dem Thore. Vor dem Loche rief er einen Namen und der Gerufene stand da und machte ihm Vorwürfe, weil er geschwatzt habe. Doch sagte er: wenn er sich gewaschen habe, solle er vor den Tritt gehen, dann solle Geld daliegen, dafür solle er verschwiegen sein. Zum Anfange bekam er 100 Thaler, 10 Thaler sollte er seiner Mutter geben, das Übrige verborgen an bestimmte Leute. Er solle sich aber ja des Morgens vorher erst jedesmal waschen. Es zeigte sich, daß er drei Tage fortgewesen, vor dem Loche war es aber nicht dunkel geworden. Seinen Eltern gab er einen Theil des Geldes. Am andern Morgen lagen da für ihn 4 Gr., für die Mutter 4, für den Vater 8, also gerade das Tagelohn. So ging es einige male, bei den Eltern aber erwachte die Neugier. Die Frau stand einst auf und sah den Jungen das Geld wegnehmen, bekam aber dann sogleich einen Nasenstüber, und dabei rief es: so neugierig (»nie=tie'g«) wie du sind alle Frauensleute! Ihre Nase schwoll an, der Doctor wollte den Ursprung der Krankheit wissen. Sie aber schwieg, verlor die Nase und verfluchte den, der das Geld gebracht haben sollte. Der Knabe wurde zum Sonntag um 11 wieder nach dem Kreuzberge bestellt. Dort gab die Erscheinung ihm einen Topf, da sollte er hineinstippen und seiner Mutter die Nase wischen, dann würde sie gut werden, ebenso aber würde es helfen, wenn sonst Jemand krank oder verwundet wäre. Und so geschah es auch. Der Junge aber wurde zuletzt Ritter von der Harburg, die Quarge von der Harburg mußten fort und zogen bei Nacht und Nebel ab. Die zwei ältesten mußten alles aus dem Loche ihm zu Füßen legen, auch alle Nebelkappen. Die Zwerge wurden gefragt: wohin sie wollten? Nach Goslar in den Rammelsberg zum Kaiser Otto, antworteten sie. Der Ritter setzte danach eine Nebelkappe auf und in dieser wünschte er, daß sein Schloß auf dem Berge gegenüber stände, da stand's da und guckte plötzlich gegen die Harburg, auf der sein Schloß bisher gestanden hatte. Der Ritter aber nannte sich den **rothen** Ritter, und nach der rothen Farbe, nach der er selbst sich nannte, hieß er auch das neue Schloß Warnige=rooe. Und weil sein Schloß fortgerückt war, nannte er's: Warnigerode=Rochefort.

Sagen von der Harburg.
(Zum Theil in Wernigeröder Mundart.)

129.

Die Sage von der Harburg, wie sie am bekanntesten geworden ist, theilen wir zunächst in einem Gedichte, das der Handschuhmacher **Braun**, der Sohn des alten Burgwarts auf der Harburg, in Wernigeröder Mundart uns übergeben hat und das jedenfalls ein mundartliches Interesse hat, mit:

> Vor veelen langen leiben Jahr'
> Op dissen Barg en Schloß 'mal war;
> Dat war gewiß recht feste buet,
> Noch jetzt kuckt enne Muere rut;
> Dei sieht doch werklich ut wie niet,
> Als wärr' se buet in jetz'ger Tiet.

Wohnt soll'n hemm'n in diffen Schloß
En Graf mit Frue un Kindern bloß;
En paar Bedienten an der Tahl,
Dat war et ganze Perfonal.
An Wohnungen daht et oben Noth,
Dei Platz da oben war nich grot.

Da 'mal et Abends vor't Schloffes Dohr
Schlaug de Gräfin ehren Manne vor:
Wie, op dat woll nich ginge aan,
Dat 't Schloß wu anderſch könne ſchtaen;
Se meinte da, wu jetz'ger Tiet
Man unſe Schloß noch ſchtaen ſieht.

Un all dei Wünſche, dei ſe harr,
Dei bracht' ſe da den Grafen vor;
Hei hör' ſe an, drop ſchprak hei denn:
Dei Wünſche hei ook ſiene nenn'.
Doch woll'n ſe ſeck dat öwerſchlaen
Un lieber man erſcht ſchlapen gaen.

Un wie ſe denn ſau oppeſchtaen
Von ehren Sitz, da kam heran
Ein graues Männ'ken, un dat ſäh:
Hei härr' den Wunſch ſau in der Näh
Midd' annehört, dat wärr' nich gut,
Dat ſei woll'n ut den Schloſſe rut.

Sau wärr'n de Minſchen op de Welt,
Nie wärren ſe tefröen ſchtellt!
Drop war hei weg, verſchteinert ſaen
Dei beiden ſeck enander aan.
Se gingen fort, int Schloß h'rin,
Dat Wort kam nich ut ehren Sinn.

Drop war noch in beiſelben Nacht
Dat Schloß op jennen Barg ebracht,
Dei Geiſt ſäh tweimal: Rutſche fort!
Drop ſchtund 't Morgens an den Ort,
Wu jetzt man unſe Schloß noch ſieht.
Dat is de Sage ut older Tiet.

130.

Ein Graf von Wernigerode wohnte auf der Harburg. Er wünschte sein Schloß einst auf die Stelle, wo es jetzt steht. Seine Frau sagte, er möchte in's unterirdische Gewölbe gehn und mit den Geistern reden. Das that er auch und zuerst kam der erste der Geister und sagte, wie er sie so beunruhigen könne? Er sagte nun, daß er sein Schloß auf jenen Platz wünsche. Als er schlief, sprach eine Stimme: »Husch, husch, Rochefort!« Am andern Morgen stand das Schloß auf dem Platze gegenüber, von wo es noch jetzt in die Lande schaut.

131.

Ein Köhler an der Achtermannshöhe bei Braunlage sagte: das Wernigeröder Schloß sei ein »Hutscheschloß.« Man sagt auch mit Bezug auf die Versetzung der Harburg: Was früher die Leute wünschten, haben sie bekommen. Andre sagen so: Die Harburg war ein verwünschtes Schloß und ist durch einen Wunsch versetzt.

132.

Auf der Harburg sieht man zuweilen noch jetzt ein Schloß.

133.

Auf der Harburg zeigte sich Mittags von 11 bis 12 eine weiße Jungfer mit Schlüsseln und winkte. Sie verschwand in einer Art Keller auf der Harburg, wo auch ein Brunnen gewesen sein soll, der jetzt verschüttet sein soll.

134.

Andere sagen: Am meisten zeigte sich die weiße Jungfer auf dem Kreuzwege auf den Zwölfmorgen.

135.

Man sagt auch: Zwei Nonnen zeigten sich auf der Harburg.

136.

Einem **Mäher**, der unter der Harburg mähte, winkte die weiße Jungfer dahin und wollte erlöst sein.

137.

N....., D....... und B.. gingen vor langen Jahren auf die Harburg, Maiblumen zu suchen, die dort noch jetzt im Mai viel gesucht werden, weil die Sonne dort recht heiß hinscheint. Sie fanden aber einen Busch, woran **drei Eiszacken** hingen. Jeder nahm einen, nur N..... aber brachte ihn in einer buxenen (wildledernen) Hose glücklich nach Hause. Er legte den Eiszacken in die Hitze, aber er schmolz nicht. Dann ging er mit seinem Vater wieder nach dem Busche auf der Harburg. Unter dem Busche fingen sie an zu roden und bald wurde ein Kessel »blank« (los, sichtbar). Da sahen sie die Jungfer von der Harburg neben sich stehen und liefen erschreckt davon. Der alte N..... beredete sich aber jetzt mit dem alten D....... und dem alten B.., daß diese mitgingen. B.. und D....... nahmen auch ein Beil mit, um sich noch ein Stück Holz abzuhacken, und so wenigstens sich den Weg bezahlt zu machen, wenn sie an dem Busche kein Glück hätten. Diesmal stand aber die Jungfer mit einer brennenden Wachskerze am Busche und **daneben ein Jäger mit zwei großen Hunden**. Da fing N..... an zu fluchen und in demselben Augenblicke **flog er vom Berge herunter**. Die andern Beiden liefen von der Harburg herunter und zur Großmeimen=Treppe, einem Wege der Harburg gerade gegenüber, hinan. Als sie nun dort hackten, war der **Jäger** wieder da. Nun liefen sie wieder nach der Harburg, da war er auch. Da liefen sie nach Haus. Den andern Abend rodeten sie wieder alle drei auf der Harburg. Nach einer Weile kam der Kessel wieder zum Vorschein, da stand aber auch die Jungfer und der Jäger schon wieder da. Um die drei her wurde es gluh, da fuhr N..... mehrmals mit der Schaufel hinein, streute damit das Geld umher und rief erfreut: »Donnerwetter! Nun werden wir reich genug werden!« Da ging's kling, der Kessel war verschwunden, sie flogen den Berg herab und liefen nach Haus. Am andern

Morgen ging N..... hin, das Geld, das er mit der Schaufel weggestreut hatte, zu suchen. Er fand aber B.. schon dort und sie lasen große Schätze von Goldstücken auf. B.. hielt sein Geld nicht zusammen und »verbominirte« es, N..... aber hielt gut Haus und die Wernigeröder sagten: »N..... hat sien Geld von Düvel von der Harborg ehalt.«

138.

Auf der Harburg steht ein Schatz, der von Zwergen bewacht wird. Diese wurden getödtet, weil sie den Schatz nicht hergeben wollten.

139.

Auf den Bäumen der Harburg saßen zwei Zwerge und sangen.

140.

In den Zwölfmorgen unter der Harburg stand eine Eiche, die erst im Frühjahre 1855 abgehackt wurde. Um diese tanzten drei Zwerge herum.

141.

Um die Harburg herum gingen wirkliche Mönche mit Kreuzen auf dem Rücken, als müßten sie dieselbe bewachen. Sie gingen auch nach dem »Mönchsbrunnen« und »hatten dort ihr Vergnügen.«

142.

Auf der Harburg war früher ein vierecktes Loch von vier Fuß Tiefe. Ein Junge sprang in das Loch, da klingelte es.

143.

Einst schlief eine Frau beim Grasholen auf der Harburg dreimal ein, als sie zum brittenmale erwachte, war ihr Gras dort ganz gelb, der Berg hatte sich aufgethan und es waren mehrere Tonnen mit Gold zu sehen im Berge. Sie lief sogleich nach Wernigerode, als sie aber mit Andern zurückkehrte, war ihr Gras wieder grün und die Tonnen waren verschwunden.

144.

Ein Köhler ging in einen Keller auf der Harburg, da lagen Fässer. Er lief erst nach seiner Mutter, ihr es anzusagen; als sie aber nachher wieder hinkamen, war nichts mehr zu sehen.

---

145. Die Glockenblumen oder Pfingstrosen auf den Zwölfmorgen.

Auf den Zwölfmorgen wachsen gelbe Glockenblumen, auch Pfingstrosen genannt. Man sagt, sie seien sonst nirgends zu finden und ständen auf den Zwölfmorgen als ein altes Vermächtniß und zum Andenken daran, daß dort zu der Zeit, als noch auf der Harburg ein Schloß gestanden, ein Lustgarten gewesen sei.

---

146. Der Mönchsbrunnen.

Als das Kloster Himmelpforte bei Wernigerode zerstört war und die Mönche flüchtig wurden, nahm vorher der Mönch Waldamus die heiligen Geräthe und viele andere Kostbarkeiten aus dem Kloster und floh damit, nicht wie die andern Mönche dem Brocken zu, wo diese auf der Mönchen-Lagerstätte zuerst Halt machten und sich von dort nach einigen Tagen vereinzelt trennten, sondern er nahm seinen Weg über Hasserode durch's Papenthal nach dem Marquardtsberge. Ganz erschöpft und entkräftet legte er sich hier zwischen zwei mit Moos überwachsenen Klippen nieder und schlief ein. Beim Erwachen fand er sich in einer geräumigen Höhle, auf deren Eingange er eingeschlafen und wo er versunken war. Diese Höhle war aber der Aufenthaltsort einer alten Hexe, die unter dem Namen Großmeime bekannt war. Hier verbarg er seine Schätze in einer Felsenspalte und legte einen großen Stein davon. Endlich wagte er sich, um mit Beeren seinen Hunger zu stillen, aus der Höhle und verdeckte den Ausgang sorgfältig mit Moos. Nicht weit von der Höhle, nach Wernigerode zu, traf er eine holde Jungfrau, ebenfalls mit Beerensammeln beschäftigt. Auf sein Befragen: Wer bist du, und wie heißt du? antwortete das holde Mädchen: Ich bin die Tochter des Pfarrers zu U. L. Frauen in Wernigerode, und man nennt mich Papen-Annecke. O, du unglückseliges Kind, entgegnete der Mönch, dann bist du zu allem Guten unfähig und die Hölle ist dein Loos. Annecke erwiederte: »Verdammet nicht, so werdet ihr auch nicht verdammet; ich hoffe, aus Gnaden selig zu werden. Was aber das Gutesthun betrifft, so hoffe ich mit Gottes Beistand selbst den Feinden wohlthun zu können.« So wärest du wohl gar im Stande, mir Gutes zu erweisen? fragte weiter der Mönch. Wohlan, so bringe mir täglich auf den kleinen Berg, der hier vor uns liegt, drei Eier, etwas Mehl und ein wenig Butter, davon ich mir ein Mahl bereiten und meinen Hunger stillen kann, sage aber Niemandem etwas davon; wenn du dies thust, so werde ich dich nicht mehr für eine verlorne und verdammte Ketzerin halten. Jeden Tag nun brachte Annecke diese verlangten Lebensmittel und legte sie oben auf dem Kopfe des kleinen Berges in einem irdenen Teller nieder. Der Mönch holte sie dann zwischen 11 und 12 Uhr Nachts ab, legte aber allemal ein Goldstück auf die Stelle. So vergingen mehrere Monate und Niemand hatte von dieser Geschichte etwas erfahren, bis es endlich Anneckens Bräutigam auffiel, daß sie täglich so allein, selbst bei schlechtem Wetter spazieren ging. Er drang hart in sie, und sie sollte gestehen, wohin und zu welchem Zwecke sie heimlich und allein ihren Spaziergang mache. Endlich gestand sie und erzählte alles, was sie von dem Mönch wußte, bat aber den Bräutigam, dem Pater nichts Leides zu thun. Den Abend ging der Bräutigam heimlich nach dem kleinen Berge. Als die Glocke auf dem Burgthurme 11 schlug, kam der Mönch an; da er nichts fand und eben deshalb wieder fortgehen wollte, rief ihm Anneckens Bräutigam entgegen: Räuber und Verführer werden todt und lebendig hier auf dieser Welt keine Ruhe finden! — Und die Unbarmherzigen werden wachsen, aber nicht gedeihen! erwiederte der Mönch und entfernte sich. In seine Höhle zurückgekehrt sah er zum erstenmale die

Bewohnerin derselben; eine grauenhafte Frauengestalt mit großen feurigen Augen; die Nase — ein großer langer Rabenschnabel; die Füße — Katzenkrallen; die Ohren lang und mit Federn, wie die Gösseln (jungen Gänse) haben, bewachsen. Wie kannst du es wagen, meine Behausung zu betreten? dafür sollst du schwer büßen! krächzte sie ihm entgegen. Habt Erbarmen, Mütterchen, mit einem Flüchtling, mit einem hungrigen Bettler, dem die letzte Hoffnung genommen ist, bat der furchtsame Mönch. Es sei dir gewährt, sagte die Alte, wenn du hier unten im Thale den Armen ihr Brot nimmst und die Reichen verwünschest und verfluchst, wozu ich dir die Kraft geben werde. Der Mönch versprachs und ging nun alle Morgen zur Gleie, welche dicht an der Höhle vorbei zog, zum Zwölfmorgenthal hinunter, setzte sich im Sommer um 4 Uhr, im Winter um 6 Morgens an einen kleinen Brunnen, der mitten im Thale lag, wo er wußte, daß die armen Leute, welche ins Holz gingen, zu ihrem Stück eitel Brot einen Trunk Wasser thaten. Statt aber den armen Leuten ihr Brot gewaltsam wegzunehmen, bat er sie um die Hälfte. Wer nun gern und willig mit ihm theilte, dem gab er einen Edelstein oder ein Stück Gold dafür. Als dies unter den armen Leuten bekannt wurde, kamen alle Morgen so viel durch das Thal, daß er das Brot nicht forttragen und nicht verzehren konnte. Er beschloß daher, nur Dienstags und Freitags am Brunnen sich sehen zu lassen. Bald nachher kamen an den übrigen Tagen keine Holzgänger mehr durch das Thal; Dienstags und Freitags aber desto mehr. Hiervon hatten auch Papen-Annecke und ihr Mann gehört und nahmen sich vor, gleich am nächsten Dienstag hinzugehen und jeder ein ganzes Brot mitzunehmen und für Gold und Edelsteine an den grauen Mönch zu verkaufen. Sie hatten schon eine geraume Zeit am Brunnen gewartet, als der Mönch zur Gleie herunter und in ihre Nähe kam. Als sie ihm aber das Brot zum Verkauf anboten, verwünschte und verfluchte sie der Mönch und sagte: Die Unbarmherzigen und Geizigen werden wohl wachsen, aber nicht gedeihen und verzauberte sie Beide; ihn verwandelte er in einen Eichenbusch und sie in einen wilden Rosenstock, welche noch beide verkümmert in der Nähe des Brunnens jetzt stehen. Der Mönch hat sich seitdem nicht wieder sehen lassen. Die alte Hexe soll ihn, weil er ihren Befehl nur halb ausgerichtet, in eine Schlange verzaubert haben. Auch die Höhle ist nicht mehr zu finden, und das Mütterchen, die Großmeime, ist verschwunden. Aber der Ort, wo der Mönch die holde Jungfrau zuerst sah, heißt noch heut zu Tage »Papenannecke,« der Berg, wo sie die Eier, das Mehl und die Butter hinlegte, »Eierkuchenkopf; und die Gleie, wo hinunter der Mönch zum Brunnen ging, »Großmeimentreppe.« Der Brunnen mitten im Zwölfmorgenthal, wo der Mönch so vielen armen Leuten Gutes that, wurde nach ihm »Mönchsbrunnen« genannt und heißt heute noch so. Auch wurden von der Zeit an nur die beiden Tage, Dienstag und Freitag, zum Holzlesen bestimmt und sind auch bis jetzt als freie Holztage geblieben.

Papen-Annecke.

147.

Bei Papenannecke zeigt sich eine Jungfer und geht über den Organistenkopf bis nach dem Leichensteig auf dem Rasselberge. Sie war die Tochter des Grafen auf der Harburg, liebte einen Jäger und wurde von ihm am Organistenkopfe erschossen, wo sie als Wilddieb verkleidet, damit Niemand sie erkennen sollte, auf ihn wartete. Zuvor hatte er einen sehr großen Hirsch geschossen. Im Sterben aber wünschte sie sich, daß sie immer diesen Weg gehen müßte.

148.

Einst ging ein Jäger nach Papenannecke des Abends auf den Anstand unter eine Eiche, um einen Hirsch zu schießen. Da kam eine weißgekleidete Frau auf ihn zu, er rief sie an, aber sie antwortete nicht. Da that er, als wolle er nach ihr schießen und sie verschwand. Aber schon nach einer Viertelstunde war sie wieder da. Sie verschwand wie das erstemal, als sie aber zum drittenmale kam und Alles sich wie zuvor begab, winkte sie ihm, daß er mit ihr gehn solle und führte ihn nach dem Eierkuchenkopfe. Dort zeigte sie ihm ein grünes Rasenplätzchen und bedeutete ihn, daß da etwas vergraben läge. Am andern Tage grub hier der Jäger einen Topf mit Geld aus und so hatte er einen guten Anstand gehabt.

Die Zwerge von der Heidemühle.

149.

In der Heidemühle hatten die Zwerge ihren Hauptaufenthalt. Des Grafen von der Harburg Sohn hatte einst Hochzeit, da wurde unter einem Vorwande (denn gebraucht hätte man's nicht) von den Knappen das Silbergeschirr der Zwerge geholt. Trultram war Befehlshaber der Zwerge. Pruttam oder Prutzam, ein Knappe, schickte nachher in dem Geschirr statt etwas Speise von der Hochzeit, Unrath hin. Dadurch entspann sich eine Fehde und eines Abends gingen die Knappen in die Heidemühle, den Zwergen aufzulauern. Um 11 Uhr Abends kamen alle Zwerge, auch Trultram kam, ein kleiner dicker Kerl. Sie hatten ein Loch mit einer Fallthür von der Mühle aus, wodurch sie sich retten konnten. Die Zwerge verschwanden so in der Klappthür, Trultram aber behielten die Knappen in der Stube. Auch ließen sie das Wasser in die Höhle, wie es stieg, kamen die Zwerge hervor. In drei Wagen mußten die gefangenen Zwerge mit Trultram einsteigen und wurden nach der Harburg in den Kerker gefahren.

150.

Auf der Wiese: »Zwölfmorgen« waren der Sage nach drei Teiche. Darin hatten die Ritter, die in dieser Gegend lebten, viele Fische. Einst processirte einer der Ritter und sollte 600 Thaler bezahlen, die borgte er von den Zwergen, welche besonders auf der Heidemühle wohnten. Diese maßten sich nun an, die Fische in jenen Teichen zu fangen. Einst als sie wieder dabei waren, ließen die Knappen das Wasser ab und da ward ein Zwerg mit abgeschlagener Nebelkappe gefangen.

Zwerge im Thiergarten.

151.

Im Wernigeröder Thiergarten, vor der Försterei, sind zwei Löcher, worin (nach einigen zwei) Zwerge wohnen.

Diese zogen Kinder in ihr Zwergloch, nahmen ihnen die menschliche Speise, wenn sie solche bei sich trugen, gaben ihnen aber andere Geschenke dafür, lehrten sie Sprüche, wie sie denn sehr klug waren, und entließen sie nach einigen Stunden wieder.

152.

Andere erzählen: Vom Kloster Michaelstein her kamen Zwerge, gingen über Benzingerode weg, oben bei den Siebenbörnen (einer Wiese, die vor dreißig Jahren noch Wald war) vorbei, den Kirchstieg, (der bis zu einer Bergspitze hinanführt), dann durch den Thiergarten, wo noch die Zwerglöcher sind, die ihnen dienten auf ihren unterirdischen Gängen, auf denen sie auch Grubenlichter trugen. So kamen sie oben in Nöschenrode nach der Theobaldikirche. Hier hielten sie Gottesdienst.

---

153. Die Zwerghöhle am Voigtstiegberge.

Am Voigtstiegberge befindet sich eine Zwergshöhle. Dort liehen die Leute Geschirr und wenn sie es nachher nicht wiederbrachten, so war es plötzlich von selbst aus ihren Häusern verschwunden.

154. Zwerglöcher und Zwergklippe am Salzberge.

Unter dem Salzberge sind Zwerglöcher, die sind mit Wasser gefüllt. Da holten die Zwerge Alles hinein, auch Kinder. Auch ist dort die Zwergklippe.

155. Zwerge vom Teichdamm.

In Wernigerode ist der sogenannte Teichdamm. Da war ein wirklicher Teich und darin eine Nickelhöhle. Die Zwerge stahlen sich ihren Lebensunterhalt, stahlen auch Frauen und hielten sie gefangen. Sie hatten eine Ruthe, schlugen sie damit auf's Wasser, dann ging's auseinander und that sich hernach wieder zu. Ein gestohltes Mädchen bekam bei einem Nickel, der sie nicht ausgehn ließ und Alles selbst holte, sechs Kinder, jedesmal wurde bei ihrer Niederkunft eine Hebamme mit verbundenen Augen geholt. Beim sechsten Kinde wollte das Mädchen nach den 6 Wochen sich einsegnen lassen. Sie ging in den Kirchstuhl ihrer Familie, da sah sie aber ganz grau aus. — Die Zwerge hatten Höhlen von Silber und Gold.

156. Der Kuhlkropf.

Eine Frau von der dritten Mühle über Röschenrode wollte sich einsegnen lassen. Als sie über die große Brücke ging mit dem Kinde im Laken, wie es damals Sitte war, rief eine Stimme aus dem Wasser: Kuhlkropf, wo willst du hin? Das Kind antwortete:
>Ich will nach der Lieben=Frauen
>Und mich lassen weihen,
>Daß ich mag gedeihen.

Sie warf darauf das Kind in's Wasser und nun war nichts zu sehen, es war verschwunden. Als sie nach Haus kam, lag ihr wirkliches Kind in der Wiege.

157. Venediger im Bärenloche.

Im Bärenloche an der Elbingeröder Chaussee zeigten sich Venediger.

158. Das Pferd von Röschenrode.

Vom Fuße der Harburg bis zum Burgthore von Wernigerode erstreckt sich das Dorf Röschenrode. In der Straße von Röschenrode sprengt zur Nachtzeit ein Pferd herab, man weiß nicht von wo es ausgeht, aber es verschwindet am Burgthore von Wernigerode.

Das Pferd, das in der Fluthrenne geht, bäumt sich an Häusern hoch in die Höhe.

Die Fluthrenne.

159.

In der Fluthrenne her kommt ein Hund, geht den Schloßberg hinan und in Nöschenrode herauf.

160.

An der Fluthrenne unten in Nöschenrode spannt sich Nachts eine Kutsche mit vier schwarzen Pferden an und verschwindet bei der »kleinen Kirche« (Theobaldikirche) am obern Ende des Dorfes.

161.

Andere sagen: In Nöschenrode herunter, die Fluthrenne entlang, ging ein Hirsch.

---

162. Ursprung der Stadt Wernigerode und des Rathhauses.

Zwei Schwestern, so wird erzählt, erbauten Wernigerode, zuerst das Westernthor und die Westernstraße. Über dem Westernthore erbauten sie auch den Thurm, darin wohnten sie, denn sie hatten eine große Furcht, daß der Feind käme, der damals noch mit Flitzbogen schoß und dem Thurme nichts anhaben konnte. Sie schauten aber von ihrem Thurme weit in's Land und was sie bedurften, ward an einer Winde, woran ein Kasten war, heraufgezogen, denn sie hatten unten eine Frau stehn, die für sie einkaufen mußte. Damals waren die Preise ganz gering, für vier Groschen kaufte man einen Scheffel Roggen und das Arbeitslohn betrug nur zwei Pfennige. Beide Schwestern sind auf dem Westernthorthurme gestorben und dort verfault, das Seil aber, das mitten im Thurme herunterging, war noch lange zu sehen. Nachher war ein Kuhhirt auf dem Felde und rodete mit seinem Stocke eine ganze Braupfanne voll Geld heraus. Der erbaute das Rathhaus. Er soll auch oben am Rathhause mit Hund und Horn abgebildet sein

---

163. Die weiße Frau vor dem Westernthore.

Eine Frau in der weißen Mantel zeigte sich vor dem Westernthore und reckte sich im weißen schleppenden Laken am Weidenbaume auf.

---

164. Der spukende Schimmel vom Wernigeröder Rathhause.

Einstmals ließ der Bürgermeister in Wernigerode einem Fuhrmann ein Pferd abpfänden, gleich darnach kam die Unrechtmäßigkeit der Pfändung an den Tag. Der Bürgermeister aber ließ das Pferd anstatt es zurückzugeben nun sogleich todtschlagen. Der Fuhrmann machte kurzen Prozeß mit dem Bürgermeister und sagte: ich wünsche, daß mein Pferd Ihnen auf ewig den Besuch abstattet. Hiernach stand einstmals ein Mann auf Posten vor der (alten) Post des Nachts von 12 — 2 Uhr. Auf einmal ist ein Schimmelpferd ohne Kopf von dem Rathshof herausgekommen, ist über den Markt weggegangen, in der Heidegasse nieder und neben dem sogenannten Klarenloche in dem Heidemühlengraben heruntergegangen und unter der Stadtmauer durch bis auf den Kirchhof, von da denselben Weg wieder zurück und der Posten hat es hin und zurück verfolgt. Auf dem Rückwege ist es zwei Menschen begegnet, vor denen hat sich das Schimmelpferd hochgebäumt, als wollte es die beiden Menschen niederhacken; diese haben sich aber so erschrocken, daß sie zur Erde gesunken sind, dann sind sie zu Hause gegangen und am andern Morgen haben beide Menschen dicke Köpfe gehabt und einer davon ist kurz darauf gestorben. Das Schimmelpferd hat mancher Mensch am sogenannten Wasser- oder Mühlenkulke watscheln sehen, darum heißt es immer noch: auf dem Mühlenkulke spukt das Pferd ohne Kopf.

---

165. Reiter verschwindet im Teich.

Einstmals gingen mehrere Leute nach dem Hostberge, (welcher links am Wege von Wernigerode nach Benzingerode liegt und gewöhnlich der Kalkberg heißt), um sich Kräuter zu holen. Als sie sich Kräuter genug gesucht hatten, sagten sie untereinander: »laat uns mal in den Torme rop gahn, wei wilt mal sein, wie dat da oben utsieht.« Sie gingen hin nach dem Thurme; als sie ein paar Stufen hinaufgegangen waren, kam Jemand auf dem Pferde zur Treppe heruntergeritten, jedoch wurden sie gewahr, daß der Reiter keinen Kopf hatte, das Pferd bäumte sich, als wollte es die Leute niederhacken. »Ach du leiber Gott, bei Keerl hat ja keinen Kopp! Lopet, lopet!« Damit liefen sie fort; auf einmal guckten sie sich um und sahen, daß der Reiter ohne Kopf hinter ihnen durchgesprengt kam. Sie liefen was sie nur konnten, der Reiter jagte ebenfalls, aber er holte sie nicht ein. Sie gelangten bis an das Wolfsholz, da wandte sich der Reiter, und ritt am Wolfsholze nieder bis vor den Wolfsholzteich; die Leute sahen dem Reiter ohne Kopf nach, vor dem Teiche bäumte sich das Pferd und sprang mit dem Reiter in den Teich hinein.

---

166. Sage vom alten Wernigeröder Waisenhause.

Eine vornehme Dame zu Wernigerode hatte zwei uneheliche Kinder. Diese setzte sie aus und die Stadt Wernigerode nahm die Kinder in das Waisenhaus, welches dann abbrannte und an dessen Stelle jetzt das Haus des Kaufmanns Ludwig Meyer steht. Zu der Zeit aber war eine große Theuerung, den Waisenkindern wurde das Brod sehr knapp zugereicht. Da erhielten die beiden Kinder einst gemeinsam ein Brod und darum schlugen sie sich einander tobt. Die Mutter hatte die Kinder immer beobachtet, aber, um sich nicht zu verrathen, trotz ihres Reichthums nicht gewagt, ihnen beizuspringen. Als sie den Mord erfuhr, grämte sie sich zu Tode, und soll noch immer in dem alten Waisenhause, das früher ein altes Kloster gewesen sein soll, gespukt haben. Auch das Blut der beiden Knaben soll in dem alten Waisenhause immer noch zu sehen gewesen sein.

Feuersbrunst.

167.

Es war einst ein junger Bursche in Wernigerode, der wohnte auf der Heide, derselbe hatte eine Braut, die diente auf der Burgstraße. Eines Abends ging er hin zu seiner Braut nach der Burgstraße, er hatte sich bis 11 Uhr bei ihr aufgehalten als er von ihr wegging, und kam unten auf die Burgstraße vor das H'sche Haus, da fegte eine weiße Gestalt vor der Hausthür mit einem Besen. Weil das ihm auffallend war, so fragte er: »was soll denn das bedeuten, daß hier bei Nachtzeit noch die Thür gefegt wird? man kann doch keinen Staub sehen.« Darauf antwortete die weiße Gestalt: »ich bin ein Geist, und so rein wie ich die Straße diese Nacht fege, so rein wird über's Jahr die Straße von Häusern sein; denn es wird eine große Feuersbrunst ausbrechen, da werden die ganzen Häuser auf dieser Straße abbrennen,« was denn auch wirklich geschehen ist. Doch soll der alte Graf (Christian Ernst) das Feuer besprochen haben, daß dasselbe hat können nicht ordentlich auswüthen. So sind denn noch einige Häuser auf der Burgstraße stehen geblieben, aber das Feuer hat ordentlich laut gebrüllt, und hinter den alten Graf ist die Flamme immer so rasch durchgeschlagen, wie er auf seinem Pferde zur Straße herauf gallopirt hat.

168.

Andere erzählen von dieser Feuersbrunst so: Ein Karrenführer zankte sich mit dem Branntweinbrenner Findeisen, gegen dessen ehemaliges Haus man schaut, wenn man gerade die Burgstraße heruntersieht und von dem er immer das Korn holen mußte. Er warf aus Rache hinten in Findeisens Scheune Feuer und als Findeisen auf den Feuerruf kam, die Thür öffnete und ihm das Feuer entgegenschlug, sagte er: »Lat bat verfluchte Füer brennen!« Da kam der Graf Christian Ernst, der das Feuer besprechen konnte, ritt immer darum herum und das Feuer leckte immer nach ihm und ließ nicht nach. Da sagte er, wiewohl Findeisens Fluch Niemand gehört hatte: »Lieben Leutchen laßt, das Feuer muß brennen, es ist verflucht!« So brannte es bis an das Haus auf der Burgstraße, welches jetzt dem Bäcker Remme gehört, und nach dem Markte zu bis an Kaufmann Hertzers Haus. Als wieder Alles aufgebaut war nach diesem großen Feuer, lag der Mordbrenner auf den Tod krank, er war ganz schwarz und Niemand wollte mehr zu ihm. Da verlangte er nach dem Pastor. Der kam und sagte: »Nun, was ist Er denn für ein grober Sünder?« Er antwortete: »Ich bin ja der Mordbrenner, der Wernigerode hat angesteckt.« Da sprach der Pastor: »So laß seine Seele fahren, wohin sie will!« und ging fort. Nach dem fünften Tage starb der Pastor vor Schrecken, der Mordbrenner aber war gleich gestorben und seine Leiche wurde auf einer Kuhhaut, die über den Schinderkarren gelegt war, nach dem Galgenberge gefahren.

169. Der schwarze Mann mit der Ruthe.

Der alte B. aus Wernigerode hatte öfters gehört, daß in der Kälbergasse Geld brennen solle; er beschloß daher, des Nachts hinzugehen. In der ersten Pfingstnacht machte er sich auf und ging hin. Als er in der Kälbergasse angekommen war, stand eine schwarze Mannsgestalt vor ihm; er erschrack sich, doch war er sehr beherzt und frug: Alter, was sucht Ihr noch hier bei Nachtzeit? Die Gestalt antwortete nicht; er frug noch einmal: Alter, was sucht Ihr hier noch bei Nachtzeit? die Gestalt antwortete wieder nicht. Darauf frug er zum drittenmale: Alter, was sucht Ihr hier bei Nachtzeit? und es entstand sogleich ein Windsturm, als wenn es alles umschmeißen wollte. Es dauerte auch gar nicht lange, da brannte ein helles Feuer aus der Erde heraus und ein schwarzer Kerl stand neben dem Feuer. B. vernahm gleich, daß das die schwarze Gestalt war, die er angeredet hatte, verlor seinen Muth und frug nicht wieder. Er nahm aber seinen Halstuch, warf ihn auf das Feuer und ging zu Hause. Als er vor das Westernthor kam, stand die schwarze Gestalt auf der Thorbrücke und hatte eine Ruthe in der Hand, womit sie ihm drohete. Zu Hause angekommen, legte er sich schlafen; am andern Morgen war er sehr krank und hat so lange gelegen, bis er gestorben ist.

---

170. Das Wallfischgerippe am Schlosse.

Bei einer großen Wasserfluth zeigte sich ein Wallfisch unweit des Schlosses von Wernigerode. Die Schiffsleute berichteten dem Grafen von Wernigerode, daß der Wallfisch sein Schloß sammt ihm selbst verschlingen werde; zur Vertilgung dieses Ungeheuers möchten seine Leute ein starkes Seil mit einem Widerhaken aus dem Schloßfenster lassen, und ein großes Stück Fleisch an den Haken hängen, so würde der Wallfisch das Fleisch mit dem Haken verschlingen; alsdann sollten sie das Seil hinaufziehen und den Wallfisch an dem Mauerwerke verhungern lassen, danach würde das Wasser verschwinden und zum Wahrzeichen würde die Wallfischrippe auf ewig an dem Wernigeröder Schlosse zu finden sein.

---

171. Der Bärenstein vor der Neustädter Schenke.

In der Neustadt Wernigerode vor der Schenke liegt der Bärenstein und die Neustädter werden Bärenstecher genannt. Sie tödteten einen Bären, der einem Bärenzieher entlaufen gewesen sein soll. Der Bär wurde vor der Neustädter Schenke eingerodet, darüber ward der Stein gelegt.

---

172. Der Ziegenbocksreiter, das Johannisthor und die Johanniskirche.

In der Johanniskirche in der Neustadt zeigt sich ein Ziegenbocksreiter, winkt den Kindern des Abends aus der Kirchthür, erschien einem Glockenläuter und einem Arbeiter. Gegen Weihnachten kam er in's Johannisthor geritten.

---

173. Das Hickemännchen.

(In Wernigeröder Mundart.)

Dei ohle J'sche ob der Johannesstrate [in der Neustadt, die Frau lebte vor 50 Jahren] war e mal nan Felle, ob einmal war en Spittakel ob der Strate, datt war ferchterlich, wei dachten, et war Fieer. Wei leipen ruut ob de Strate un wollen sein, watt da los war, da reipen de Liehe: koomet her, der ohlen J'schen ehre Hickemennecken is hier in der Gote. Wei leipen hen, da hucke hei [das Hickemännchen] immer in der Gote runder, datt war en Larm un en Spittakel wie alle nischt Gues [wie nichts Gutes], Alles schmeit mit Steinen ob datt Dier, wecke schlauen mit Knippels drob, un quaken daat et bienahe wie saune Itsche [Frosch], aber sau helle als wenn saun kleines Kind quiecket: Nåack, Nåack, sau höret seck ackerat tau, un et war nich grötter wie saun Karniencken, aber et war ackerat wie saune Itsche geformt, blos bei Kopp war dicker un runne Ohn harret, un hucke immer, als wenn man be Beine tausammen helt. Wei drebbent in Water in der Niestadt runn un vok wedder in Water ropp, wie datt Dier aber vor de Jehannesstrate kam, da hucke eht wedder in de Jehannesstrate rinn. Da kam de ohle J'sche un harre enne Dracht Krut oppe, da schmeit se ehre Dracht vor de Dehr un sprung tau, un sate ehren Hickemennecken un säe: ach mien armes Dierecken, wat hett denn bei verfluchten Minschen mit decke maket? bei meßte der Deibel dervor halen. Un jeder reip: »No ohle Drache, nu hebbige juhen Diebel wedder,« aber sei brauch'n erst in't Huus, un naacher hale'se ehre Dracht mit den Kruhe ook'erin un da schlot se tau eer Huus, davon wußte jeder Minsche, datt de ohle J'sche einen Hickemennecken harre; wei nennen se nich anders wie de oole Gröhl'sche,*) weil sei bie jedes Woort immer gröhlen [schreien] daat.

---

*) Dies war ein Wortspiel mit ihrem wirklichen Namen.

174. Nächtliches Orgelspiel in der Kirche zu Hasserode.

Vor Jahren hat die Gemeinde zu Hasserode eine Orgel aus einer katholischen Kirche gekauft und es sollen die, welche die Orgel gekauft haben, etwas Unrechtes mit der Orgel mit nach Hasserode genommen haben. Einstmals kommen mehrere junge Mädchen aus der Spinnstube, des Abends um 11 Uhr, vor der Hasseröder Kirche vorbei, da hören sie, daß die Orgel recht schön gespielt wird. Sie setzen ihre Spinnwocken nieder und fangen an zu tanzen. Ein Doktor aus Wernigerode, der einen Patienten oben in Hasserode gehabt hat, kommt auch dazu, wie die jungen Mädchen nach dem Orgelspiele tanzen, derselbe verbietet sie und jagt sie nach Haus; den dritten Abend, gegen 12 Uhr, kommt der Doktor wieder oben von Hasserode und vor der Kirche trifft er die Mädchen wieder, daß sie nach dem schönen Orgelspiele tanzen. Darauf fragt er die Mädchen, was das Orgeln zu bedeuten hätte. Die Mädchen sagten: »wir wissen es nicht, Herr Doktor, die Orgel wird alle Abend gespielt.« Darauf hat der Doktor es bei dem Consistorium angezeigt und die Herren Geistlichen haben sich von dem Orgelspiele überzeugt und haben es richtig befunden. Darauf sind mehrere Prediger und mehrere Gerichtsherren mit einem Förster aus Wernigerode nach der Kirche zu Hasserode des Abends um 11 Uhr gegangen und es hat keiner von den ganzen Herren etwas auf der Orgel gesehen, obgleich die Orgel gespielt worden ist, nur der Förster soll Jemanden gesehen haben. Darauf soll der Förster gefragt haben, was das Orgelspielen zu bedeuten hätte, und es soll sich aufgeklärt haben, daß aus der katholischen Kirche, wo die Orgel her sei, etwas Unrechtes mit der Orgel mitgenommen sei, und bevor die Orgel und alles, was dazu gehöre, nicht wieder in die katholische Kirche gebracht wäre, würde auch das Orgelspielen bei Nachtzeit kein Ende nehmen. Nun hat die Gemeinde zu Hasserode die Orgel und alles, was aus der katholischen Kirche gewesen ist, wieder hingeschafft und haben sich eine andere Orgel angeschafft, und das Orgeln bei Nachtzeit hat ein Ende genommen.

175. Hohe Warte.

Auf der hohen Warte über Hasserode erstachen sich, der Sage nach, zwei Grafen, die Brüder waren.

Der rothe Rock.
176.

Die schöne Magdalene, die am Markte zu Wernigerode wohnte, hatte einen Schäfer zum Bräutigam. Sie ließ sich einen rothen Rock machen, der saß nicht, da wurde sie toll und lockte ein Kind und wollte ihm Äpfel geben. Das erste Kind wollte nicht kommen, das zweite kam in's Haus, da legte sie's auf einen Klotz und hackte ihm sieben Wunden und zeigte sich selbst als Mörderin an. Sie wurde auf dem Galgenberge gerichtet. Danach hütete ihr Liebhaber mit einem andern Schäfer am Galgenberge, dieser neckte ihren Bräutigam mit ihr, da kam sie, tanzte immer um ihn herum und er fand bald seinen Tod, der Bräutigam aber blieb am Leben.

177.

Andere erzählen diese Sage von Drübeck folgendermaßen: Ein Mädchen in Drübeck wollte zur Kirche gehn und zog einen neuen rothen Rock an, da hatte es immer lauter Schweppen und der Teufel stand hinter ihm und lachte. Da wurde es ganz wüthend und holte ein Kind herein, das mit zwei Semmeln im Schürzchen aus der Schenke kam. Das hackte es in lauter Stücken und der Teufel rief immer: »hau zu!« Männer, die Soolweiben holten, sahen es am Galgen und hörten es Zotenlieder singen.

---

178. Der Teufel holt einen armen Sünder vom Galgen.

Vor Jahren wohnte ein Mann in Wernigerode, der war sehr reich, aber dabei ein rechter Geizhals, der trachtete stets noch nach Vermehrung seiner Reichthümer, wenn auch auf unrechtmäßige Weise. Einstmals beschloß er, alle seine ausgeliehenen Kapitalien zu kündigen. Er hatte einem Bauern in Veckenstedt mehrere hundert Thaler geliehen, demselben kündigte er das Kapital zuerst. Am Abend vor dem Zahlungstermine kam der Schuldner dem Geizhals ins Haus und bat ihn, daß er ihm doch 20 Thaler wieder mitgeben möchte, da er sie noch nothwendig gebrauchte. Das ließ sich der Geizhals gefallen, beschloß aber, gleich hinter seinem Schuldner durchzugehen und ihn auf dem Wege zu ermorden. So lief er rasch aus seinem Hause heraus und am Galgenberge holte er den Bauer wieder ein. Er sagte zu ihm: mir ist es leid, daß ich von dir das andre Geld genommen habe, du hast solches größer nöthig, so nimm es wieder zu dir. Der Bauer glaubte wirklich, daß es sein Ernst sei und nahm das Geld wieder. Als er es beistecken wollte, schlug der Geizhals ihn mit einem Schlage todt, nahm ihm das ganze Geld ab und ging damit nach Hause. Die Nacht über konnte der Geizhals nicht schlafen und schlug sich mit Sorgen, wo er doch das Geld vergraben halten könne. Es wurde über den verübten Mord viel gesprochen und der Mörder trug sich mit Gedanken, ob trotz seines Reichthums wohl nicht der Verdacht noch auf ihn fallen würde. Eines Tages ging er aus und gelangte an den sogenannten Weinberg, der an der Kakemieke entlang führt; da kam er bei einen Mann, der ihm ganz verdächtig vorkam, mit diesem gab er sich in's Gespräch vom Teufel. Darauf erklärte der Mann ihm, daß es ganz gut sei, wenn der, welcher unrecht gehandelt hätte, sich sogleich dem Teufel ergäbe. Ja, sagte der Mörder, ich möchte mich wohl selbst verbindlich mit dem Teufel machen, obgleich ich Reichthum genug habe. »Wenn du viele Reichthümer hast, um so eher mußt du dich dem Teufel ergeben, antwortete der Andre; glaubst du wohl, daß ich der Teufel bin? ich weiß auch recht gut, daß du den Bauer todtgeschlagen hast, und es wird auch nicht lange dauern, so werden sie dich an den Galgen hängen.« Darauf machte der Mörder mit dem Teufel das Verbündniß, daß ihn der Teufel vom Galgen befreien solle. Gleich die kommende Nacht ging der Mörder mit dem Teufel nach dem Galgenberge, und vergruben das Geld und machten über das Geld zum Zeichen ein Hufeisen in die Erde, was heutiges Tages noch an dem Galgenberge vor Wernigerode zu sehen ist; es soll dies Hufeisen in der Johannis-Nacht brennen.*) Acht Tage nach dem Geld-Vergraben wurde der Mörder verhaftet und auf den Johannistag wurde er auf den Galgen gebracht; kaum hatten sie ihn hinaufgeführt, so gedachte er an des Teufels Versprechen; in demselben Augenblicke kam der feurige Teufel durch die Luft geflogen und setzte dem Mörder eine Nebelkappe auf, und so war der Teufel mit dem Mörder vor allen Menschen verschwunden.

Pastor Reckhart.
(Zum Theil in Wernigeröder Mundart.)

179.

Wenn der Nachfolger des verstorbenen Pastors Reckhart an der Neustädter Kirche vor den Altar kam, so war Reckhart schon da; kam er auf die Kanzel, so war er auch dort schon. Da wurde eines Abends dem Thorwart am Johannisthore gesagt, er solle in der Nacht das Thor offen lassen, denn es würde eine Kutsche durchkommen, die sollte er auch nicht anhalten. Um zwölf kam eine Kutsche mit zwei Pferden, die schäumten so, daß sie von Schaum aussahen wie zwei Schimmel. Darin saßen zwei Mönche im Ornat und Reckhart in der Mitte. So wurde er gefahren bis hinter die Charlottenlust und dort in eine Warte bei Schmatzfeld gebannt. Er sitzt in der Warte mit rothen Augen und verführt die Reisenden auf dem Wege.

180.

Der alte W. kam an einem Spätherbsttage von Osterwieck und wollte nach Wernigerode gehen, um sich grüne Waare zu kaufen; es entstand an demselben Tage noch ein heftiges Schneegestöber, so daß sich der Alte in Schmatzfeld bis zum Abend verweilen mußte. Wie das Wedelwetter nicht aufhörte, fand derselbe sich genöthigt, fort nach Wernigerode zu gehen; der Alte, dem der Weg so bekannt war, glaubte

---

*) Am Galgenberge bildet ein Strich frischeren Grünes ein Hufeisen.

fest, daß er sich auf dem Wege gar nicht verlieren könne, deshalb ging er fort. Aber was ihm unweit des sogenannten neuen Thurmes begegnete, wo plötzlich Jemand seinen Namen rief, erzählte er selbst folgendermaßen: »Eck horchte, da reip et wedder: W.! da reip ek: hier bin ek! is denn da noch wer, bei midde na Warnigerohe will? ek ging tau bis annen Thorm, da sat einer oppen kriete-witten Schimmel-Pährd un harre enne Lichte oppen Pährd, da dachte ek: nu sall et schon gahn, nu bei Herre ne Lichte hat. Da reip ek: wahre doch en bettgen, ek will midde; hei reit aber sachte fohrt, un in den Augenblick höhre et op de schnieen, un ek kahm bie den Rieter bie, bei Lichte, bei hei harre, bei schiene sau helle, dat man alles genaue seihn konne. Ek kuckte aber nich nahn Wäe, ne blohs na den Kährel, denn fienen Kopp harre hei vorr seck oppen Pährde liggen un sien Schimmel-Pährd harre ook keinen Kopp, un dat Pährd pruste immer tau. Wie ek dat sah, dat hei sienen Kopp oppen Pährde liggen harre, un dat't Pährd ook keinen Kopp harre, da war ek höllisch gruhlich, un dachte: wenn bu man erst na de Stadt bist! wie ek nu dachte: du most doch bale bien Waterlöbbischen Dieck kohmen, da pruste bei ohle Schimmel wedder, un da war et ob einmahl sau düster, un mien Rieter mit sammt sienen Schimmel war weg, un da sag ek en Licht un dachte: nu is et gut, dat du vor'n Dohre bist, mek kam dat aber doch curgos vor, weil ek keine Brigge sah, da ging ek henn na den Lichte un kloppe an un fraug, wu ek hier werre; da mahke enne Frue dat Fenster ob un sähe: hier sin Ji vor Beckenstidde; bei Kährel mit den Schimmel dat wert wol Paster Reckhart sien, den hätt'se da in niehen Thoren rin ebannt.«

---

181. Gebannte Frau.

In ziemlicher Entfernung von Wernigerode wird erzählt: Bei Wernigerode ist eine Warte, dahinein ist eine Müllerin aus Hasselfelde gebannt, die nach ihrem Tode immer mit den Schweinen gefressen hat. Sie wohnte in Hasselfelde neben dem Rathskeller und hatte den Armen die saure Milch versagt.

---

182. Der Ganter (Gänserich).

Einstmals wollten zwei Männer von Silstedt Fische aus dem Wolfsholzteiche bei Nachtzeit stehlen; sie zogen ein Netz in dem Teiche durch, da auf einmal schlug das Wasser große Wellen, ohne daß der Wind sich bewegt hätte. Die Männer guckten sich um und sahen einen großen weißen Ganter von dem Holze herkommen, der breitete die Flügel auseinander, und das Wasser schlug noch größere Wellen. »Laat uns lopen, sagte der eine, dat is hier nich richtig.« Sie liefen eine Strecke von dem Teiche weg und wollten sehen, was der Ganter wohl machen würde. Im Nu verschwand der Ganter; da sagte der eine zu dem andern: »laat uns hengan, dat wei unse Netz erst wedder krie't, denn bei Ganter is kein richtiger Ganter, dat is en Geist.« »Ja frielich is dat en Geist ewest! sunnen groten Ganter giftet nich.«« Darauf gingen sie hin zu ihrem Fischnetze und zogen es heraus, und weil es so schwer war, sagte der eine: »dat oole Netz is jo sau schwar, da mött höllische (viele, große) Fische drinn sien.« Sie schütteten ihr Netz aus und es lag ein großer, schwarzer Kerl darin. Vor Schrecken guckten sie nach nichts weiter hin, nahmen ihr Fischnetz und liefen eine Strecke fort; dann schauten sie nochmals nach dem Kerl, da sahen sie, daß er sich in's Wasser wälzte. Danach gingen die beiden Leute ohne Fische nach Hause und sagten: »um dat Jammer=Speukeding hebben wei doch nu keine Fische kreggen!«

---

183. Geisterhafte Kinder.

Vor Zeiten ging der Gendarm S. in Wernigerode des Nachts seinem Berufe nach und wollte die Nachtpatrouillen controliren; da kam er, zwischen 11 und 12 Uhr, zur Kochstraße herunter, es war heller Mondschein; auf einmal ging's: quatsch, und es fiel ein Kind vor ihm nieder, welches ihn freundlich anlachte. Er blickte herauf und: quatsch! kam noch eins aus der Luke geflogen; quatsch! da lag noch eins. Alsbald faßte er das erste Kind und wollte es mitnehmen, das Kind wurde immer größer und schwerer, zuletzt war es ein großer Kerl und er mußte ihn niederlegen; er sah sich um, und es waren aus den andern beiden auch zwei große Kerls geworden. S. ging nach Hause und legte sich in's Bett, und ist danach krank geworden.

---

184. Die Steinkuhlen.

Ein Fuhrmann aus Wernigerode Namens M. war mit seinem Gespann nach dem Regenstein gefahren, um sich Sand zu holen; spät kam er zurück, es war ungefähr 9 Uhr, als er vor die Steinkuhlen kam, die unweit Wernigerode liegen; doch waren seine beiden Pferde so matt, daß sie beinahe den Wagen auf gradem Wege nicht mehr ziehen konnten. Er dachte immer: wenn du nur erst zu den Steinkuhlen hinauf bist! Als er nun zu den Steinkuhlen herauffuhr, da wollte er helfen den Wagen schieben. Es wollte aber doch nicht gehen, er drehte sich um und dachte: wenn doch nur Einer käme, der dir mit 'raufhelfen möchte! Auf einmal kam ein großer hagerer Mann aus den Steinkuhlen hervor, da erschrack er sehr, weil er schon öfters gehört hatte, daß es bei den Steinkuhlen spuke. Der Mann ging hinter seinen Wagen, und auf einmal schob es denselben zu den Steinkuhlen herauf, daß seine Pferde kaum vor dem Wagen ausschreiten konnten; er sah sich aber gar nicht um und dachte bei sich selbst: wenn doch das bis nach Wernigerode so fortginge! Es dauerte aber blos bis auf den Berg, da hatte das Schieben ein Ende, und seine Pferde konnten wieder nicht mehr fort, wie unter'm Berge. Darauf ging er wieder hinten nach seinem Wagen, weil er glaubte, daß der hagere Mann nicht mehr da sein könne. Er blickte hinter'm Wagen zur Seite und wurde gewahr, daß ein kleines Licht auf dem Ufer lichterloh herausbrannte. Darauf band er seinen Halstuch ab und warf ihn nach dem Lichte, und es kam ihm vor, als wenn Jemand nach dem Halstuch faßte, jedoch wurde er weiter nichts gewahr als eine Menschenhand. Seine Pferde konnten den Wagen nicht mehr fortziehen, weil sie zu abgemattet waren, darauf spannte er seine Pferde ab und zog damit nach Hause. Am andern Morgen ging er frühzeitig hin nach seinem Wagen, ohne Pferde, und wollte sehen, was das Licht zu bedeuten gehabt hätte; sein Tuch lag auf dem Rande und das Licht war verloschen. Er nahm seine Hacke, die er an seinem Wagen hatte, und fing an zu roden; auf einmal zeigte sich ein eiserner Topf, der oben mit Erde bedeckt war, die Erde machte er herunter und es war der Topf mit Gelde gefüllt. Hiernach nahm er seinen Topf und robete ihn in seinen Sand auf dem Wagen, ging nach Hause, holte seine Pferde und fuhr den Wagen mit dem Gelde nach Hause. Danach hat der Fuhrmann sich gute Pferde angeschafft und alles großartig betrieben; die Wernigeröder aber haben gesagt: »wie mag das zugehen, daß der alte M. jetzt alles so großartig betreiben kann?«

Sagen von der Mönchenlagerstätte, von der Himmelpforte, von Drübeck, Altenrode und Darlingerode.

185. Mönchenlagerstätte und Waschwässerchen.

Nicht weit von der steinernen Renne und dem Bielstein ist die Mönchenlagerstätte, wo die Mönche lagerten, als sie von der Himmelpforte flohen. Dort steht eine große Buche (es soll eine große Grenzbuche sein) zum Andenken an Mönche, und in der Nähe ist ein Brunnen oder ein Wässerchen, das Waschwässerchen. Unter jener Buche (oder auf dem Platze der Buche gegenüber) liegt der oberste Mönch in einem goldnen Sarge.

Den Mönch nennen Andere einen Zwerg und sagen, daß Zwerge ihr Gold und Silber auf jene Buche getragen hätten und von einem der Wernigeröder Thore bis nach der Buche gegangen seien. Auch Zwerglöcher sind an der Mönchenlagerstätte.

Langes Bruch. Rüstenbleek. Ochsenpaul.

Die Frau am Waschwässerchen.

186.

Bei dem Waschwasser wäscht eine Sechswöchnerin. Sie soll eine Kindesmörderin sein und Kinderzeug von Blut rein waschen wollen.

187.

Einstmals ging der alte E. von Wernigerode nach dem langen Bruche, um sich Feuerholz zu holen; er hatte sich eine Partie Holz gehauen, das trug er an das sogenannte Waschwässerchen, dort legte er es ab; darauf wollte er noch etwas suchen und blickte umher. Auf einmal rief Jemand: Auje! Auje! er ging auf das Rufen los und alsbald wurde er eine Frau gewahr, die that, als wenn sie Hemden oder Leinwand wusch. Der alte E. erschrack so sehr, daß er sein Beil aus der Hand fallen ließ, und die Frau verschwand vor seinen Augen. Plötzlich entstand ein so heftiger Windsturm, als wenn alle Bäume umfallen sollten; der alte E. wollte gleich zugehen, aber er suchte hin, er suchte her und konnte sein Holz, was er abgelegt hatte, nicht wieder finden. Endlich kam er an ein grünes Plätzchen, wo die Hexen ihre Ruhestätte hatten, wenn sie vom Brocken am 1. Mai zurückkehren. Halt, dachte E., jetzt kannst du nicht irre gehen, nun bist du an dem sogenannten grandigen Wege, er ging vorwärts, kam wieder an das Waschwässerchen und erblickte die Frau zum zweitenmale. Da erschrack er noch mehr, er hörte auch das Klatschen, als wenn Jemand Zeug wäscht, und war durch diesen Schrecken so betäubt, daß er gar nicht wußte, wo er war. Jedoch besann E. sich wieder und ging an dem langen Bruche hinauf, bis er auf den richtigen Weg kam, der nach Wernigerode führt. E. ging gleich über das sogenannte Rüstenbleek, über den Ochsenpaul bis nach dem Kreuzwege, wovon man jetzt noch sagt: auf diesem Wege haben sich sonst die Hexen versammelt, wenn sie in der Nacht vom 30. April zum 1. Mai nach dem Brocken gereist sind, um den dort liegenden Schnee wegzutanzen. Gott sei Dank, daß ich den Kreuzweg erreicht habe, sagte E., nun wird mir doch nichts mehr widerfahren! Es war aber dunkel geworden. Auf einmal hörte er, daß Jemand hinter ihm durchkam; er wartete

so lange, bis der herannahte. Guten Abend! sagte der, »Schön
Dank! sagte E., wollen wir mit einander?« Das können wir.
»Gottsblitz, das ist ja der alte Bollwerker H.« Ja freilich,
Bruder. Aber, Bruder E., du hast dich lange aufgehalten.
Da erzählte E., daß er zweimal die Frau beim Waschwässer=
chen gesehen hätte. »Weißt du was, Bruder, rief H., höre
nur auf zu erzählen, ich habe genug, denn ich habe die Frau
auch einmal gesehen, und auch so natürlich, wie sie im Wasch=
wässerchen Windeln wusch, dadurch habe ich mich verloren
und bin auf den langen Bruch gegangen, hast du denn mich
da nicht bollwerken gehört?« Nein, sagte E. E. und H. gingen
mit einander nach Hause. Den andern Morgen ist E. und
H. krank geworden und beide haben dicke Köpfe durch den
Spuk bekommen, und die Sage ist geblieben: »der Spuk«
hat den alten E. und den Bollwerker*) beim Waschwässerchen
fortgejagt.

188.

An dem Wässerchen in der Nähe der Buche saß eine
Frau, wollte einen Mann Namens G..... verführen und
machte ihm große Versprechungen. G..... wollte erst mit
seiner Frau reden, ob sie's ihm erlaubte. Am andern Tage
fand er die Frau wieder an der Stelle im Walde, sie sagte
aber: nun wäre es nichts mehr, er hätte diese Nacht bei
seiner Frau geschlafen. Doch gab sie ihm zum Andenken
zwei Lehmkugeln, die nachher Geld gewesen sind. (Andre
nennen die Frau beim Waschwasser eine »Italienerin« und
sagen, daß die Frau jenes Mannes, eines Holzhauers, Zwil=
linge bekommen habe, weil er in der Nacht nach dem Tage,
wo er mit der Italienerin verkehrt, bei ihr geschlafen habe.)

189.

Noch Andre sagen: Die Frau in jenem Wasser wäscht sich
und so haben die »Harzkratzer,« (welche heimlich das Harz von
den Tannen abkratzen) sie gesehen, zuweilen mit einem langen
Messer. Als sie deshalb davon liefen und zu jener Buche
kamen, lag dort ein schwarzer Hund.

---

*) Bollwerker wird er genannt, weil er fortwährend lärmt und
unruhig, „bollwertig" ist.

190. Die Franzosen im Schweng.

Auch im Schweng, wo es so im Berge hinaufgeht, vor der Mönchenlagerstätte kam ein großer Hund daher, dahinter kamen drei »Franzosen,« welche einem der Harzkratzer einen werthvollen Stein gaben.

---

191. Hexenruhepunkt.

Auf der Mönchenlagerstätte und bei dem Waschwasser ruhen die Hexen beim Zuge nach dem Brocken.

---

192. Hirsch an der Mönchenlagerstätte.

An der Mönchenlagerstätte lauerte ein Jäger mit mehrern Arbeitern einem Hirsche auf. Da kam ein Zwerg, kniete nieder und betete und sie liefen alle davon.

---

193. Das entführte Köhlerpferd.

In der Nähe der Buche an der Mönchenlagerstätte ist eine Felsengruppe, welche die Teufelsburg heißen soll. Dahin hat der Teufel einst ein Köhlerpferd geführt.

---

194. Der verhängnißvolle Hahnenkräh.

Im Bauernkriege konnten die Bauern das Kloster Himmelpforte nicht finden. Da verrieth es in der Morgenfrühe ein Hahnenkräh.

Der Bischof.

195.

Die Mönche von der Himmelpforte flüchteten, wie schon erwähnt, bei der Zerstörung des Klosters nach der Mönchenlagerstätte. Der Bischof (Abt) konnte nicht marschiren und starb da. Die Mönche begruben ihn in einem goldnen Sarg, darum herum legten sie einen zinnernen, dann einen hölzernen. So oft man die Särge ausgraben wollte, kamen die Mönche und vertrieben diejenigen, die es wollten.

196.

Bei der Mönchenlagerstätte war ein Hirt, der in seinem Herzen noch katholisch war, und betete noch einen Rosenkranz her. Da kam der Bischof mit einer goldnen Krone und ganz mit Diamanten geschmückt. »Gelobt sei Jesus Christus!« sagte er. In Ewigkeit, Amen, antwortete der Hirt. Der Bischof ließ sich von ihm das Versprechen der Verschwiegenheit geben, und trug ihm auf, in der Himmelpforte nach einer Schieferplatte zu suchen. Er solle Stiegen herunter gehn, mehrere Eingänge vorbei, bis er an's Ende des Ganges käme. Da würde er einen Schlüssel über der Thür hängen sehn, die Thür solle er aufmachen, dann würde er einen Tisch in der Mitte stehen sehn, darauf ein Buch mit Goldschnitt, dabei Juwelen, Gold und Silber. Der Hirt mit seinem Sohne geht hin, sie sehn Laternen, als sie in das Zimmer kommen ist da ein prächtiger Glanz. »Vater, laß uns die gluhen Dinger nehmen!« sagte der Junge. Sie nahmen Juwelen und die Tafel, gingen hinaus und gleich war Alles wieder überwachsen mit Gras. Am andern Tage brachten sie dem Bischof die Tafel. Der Bischof sagte: »du hast Juwelen genommen, [er hatte sollen nur Gold nehmen] und du wirst mich doch verrathen, dich wird dein Kind verrathen: vergrabt lieber die Juwelen!« Der Bischof sang nun an der Tafel eine Litanei; 100 Pfaffen standen um ihn her, der Bischof gab ihnen das Abendmahl und besprengte sie mit Weihwasser. Die Mönche legten ihn in seinem Schmucke wieder in's Grab und deckten den Sargdeckel wieder drüber. Alles war ver=

schwunden. Der Hirt durfte aber sein Mittagslager dort nicht wieder halten. Er kaufte sich noch ein paar Kühe. Der Bischof hatte ihm auch gesagt: von allem Vieh würde seins das fetteste sein. Er erregte aber durch seinen Wohlstand Verdacht und wurde als Hirt abgedankt. Es kam ein Hirt aus Wernigerode an seine Stelle, da ist viel Vieh verreckt, andres ward krank. Das hat der Bischof gemacht. Der andre wird wieder Hirt und das Vieh befindet sich im besten Zustande. Er hat zuletzt 20 Kühe und kommt deshalb in Untersuchung, die Diamanten werden dabei gefunden. Er gesteht alles auf der Tortur. Als der Schulze erfuhr, woher er seine Reichthümer hatte, ging er auch an die Stelle, gelangte auch richtig hinein, dann aber schlug sie hinter ihm zu.

197. Unterirdische Gänge.

Von der Himmelpforte bis zum Rektorhofe in Wernigerode soll ein unterirdischer Gang gehen. Auch wird gesagt: Unter der Nöschenröder Kirche geht ein Gang, darauf gingen die Zwerge bis nach der Himmelpforte.

Der Weinkeller von der Himmelpforte.
198.

Ein Förster auf Ohrenfeld wollte seine silberne Hochzeit feiern und hatte sich zu diesem Behufe hinreichend mit Wein versorgt; da aber mehr Gäste kamen als er erwartet hatte, so wurde sein Wein schon sehr früh alle, deshalb schickte er sein Dienstmädchen noch Nachts 11 Uhr nach seinem Weinlieferanten Sp..... in Wernigerode, gab ihr das Rechnungsbüchelchen und hieß ihr so viel Wein von der letztentnommenen Sorte mitbringen, als sie in ihrem Korbe tragen könnte. Das Mädchen, des Weges nicht sehr kundig, fragte: wo gehe ich denn hin? der Förster aber antwortete halb im Ärger, halb im Zorn: geh in die Himmelpforte! Das Mädchen nahm das für Ernst, hockte ihre Kiepe auf und trollte ab in die Nacht hinein nach der Himmelpforte. In der Nähe der=

selben angekommen sah sie von fern ein Licht brennen; sie ging darauf zu und fand eine alterthümlich gekleidete Frau, die eine Laterne in der Hand hatte und an der Seite ein Schlüsselbund, vor der offnen Kellerthür stehn. Sie meinte, es sei die Ehefrau Sp...... und brachte ihr Anliegen vor, ihrem Herrn von dem letzterhaltenen Weine so viel Flaschen zu schicken als sie tragen könne. Die Frau antwortete kein Wort, schloß die Kellerthür auf, ging voran und winkte dem Mädchen zu folgen. Sie stiegen viel Stiegen hinab, durchschritten ein langes Kellergewölbe, und die vermeintliche Frau Sp..... blieb endlich vor einem alten verschimmelten Fasse stehn. Sie zapfte einige Flaschen Wein ab und packte ihr diese in den Korb und half diesen dem Mädchen auf den Rücken; das Mädchen gab darauf das Büchelchen ab und bat die Frau, die Flaschen einzuschreiben. Diese schob das Buch unwillig zurück und schüttelte verneinend den Kopf; das Mädchen dachte: auch gut, folgte über die Stiegen hinauf, sagte gute Nacht, erhielt aber keinen Dank und ging nach Hause. Der Förster, der sie sobald nicht wieder zurückerwartet hatte, fragte sie verwundert: wo hast du denn den Wein geholt, daß du so bald wieder hier bist? die Magd antwortete: wie Ihr mir befohlen habt, in der Himmelpforte! Der Förster glaubte, das Mädchen wolle foppen, fragte noch einige male, erhielt aber immer dieselbe Antwort; er meinte deshalb, das Mädchen habe auf dem Wege von dem Weine gekostet und sich etwas berauscht, und da er überdies von den Gästen in der Stube verlangt wurde, ließ er die Sache für diesen Abend ruhn. Am andern Morgen nahm er die Magd ins Gebet, diese beharrte bei ihrer Aussage und erzählte den ganzen Hergang der Sache, wie es sich mit ihr zugetragen hatte; der Förster wußte nicht, was er davon denken sollte, um so mehr, da der Wein viel köstlicher geschmeckt hatte, als er je welchen getrunken zu haben sich erinnerte. Er schickte also einen Boten nach Wernigerode an den Weinhändler Sp..... und ließ fragen: ob vorige Nacht seine Magd dort keinen Wein geholt habe. Als der Bote mit der Nachricht zurückkam, daß Niemand dort gewesen, kam ihm die Sache nicht heimlich vor; er schickte deshalb nach Pastor und Schulmeister, nahm einige Bauern und Jägerburschen mit, und so zog der ganze Haufe unter Anführung des Mädchens nach der Himmelpforte. Dort angelangt fand man zwar noch die Ruinen eines im Bauernkriege zerstörten Klosters, aber weder von der Kellerthür noch der seltsam gekleideten Frau eine Spur. Seit jener Zeit wurde die Himmelpforte und besonders die Klosterruinen, die schon lange Gegenstand eines geheimen Grauens der umwohnenden Bauern waren, noch mehr verrufen; jedem klopfte das Herz hörbar in der Brust, wenn er an den Mauern vorüber ging, jeder erwartete, daß die Kellerthür sich öffnen und die seltsame Frau hervortreten sollte.

199.

In Drübeck war eine Hochzeit, da wurde der Wein zuletzt all und das Mädchen sollte mehr holen. Sie fragte: wo? und aus Scherz sagte man ihr: aus der Himmelpforte. Als sie da hinkam, war da ein Keller mit Fässern und auch ein großer Mann, der füllte schweigend ihr Faß. Der Wein mundete der Hochzeitsgesellschaft köstlich und als er all war, wurde das Mädchen noch einmal nach der Himmelpforte geschickt. Da fand es aber den Keller nicht wieder.

200.

Eines Dingemeiers Tochter brachte Bier zu ihrem Vater, die Arbeitsleute tranken es aus und hatten noch Durst. Darum schickten sie die Kleine nach der Himmelpforte, Wasser zu holen. Sie pflückte aber erst Erdbeeren, da kam ein klein Männchen und fragte, wer ihr die Erlaubniß dazu gegeben hätte. Da sagte sie, weshalb sie gekommen, und er führte sie in die Himmelpforte. Dort erhält sie zwei Flaschen. Die Arbeiter wurden davon ganz berauscht und verfielen in Schlaf. Als dieses Dingemeiers Frau später niederkam, sollte das Mädchen aus der Schenke in Drübeck ihrer Mutter eine Erquickung holen, die aber ging jetzt nach der Himmelpforte und brachte auch wirklich der Wöchnerin von daher Wein.

Der Schweinehirt von Drübeck.

201.

Ein Schweinehirt von Drübeck, der H...... hieß, träumte dreimal, er solle das Silbergeschirr von der Himmelpforte wegholen. Seine Eltern verlachten ihn, der Pfarrer redete ihm zu, daß er hinginge, aber im Namen Gottes des Vaters, des Sohnes und des heiligen Geistes. Als er hinkam, sah er von Weitem ein Licht brennen. Da er näher kam, sah er auf der einen Seite einen großen schwarzen Ziegenbock und ein großer langer Kerl lag auf dem Ziegenbocke und sah über ihn weg. Auf der andern Seite stand ein großer Hirsch. Vor dem Manne, der auf dem Ziegenbocke lag, wollte er zurück. Der aber winkte ihm und fragte, was er wolle, ritt auf seinem Ziegenbocke neben ihm her und sie folgten dem Lichte nach, das immer vor ihnen her hüpfte. Das Licht stand endlich still, der Ziegenbocksreiter wies und er hatte auf den ersten Griff eine Hacke; dann wies er wieder, und der Schweinehirt hatte eine Schaufel. Da waren auf einmal vier Lichter und der Ziegenbocksreiter wies, er sollte roden. Als er rodete, stand plötzlich ein Chor von lauter kleinen Musikanten da und machte die schönste Musik. Aus der Erde heraus aber kamen an derselben Stelle, wo er gerodet hatte, zwei Nonnen, davon hatte jede einen Präsentirteller, darauf war Gebacknes und Getränke. Sie setzten es den Musikanten vor, die nahmen auch davon, aber keiner aß oder trank davon. Da verschwand die eine, die andre aber bemerkte ihn in dem nämlichen Augenblicke und überreichte ihm zwei Schüsseln und auf jeder Schüssel stand eine Kanne. Der auf dem Ziegenbocke sagte: »Du itzt mit aber un drinkst nich eher, bis dat ik dik dat segge.« Darauf zogen sie weiter, das Licht aber hüpfte immer vor dem Ziegenbocksreiter und vor ihm her und ehe der Schweinehirt sich's versah, waren sie an einer Kegelbahn, die mit dem Kloster Himmelpforte verwünscht war. Da war die ganze Noblesse aus dem alten Kloster Himmelpforte und wollte kegeln, fragten auch den Schweinehirten, ob er ihnen nicht etwas Kegel aufstellen könne. Er sagte, wenn er's bezahlt bekäme, ja. Da kamen die Nonnen wieder und brachten den Kegelgästen Speise und Trank. Auch die Musik schallte noch immerfort. Die Kegel waren gluh und die Kugeln auch. Plötzlich that es unter dem Kegeln einen furchtbaren Krach. Da war alles verschwunden, der Schweinehirt schlief, am andern Morgen aber lagen Kugeln und Kegel bei ihm und waren Gold. Die Kegelbahn war verschwunden. Als der Schweinehirt mit seinen Geschenken nach Drübeck kam, war es noch nicht Tag. Was er mitgebracht hatte, wurde dem Grafen von Stolberg in Wernigerode übergeben (so schloß der Erzähler) und dieser sorgte für den Hirten.

202.

Andere erzählen so: Der Schweinehirt und der Kuhhirt vom Drübeck'schen Amte (dem ehemaligen Kloster) stiegen bei Mondschein Nachts über's Thor, was der damalige Amtmann streng verboten hatte. Sie gingen nach der Himmelpforte. Dort mußte der Kuhhirt sich abseits setzen, der Schweinehirt aber nahm den Höllenzwang und fing an daraus zu lesen. Da kam ein großer Kerl und guckte ihm über die Schulter in's Buch. Danach kam ein zweiter unter dem Lesen, der guckte ihm über die linke Schulter. Er las weiter, da kam der dritte und guckte ihm über den Kopf. Da hörte er auf zu lesen und fragte: »is düse Nacht wat de hebben?« Ne, sagen sie, nur Silberservice ständen auf dem Teichdamm. Sie gehn in derselben Reihenfolge, wie sie gekommen sind, wieder ab. Die Beiden gehn auf den mittelsten Teichdamm und finden da einen Koffer mit Bechern von Espen-, Ohren- (Ahorn-) und anderm Holze; sie schneiden etwas davon ab und werfen es weg; der Kuhhirt nimmt aber doch zum Andenken einen Kelch, der Schweinehirt einen Becher mit. Der Amtmann will sie nachher hauen, weil sie übergestiegen sind, sie müssen sich entschuldigen und geben ihm alles hin; er stellt's über die Thür, nachher ist der Kelch Silber, der Becher Gold.

203.

Nach andern Erzählungen nimmt der Schweinehirt von Drübeck, welcher geträumt hat, er solle nach der Himmelpforte kommen, auf Anweisung einer Jungfer einen Napf und stellt ihn auf's Kammenbrett. Dies ist am andern Morgen Gold gewesen und an den Amtmann verkauft.

204.

Nach Ilsenburger Erzählungen geht ein Hirt, nachdem er zuerst allein dagewesen, nachher mit seinem Herrn in die Himmelpforte. Der Herr wollte die Schätze allein haben und tödtete ihn in der Höhle. Seitdem hat diese sich geschlossen.

205. Der alte Kolbaum,

ein Hirt, dessen Sohn Vieles und auch dies zu erzählen wußte, fand einst die Himmelpforte offen, ging hinein und sah viele Fässer darin stehen. Er trank sich voll und ließ so seinen Stock stehen; darum fand er die Himmelpforte am andern Tage wieder offen und machte es eben so. Da rief eine Stimme: »Vergiß das Beste nicht!« Da sah er seinen Stock in der Ecke stehen und nahm ihn mit. Am andern Tage war die Himmelpforte zu.

206. Der Enke von Drübeck.

Auf dem Kloster in Drübeck war ein Enke, es wußte Niemand, woher er sei. Dieser ging mit dem Schäfer nach der Himmelpforte. Dort fanden sie eine Lade, darin war nichts als hölzernes Zeug, davon nahm der Enke und es mag wohl Silber und Gold geworden sein, denn der Enke begegnete dem Schäfer später auf einem schönen Pferde reitend.

207. Der goldne Mönch von der Himmelpforte.

Der alte H.... aus Altenrode hatte oftmals gehört: wenn man in der Johannisnacht mit zwei schwarzen Ziegenlämmern nach der Himmelpforte ginge, eine Wickeruthe mitnähme, und die ungefähr zehn Schritte vor das alte Mauerwerk lege, so würde die Wickeruthe hinspringen, wo die alten Mönche ihr Geld vergraben hätten. Zuerst würde ein Licht hervorkommen und ein goldglänzender Mönch würde neben dem Lichte stehen. Dann müsse man zwei schwarze Ziegenlämmer dicht vor den goldnen Mönch treiben, dann würde dieser verschwinden und eine Nonne würde kommen, die würde genau zeigen, wo das vergrabene Geld stände. Der alte H.... ging also in der Johannisnacht mit zwei schwarzen Ziegenlämmern nach der Himmelpforte. Die Wickeruthe legte er vor dem alten Mauerwerke nieder, sie hüpfte aber gleich fort und auf einmal kam ein Licht aus der Erde und ein goldglänzender Mönch stand bei dem Lichte. Sogleich ließ H.... seine Lämmer vor den Mönch hinlaufen, darauf verschwand dieser. In demselben Augenblicke erschien eine weiße Nonne, die bedeutete ihn, er solle ein Tuch nehmen und auf das Licht werfen, und dann sich niederlegen. Er nahm ein Tuch, warf es auf das Licht und legte sich nieder. Als er aufwachte, waren seine Lämmer und das Licht verschwunden. Er hob sein Tuch auf und es steckte ein Topf mit Silbergeld darunter, jedoch war das Geld viereckig.

---

208. Die goldne Röhre.

Bei der Himmelpforte ist der Weinberg. Als eine Frau dort vorüberging, kam eine goldne Röhre aus dem Berge. Sie wollte danach greifen, da entstand ein ordentliches Erdbeben.

---

209. Geld mit der schwangern Frau versetzt.

In der Himmelpforte war Geld »mit der schwangern Frau versetzt.« Als einst eine Frau in der Geburt starb, deren Mann sehr reich war, hieß es, diese Frau wäre »versetzt« (geopfert) für das Geld in der Himmelpforte und ihr Blut zeige sich noch in dem Hause.

---

210. Der eingerobete Hahn.

Ein Mann robete einen Hahn auf der Himmelpforte ein und bewirkte dadurch auch wirklich, daß er fast in den Besitz eines Kessels voll Geld gekommen wäre. Doch wurde er noch verstört und der Kessel sank mit einem Klange wieder in die Erde.

---

211. Licht und Hund bei der Himmelpforte.

H... aus Hasserode ging in's Holz nach der Himmelpforte zu, und als er an den zweiten Teich kam, sah er ein Licht brennen. Bei dem Lichte stand ein großer schwarzer Hund und ein Koffer, der war offen und darin hölzernes Geschirr. Ihm graute aber so vor dem Hunde, daß er davon lief.

---

212. Der Mönch mit dem feurigen Kreuze.

Unweit der Himmelpforte ist ein Teich, darüber hat ein graues Männchen gestanden mit einem feurigen Kreuze auf dem Rücken, der rief: »Komm hieher! Komm hieher!«

---

213. Die alte Johannisnacht.

In der alten Johannisnacht (11te oder 12te Nacht nach Johannis, nach dem alten Julianischen Kalender, so erläuterte der Erzähler), öffnet sich die Himmelpforte.

---

214. Die silberne Glocke.

In der Himmelpforte robete ein Hirt eine silberne Glocke aus.

---

215. Der Brunnen bei der Himmelpforte.

Es ist auch ein Brunnen bei der Himmelpforte, da machte ein Hirt sich Wasserkalteschaale, da stand ein schönes Schloß da und er durfte nehmen was er mochte. »Er hieß Nicolaus Horn und gründete von dem was er mitnahm Nicolai=Kirche und Hospital.«

---

216. Schlangen auf der Himmelpforte.

Auf der Himmelpforte saßen viele Schlangen und gingen dort immer am Weinberge in die Höhe.

---

217. Das Fest am Himmelfahrtstage.
(In Wernigeröder Mundart.)

Auf der Himmelpforte wird am Himmelfahrtstage ein Fest gefeiert, welches aber erst seit 20 Jahren in Gebrauch sein soll. Der Naturdichter Braun übergab mir folgende Beschreibung desselben:

> Et is doch woll bie jeder Stadt
> En Oort, wu man Vergnügen hatt;
> Sau is't bie uns um Himmelfahrt,
> En prächtig Fest na siener Art.
> Na'r Himmelporte geiht et rut,
> Dat hett, wenn't Wäder ook is gut.
> En Kloster stund vor older Tiet
> Ob dissen Platz, wu man noch sieht
> De Mu'ren von, ook sind'r west
> Veir Dicke um ditt Mönn'kennest.
> Doch sind et nu tweihundert Jahr,
> Da hier einmal en Kloster war;
> De Schweden harr'nt damals verstört,
> Von da an hatt et oppehört.
> Dat Kloster heit de Himmelport',
> Sau hett noch hiet'gen Dag's de Oort;
> Wu seck de Mönn'ke flüchtet hätt,

Hett jetzt noch Mönn'ken=Lagerstätt'.
Jetzt sind'er schöne Wieschen da,
Man is sau recht ben Holte nah,
Da kann man denn ob bissen Dag
De Minschen sein, da't wogt un ragt.
Dat Äten nimmt seck Jeder mit,
Sau is et einmal hier de Sitt',
Un is't tau frei [früh] woll oppetehrt,
Werd in be Bauen innekehrt;
Da giest et guden Schnaps um Beier,
Mitunder ook gekookte Eier,
Dok Fleisch un Worscht, wat einer will
Werd denn' ebrocht in grötzter Il'.
Dok an Musieke fehlt et nich,
Dat is ein'n manchmal ärgerlich,
Man is op keiner Stidde frie,
De Orgelkerls sind gliek dabie,
Un bubelt ein'n de Ohren vull,
Als wenn man bow hier weren sall.
Da low' eck meck ben bunten Kranz,
Wu Jungfern, Burschen makk'n Danz
Un schlaat babie en Dribben aw,
Dabie kriegt mancher denn en Baw
Ob sienen Rüggen, dat hei rennt
Um Kreis herum, als wenn't brennt.
Doch wie't bie saunen Feste geiht,
Werd dat Gebläute manchmal heit;
Denn is dat Köppken man erscht warm,
Sau sind se wie en Immenschwarm
Tesamm'n, doch dat dur't nich lunk,
Sau is ook wedder Fröe dömank.
Un kumm't be Abend nu heran,
Tritt Jeder sienen Hu'sweg an;
Dat junke Völkchen hat noch Tiet
Un denkt, et is jo doch noch hiet'.
Doch wat selw' hier noch lange schtahn,
Wei willt nu erscht te Danze gahn.
Flink geiht't den Kellerbarg herun
Nah'r Schenke hen, da geiht't schon um.

Das Oehrenfeld.

218.

Auf dem Öhrenfelde bei Altenrode und Darlingerode geht »die weiße Frau.«

219.

Andere sagen: Beim Öhrenfelde zeigt sich jede Mitternacht eine Prinzessin. Wer sie als Prinzessin erlöst, bekommt ihre Schätze, die sie im Holze hinter der Thonmühle stecken hat.

---

220. Die Hebamme von Drübeck.

Beim Öhrenfelde ist der Rohnteich. Daran lachte ein hübscher Mann mit langen Haaren die noch junge Hebamme von Drübeck an. Er war nackt, das blonde Haar hing bis über die Schultern. Mit einer Ruthe schlug er auf's Wasser, da that es sich auf und er zog sie hinein. Sie kam in ein Gewölbe, darin war ein Zimmer und Saal, und dort befanden sich zwei große schöne Männer, zwei Kinder und eine hochschwangere Frau. Die Hebamme leistete ihre Dienste, sie sollte da bleiben, wollte aber nicht und man sagte ihr: es würde sie gereuen. Bei Mondschein ging sie heraus; als sie gefragt wurde, was sie bekäme, sagte sie: nichts, und nahm nur vom Kehrdreck. Sie wollte den Kehrdreck ausschütten, er klang und ist gediegenes Gold gewesen. Oben war die Hebamme dann trübsinnig wegen der zwei schönen Männer, die sie gesehen, und es schien, sie bekäme die Auszehrung. Einst ging sie an den Teich, Blumen zu pflücken, schlief dabei ein und lag, als sie erwachte, in einem schönen Zimmer und Bett, die zwei jungen Menschen saßen vor ihr. Sie sollte glücklich sein, wurde ihr gesagt, wenn sie nie wieder nach Drübeck hin wollte. Sie schüttelte mit dem Kopfe. Man führte sie auf einem Gange in einen schönen Garten, danach ward sie aus dem Teich gebracht. Den Wald, den sie grünend gesehn hat, findet sie abgehauen. Ein kleiner Junge in Drübeck und alle schlagen bei ihrem Anblicke in die Hände.

Wohnt hier nicht die Hebamme R...? fragt sie. Eine uralte Frau weiß, wie lange diese fort ist, und es zeigt sich, daß sie 2 Jahr todt gewesen ist. Sie sinkt zusammen und ist ein Klümpchen Asche.

221. Die Thürme von Drübeck.

Drei Thürme von Drübeck blicken über's Land hin; wer das mit Eichenbohlen ausgeschlagene Loch findet, von wo sie ein Kleeblatt bilden, findet Golderde.

222. Die Sau vom Kloster Drübeck.

Aus der einen Pforte der Kirche im ehemaligen Kloster Drübeck zwischen Ilsenburg und Wernigerode kommt oft eine Sau mit Ferkeln heraus und geht zu einer andern Pforte wieder herein.

Die Prinzessin mit dem Schweinerüssel.

223.

Die Prinzessin des Kaisers von Östreich (Andre sagen: eine Prinzessin aus Italien) zog aus und sagte: sie wollte so lange wandern, bis sie ein Wasser fände, das ein Kreuz bilde, da wolle sie ein Nonnenhaus bauen. Als sie an einen solchen Ort kam, baute sie das Kloster Drie=Beek. Sie hatte aber einen Schweinerüssel und ließ sich silberne Tröge machen, daraus hat sie gegessen. Das Kloster wurde im dreißigjährigen Kriege verwüstet. Als sie starb, gab sie den Drübeckern den großen Forst.

224.

Andre erzählen so: Zur Zeit, wo die Prinzessin mit dem Schweinerüssel geboren wurde, wurden alle Mißgeburten getödtet. Wegen ihrer Reichthümer aber ließen sie die Prinzessin am Leben und machten ihr einen silbernen Trog. Aus dem silbernen Troge von Drübeck soll neuerdings in Halberstadt eine Glocke für den dortigen Dom gegossen sein. An der Klosterkirche zu Drübeck ist die Jungfrau mit dem Schweinerüssel in Stein ausgehauen.

225. Der Mönch in der Bartholomäi-Kirche.

In der Gemeine= (Bartholomäi=) Kirche zu Drübeck wird noch jede Sonntag Nacht um 4 Uhr Morgens eine Mönchsleiche umhergetragen. Dies war der oberste Mönch, der gleich unter der Prinzessin stand.

226. Wie die Mönche zu Drübeck bauten.

Die Mönche von Drübeck nahmen die Drübecker an, um große unterirdische Gänge zu bauen, die unter Anderm bis nach dem Marienhofe bei Ilsenburg gingen, wo noch silberne Näpfe und Teller, die von diesen Mönchen herrührten, gefunden sind. Die Drübecker bekamen während des Bauens von den Mönchen viel Geld, als aber die Gänge fertig waren, tödteten die Mönche diese Leute und nahmen das Geld, das sie ihnen während des Bauens ausgezahlt hatten, wieder hin.

227. Der Nachtwächter vor der Liesebergsgasse.

In Drübeck war ein Schweinehirt, der war zugleich Nachtwächter. Vor der Liesebergsgasse blies er, da hielt Jemand das Horn zu. Es war eine Frau und sie sagte: »Du hast hier 20 Jahre geblasen, nun sollst Du es nicht mehr. Heute ist es 20 Jahr auch, daß ich hier ermordet bin. Das that der Amtmann, der beschwängerte mich, stürzte das Kind in den Brunnen und grub mich unter den großen Birnbaum; vor den letzten 3 Schlägen sagte ich ihm: beim vierten Kinde seiner Frau sollte seine Mordthat an den Tag kommen. Das ist jetzt. Geh zum Pfarrer, laß sie unter dem Birnbaum meine Knochen ausgraben. Nimm Dir eine andre Stelle zum Tuten.« Pastor und Amtmann waren Halbbrüder. Der Pfarrer will's dem Nachtwächter ausreden, als der zu ihm kommt, der aber läßt sich nicht abbringen. Die ausgerobeten Knochen sind schloßweiß wie Schnee. Wie der Amtmann einen davon in die Hand nimmt, ist der ganz roth von Blut. Der Amtmann sagt zuletzt: »Luise, Luise!« da sind die Knochen weiß. Er ist auf dem Galgenberge vor Wernigerode gerichtet.

---

228. Die Zwerge am Butterberge.

Zu Drübeck gehört ein Brink, der der Butterberg genannt wird und am Wahrberge liegt. Dieser Brink, der Butterberg, war das Haus der Zwerge. Von hier aus gingen sie in Nebelkappen Nachts in die Häuser zu Drübeck und stahlen. Bei Tage versteckten sie sich auch wohl in den Erbsenfeldern.

---

229. Geld-Brennen.

Vor mehren Jahren wohnte ein Mann Namens H....... zu »Drübeck,« der saß eines Mittags in seiner Stube am Fenster und schaute in seinem Garten umher, ob nicht Jemand hineinginge, um Obst zu stehlen, auf einmal wurde er ein brennendes Licht im Garten gewahr. Weil er schon oft gehört hatte, daß in seinem Garten Geld brenne, so fiel es ihm gleich bei, daß man einen Tuch darauf werfen müsse. Er lief gleich hin, wo das Licht brannte, warf einen Tuch darauf und es verlosch; danach holte er Hacke und Schippe und fing an zu graben; in einem Augenblick kam er auf ein Gefäß, vor Freuden blickte er zur Seite und er wurde gewahr, daß ein großer schwarzer Pudelhund daneben lag. Vor Schrecken lief er in sein Haus und hat augenblicklich die rasende Krankheit bekommen, und nach sechs Wochen ist er gestorben.

---

230. Das schwarze Pferd im Nonnenbache.

Ein junger Bursche von 26 Jahren, von Darlingerode, war nach seiner Braut nach »Drübeck« gewesen und hatte sich bis 11 Uhr bei derselben aufgehalten. Er hatte oft gehört, daß im Nonnenbache bei »Drüebeck« ein schwarzes Pferd ohne Kopf ginge. Als er eine kleine Strecke an dem Nonnenbache hinauf war, kam das Pferd ohne Kopf in dem Bache herauf und ging dicht neben ihm vorbei; er ging dem Pferde nach und oben an Darlingerode »rehmte« (bäumte) es sich dreimal in die Höhe und es bekam sogleich einen Kopf; ein Ritter der ganz verharnischt war, trat an das Pferd heran, küßte es und setzte sich darauf; das Pferd sammt dem Reiter war ein Feuerklumpen und flog nach dem Ohrenfelde in der Luft hindurch. Zu derselbigen Stunde hat ein Mann bei dem Jägerhause beim Ohrenfelde gestanden und gesehen, daß der feurige Ritter mit dem feurigen Pferde in den Schornstein zu Ohrenfelde herein geritten ist. Dieser Bursche kommt zu Hause und erzählt das seinen Eltern, die ihm sogleich sagen, daß das Pferd und der Reiter von einem Ritter von Wernigerode verwünscht wäre, er hätte Gott danken, daß er mit seinem Leben davon gekommen, und lieber das Pferd fragen sollen, was sein Begehr sei, dann wäre er vielleicht glücklich gewesen. Acht Tage nachher wollte er wieder nach »Drüebeck« gehen, es war ungefähr 8 Uhr Abends; als er an den Nonnenbach kam, begegnete ihm ein grauer Hund, der so groß war, wie ein halbjähriges Rind; der Hund sperrte seine Schnauze auf, als wenn er ihn beißen wollte, darauf fiel es ihm sogleich bei, was seine Eltern zu ihm gesagt hatten, er sagte zu dem Hund: was ist dein Begehr? Der Hund antwortete ihm: »ich bin der alte Abt aus dem Kloster zu Drüebeck, und weil ich den armen Leuten viel Unrechtes gethan habe, so kann ich nicht eher zu Gnaden kommen, bis erst Jemand hingeht zu einem Ritter [den er nannte] und dem sagt: er sollte den armen Leuten das wiedergeben, was ihnen der alte Abt aus dem Drüebecker Kloster gegeben hätte. Bevor das nicht geschieht, kann ich nicht zu Gnaden kommen.« Der junge Bursche hat dies dem Ritter gemeldet, aber der Ritter hat nichts wieder herausgegeben und deshalb soll immer das Pferd ohne Kopf und der Hund bei »Drübeck« noch spuken gehen.

231. Die Tän'sche.

In zwei Häusern zu Darlingerode zeigte sich die Tän'sche, die so genannt wurde wegen der langen gelben Zähne, die ihr aus dem Munde sahen. Einst wollte sie ein ungetauftes Kind in diesem Hause aus dem Bette der Wöchnerin nehmen. Es war dies der Geist der alten G., die sich von Holzholen aus dem Walde genährt hatte.

232. Der Hund beim Born.

Hinter einem Born in Darlingerode zeigt sich ein großer Hund und springt den Leuten auf den Rücken.

233. Saubrunnen.

Bei der Pleßburg ist ein Brunnen, der Saubrunnen. Männer gaben ihn mit Eimern aus, aßen und tranken dann und dies hing mit Goldgewinn zusammen, wie in Ilsenburg erzählt wird.

234. Der große Fürst.

Im Drübeck'schen Holze liegt der felsige Klapperberg, der hinten mit Tannen bewachsen und vorn kahl ist. Wer da Nachts um 12 Uhr hingeht, bekommt einen großen Fürsten zu sehen.

Sagen von Veckenstedt, Wasserleben, Silstedt und Reddeber.

235. Von der Linde auf dem Stukenbergsanger zwischen Charlottenlust und Veckenstedt.

Vor langen Jahren standen zwei feindliche Heere auf dem Stukenbergsanger sich einander gegenüber. Eines Tages lieferten beide Heere daselbst eine Schlacht, die zwar bei gegenseitiger Tapferkeit blutig war, aber ohne entscheidendes Ergebniß blieb. Am Abende dieses Tages, nach beendigter Schlacht, versammelte der Feldherr des westlich stehenden Heeres seine Anführer um sich, um Kriegsrath zu halten, und nach geschehener Berathung steckte er sein Schwerdt in die Erde und sprach zu seinem Volke: »So wahr ich jetzt mein Schwerdt in die Erde stecke und daraus ein Baum werden wird, der grünt und blühet, so wahr will ich morgen meinen Feind schlagen!« Am andern Morgen früh stand an der Stelle, wohin der Feldherr sein Schwerdt gesteckt hatte, eine grüne Linde, welche aus dem Schwerdte entstanden war und welche jetzt noch an derselben Stelle steht.

Durch dieses Wunder wurde das ganze Heer zum Kampfe ermuthigt und war sich des Sieges im Voraus bewußt. Es wurde also früh das östlich stehende Heer angegriffen und bei der Teichmühle eine lange blutige Schlacht geschlagen (im langen Schlage), deren Ergebniß war, daß das östliche Heer gänzlich geschlagen wurde. Da ward (und zwar in der Gegend, wo jetzt das Dorf Reddeber steht) der Ruf gehört: Redde sek, wer sek redden kann! (Es rette sich, wer sich retten kann!) wovon Reddeber den Namen erhalten hat.

Das Westheer verfolgte die geschlagene Armee bis an den Ort, wo jetzt das Dorf Minsleben liegt. Hier blieben nur die wenigsten (minimi) noch am Leben, von welchem Umstande dieser Ort seinen Namen erhalten haben soll. Erst als der Rest des geschlagenen Heeres die Gegend von Silstedt erreicht hatte, stand der Sieger von der Verfolgung ab und die geschlagenen Truppen konnten still stehen. Von diesem Stillstehen oder Stillstand, stille Stidde, soll Silstedt seinen Namen führen.

236. Hans=Christel.

In Veckenstedt sagte ein Kartenspieler: »Mich soll der Teufel holen!« Sogleich kam einer hinein, das war der Hans=Christel. Da schickte der Wirth nach Vienenburg und ließ den Halbmeister kommen. Der kam und redete den Hans-Christel an: »Was thust du hier? geh hin, wo du hergekommen bist.« Da verschwand er, nahm aber ein Fenster mit.

237. Die Gans auf der Ilse.

In Veckenstedt unten auf der Ilse saß Nachts auf dem Wasser. Als man sie in ein Haus he....... ......, wurde sie zu einer Leiche. Die wurde mit Gesang von zehn Trägern nach dem Kirchhofe getragen. Auch wird erzählt: die Leiche wäre über einen Steig getragen und aus ihr wären drei Katzen geworden, die hätten an einem Stacket gehangen. Wenn diese hätten losgemacht werden sollen, hätten sie sich selbst losgemacht und gleich an einer andern Stelle gehangen.

238. Die Frau an Möwes' Linde.

In Beckenstedt an Möwes' Linde zeigte sich eine Frau, die S......, mit langen Zähnen und reckte sich an den Häusern in die Höhe, so daß sie in die Kammerfenster gucken konnte.

---

239. Kutsche im blauen Sumpfe.

In Wasserleben im blauen Sumpfe verschwindet eine Kutsche mit Pferden.

---

240. Kutsche im großen Teiche.

Bei Beckenstedt liegt der Clushof. Dort ist ein Keller, darin bullert es, wenn man dort pflügt. Daher kam eine Kutsche mit zwei Schimmeln und einem Kutscher ohne Kopf, fuhr in den Erbsen herunter, die gerade blüheten, als müßte Alles in Grund und Boden gefahren sein, und doch war nachher keine Spur zu sehen. Nachher fuhr der Kutscher in den großen Teich.

---

241. Pferd im großen Teiche.

In Reddeber war ein Fleischer, der hatte in Minsleben eingesalzen und reiste bei einer recht smarten (naß=kalten) Witterung nach Haus. Da kam ein Pferd, schmiegte sich ordentlich vor ihm nieder und er setzte sich auf, denn er hatte sich schon nach einer guten Gelegenheit heimzukommen gesehnt. Das Pferd aber führte ihn über die Thurmspitze von Beckenstedt und setzte ihn nur darum vor dem großen Teiche ab, weil er an zu beten fing. Sonst hätte es ihn mit hineingenommen.

Kinder aus dem Wasser.

242.

Gleich beim großen Teiche ist der Kaffenborn. Man sagt in Weckenstedt den Kindern, daß sie aus dem Kaffenborn oder großen Teiche gezogen würden.

243.

In Silstedt wurden die Kinder aus dem jetzt ausgetrockneten Jungfernteiche gezogen.

244.

Die Kinder in Silstedt werden auch aus der Holtemme genommen.

245.

Früher sagte man in Silstedt auch: aus dem Jungfernteiche würden die Mädchen, aus dem Vointeiche die Knaben geholt.

---

246. Jäger Eisenbein.

Im Bruche bei Weckenstedt zeigt sich Jäger Eisenbein auf einem Schweißfuchs im weißen Florrocke mit dem Kopf unter'm Arm.

Verschiedene Zwergsagen.

247.

Auf dem Knickberge zwischen Weckenstedt und Wasserleben waren bis 1777 (wo überhaupt die brei 7 die Zwerge vertrieben) Quarge oder Pater und verliehen von ihrem Vorrath an Silber= und Thongeschirr. Wenn die armen Leute (wie auch in Lüttchenrode) riefen: »Backet mek en kleinen Kauken midde!« so reichten sie einen kleinen Wasserkuchen hin. Auch holten die Zwerge herein, was ihnen vor ihre Löcher gesetzt wurde. Die Löcher sind jetzt nicht mehr zu sehen. Eine alte Frau, die von den Quargen erzählte, sagte: »damals war noch eine gute Zeit!« Sie waren sehr fleißig und machten besonders den Leuten den Flachs auf's Schönste und Beste zurecht. Die Zwerge hatten auch eine eigne Sprache, welche die Menschen nicht verstanden, sie verstanden aber die Menschen. Die Zwerge waren zwar sehr gefällig, wenn sie aber Kinder vertauscht hatten und die Leute trugen die ausgetauschten Kinder wieder hin, so bekamen sie ihre Kinder nicht wieder. Ein Schäfer trieb mit dem geliehenen Geschirr Schabernack, da zogen die Zwerge nach Afrika.

248.

Eine Frau hatte ein Kind, das war groß und klug, sprach aber nicht. Einst schlug sie Eier entzwei und warf den Dotter an die Erde und die Schale in den Napf. Da sagte das Kind mit grober Stimme: »Mutter, warum thust du das?« Sogleich nahm die Frau den Knüppel und prügelte das Kind vom Hofe, denn es war als Zwergkind erkannt.

249.

In Silstedt hatten die Leute auf der Scheune Quarge, die würfelten das Korn und holten es in unsichtbaren Nebelkappen fort. Einst warf ein Mann aber mit der Schaufel, da fiel einem Zwerge die Nebelkappe ab und er war in des Mannes Gewalt.

250.

Dicht bei Veckenstedt liegt die Schützenkuhle. Dort wohnten Zwerge.

251.

Hinter der Horst bei Silstedt sind Quargeslöcher. Dort geht ein Gang an, der endet im Wernigerödischen Thiergarten.

---

252. Tückeboten

sind Irrlichter, sagt man in Silstedt. In Ilsenburg nennt man sie »Dickepoten.« Wenn Jemand flucht, so gehn sie fort.

253. Nickelmänner.

In der Holtemme bei Silstedt sitzen Nickelmänner. Sie ziehen die Kinder, die bei's Wasser gehen, hinein. Wenn Jemand betrunken ist, so sagt man in Silstedt: »der ist ein Nickelmann.«

---

254. Bericht vom heiligen Blute zu Wasserleben.

Es haben im Dorffe Wasserleben zwey Schwestern gewohnt, die eine reich, die andre arm, die arme hieß Armgart, selbige fragte ihre Schwester, wie es doch kommen möchte, daß, ob sie sich es schon sauer werden liesse, sie dennoch immer sehr arm bliebe, sie aber hingegen reich würde, und doch nicht halb so sehr arbeitete; worauf die reiche geantwortet und gesagt, sie hätte unsern Herrn Gott im Kasten. Wie nun diese Armgart am H. Ostertage zum Sacrament gegangen und die Hostie in ein rein Tüchlein ausgespeyet mit sich nach Hause genommen, und in selbigem Tüchlein in ein klein Schränklein gethan und in einen großen Kasten verschlossen, hernachmals aber zu einer Zeit darnach sehen wollen, hat sie die Hostie mit dem Tüchlein gantz blutig befunden und sich dafür entsetzet, es aber ihrem Manne gezeiget, der sich denn noch mehr darüber erschreckt, es auch sofort dem Pfarrherrn geklagt, welcher sich nicht wenig mit Schrecken darüber verwundert und vorher benahmten Bischofe Friederico hinterbracht; worauf derselbe mit aller seiner Geistlichkeit in einer grossen Procession nach Wasserleben gekommen, Gott zu Lob und Ehren allerhand geistliche Lobgesänge, unter andern auch sonderlich dieses gesungen: Christe, du bist mild und gut, hilff uns durch dein heilig Blut, durch deine heilige fünff Wunden, daß wir im rechten Glauben stets werden erfunden. Kyrie, Eleison. Und wie die ersten zu Wasserleben einkamen, waren die letzten noch zu Halberstadt im Thum. Als nun der Bischof Friedrich das wunderbarliche Sacrament mit dem blutigen Tüchlein in aller Ehrerbietung und mit gebogenen Knieen empfing, legte er es in einen silbernen vergülbeten Kelch und wollte solches mit der Procession nach Halberstadt in den Thum tragen, wie er aber zu Heudeber (al. Hausler) in die Kirche kömmt, daselbst man etliche Lobgesänge gesungen, und den Kelch vom

Altar wieder aufnehmen und nach Halberstadt tragen wollte hat das heilige Blut im Kelche angefangen zu quellen, als wollte es gar übergehen, worüber der Bischof und seine Clerisey sammt dem Volcke sehr erschrocken, und vermahnte sie alle mit Thränen, Gott um seine Gnade zu bitten, und daß er ihnen hierin seinen Willen offenbaren wollte, wie sie sich in diesem grossen Mirackel und Wunderwercke verhalten sollten, damit sie selbigem recht nachkommen möchten. Da nun solches geschehen, sprach der weise Meister Johannes Semeca Thum-Probst zu dem Bischof: Lieber Vater, es dünckt mich billig zu seyn, daß dies Wunderblut an dieser Stätte bleibe, da Gott also seine Wunder gezeiget und erwiesen hat zu seinem ewigen Gedächtniß. Liessen es also dar, und ward hernach solche grosse Walfart und Zulauff des Volckes aus allen Landen, daß daselbst geopffert wurden sechs Himten Pfennige, wovon der Bischof das Jungfrauen-Kloster zu Wasserleben zu bauen angefangen, welches nach dessen Tode von Bischof Ludolpho grösser gemacht, und vollends ausgebauet worden. Es mißfiel aber Johanni Semecae dieser Concurs des gemeinen Volckes allezeit, und hätte ihn gerne gestillet, darum mußte noch ein Priester die blutige Hostie sumiren, den Kelch aber ließ er im angefangenen neuen Thum zu Halberstadt in einen Pfeiler vermauren und sprach: es ist der Leichnam und das Blut Christi uns zu einem andren Gebrauch verordnet und eingesetzt. Das blutige Tuch aber blieb zu Heudeber und Wasserleben vor Heiligthum, doch kriegten die Braunschweigischen Herren auf dem Grubenhagen etwas davon, welches sie nach Eimbeck in S. Alexanders-Münster brachten, und allda in grossen Ehren hielten, in einer sonderlichen Capelle.

---

255. Eine weiße Jungfer wirft mit Schuhen und Steinen.

In Silstedt soll es aus dem Hause des Kossathen B. mit alten Schuhen und mit Steinen geworfen haben und ein grosser Auflauf dadurch entstanden sein. Eine weiße Jungfer soll die Urheberin des Spuks und das Haus mehrere Tage unbewohnt gewesen sein.

Sagen von Ilsenburg.

Prinzessin Ilse.

256.

Im Ilsenstein war früher das Mitjanschloß. Davon geht noch die weiße Jungfer am Ilsenstein und der Ilsenstein hat eine eiserne Thür.

257.

Die Jungfer im Ilsenstein zeigt sich alle 100 Jahre in ihrer wahren Gestalt. Zu andrer Zeit zeigt sie sich als Schlange und wer sie so küßt, erlöst sie und bekommt den ganzen Ilsenstein.

258.

Vom Ilsenstein nach dem Ilsenburger Kloster, und dann nach Drübeck geht ein Gang.

259.

In der Ilse befand sich ein Stein wie ein Tisch, darin war eine Rundung (ein rundes Loch), worin immer ein kleiner Wassersumpf stand. Jetzt ist der Stein zerschossen. Vor ihm wusch sich immer die Prinzessin mit Sonnenaufgang.

260.

Im Ilsensteine sitzt eine Jungfer, er selbst ist ein Schloß und da ist ein Gang, wo sie hineingegangen und wo sie herausgekommen ist.

261.

An der Ilse ist ein Schloßbrunnen, eine Quelle wie Silber, worin die Prinzessin sich aufgehalten hat.

262.

Einen Köhler, dem die Pferde — schwarze mit Blessen waren's — fort waren, traf die Jungfer und führte ihn in ein Gemach, wo Pferdemist lag und wo die Furcht vor einem großen Hunde ihn hinderte, ihr weiter zu folgen. Zum Ersatz für die Pferde gab sie ihm Pferdemist in den Sack und einen Blumenstrauß in die Hand. Wenn er über die dritte Brücke wäre, sollte er in seinen Sack sehen und an seinen Blumenstrauß riechen. Er roch aber schon auf der zweiten Brücke an seinen Strauß und da dachte er erst wieder an seinen Sack. Er sah hinein und weil noch Pferdemist darin war, schüttelte er ihn aus.

263.

Ein Mann sollte einen recht schönen Kranz und ein Bouquet machen und es an einem bestimmten **Maitage** um 1 Uhr Nachts der Ilsensteinsjungfer bringen, sich recht rein halten und ihr etwas aufwarten. Dafür gab sie ihm einen Sack voll Geld im Voraus, den nahm er und that nicht was ihm aufgegeben war. Da heulte die Ilsensteinsjungfer, denn nun konnte er sie nicht erlösen und sie mußte eine Schlange bleiben. Nach Andern hätte der Köhlermeister K......... ein »Packet« (Bouquet), das im Ilsensteine auf einem Stuhle gelegen, mit hinausgenommen. Andre sagen auch: der große Hund im Ilsensteine habe einen Rosenstrauß vor sich liegen.

264.

Die Jungfer im Ilsensteine hat leise gesungen; Einige sagen: sie sang alle sieben Jahr.

265.

Einige erzählen: der Pferdemist, den der Köhler empfangen, sei glühend geworden und deshalb habe der Köhler ihn hingeworfen.

266.

Es wird auch so erzählt, daß die Köhlerpferde sich wiedergefunden hätten, und zwar an der Ilse.

267.

Ein Pferdehirt war immer mit der Jungfer zusammen und erzählte sich etwas mit ihr.

268.

Die Ilsensteinsjungfer führte den Köhler in viele Zimmer. Als das Geschenk im Wasser klang, that sie einen Kreisch und sagte: nun müßte sie wieder eine Eichel pflanzen; wenn dann daraus eine Eiche gewachsen und daraus eine Wiege gehauen wäre, so könne der sie wieder erlösen, der darin geruht hätte.

269.

Andre erzählen so: Die Ilsensteinsjungfer saß auf einem Steine und wusch sich. Einem Köhler, der sie so traf, sagte sie, daß er sie retten könne. Er solle sich aber nicht umgucken, ehe er nicht über die zweite Brücke wäre. Er aber guckte sich schon um, als er über die erste Brücke war. Da lag da (an der Brücke) ein Haufen Pferdedreck. Davon steckte er etwas Weniges bei und wie er nach Haus kam, war es lauter Geld. Weil er sich aber schon bei der zweiten Brücke umgeguckt hatte, war die Jungfer nur halb erlöst und war oben ein Mensch und unten ein Fisch.

270.

Es wird auch erzählt: In den Ilsenstein ging ein Mann mit der Jungfer hinein, kam aber nicht wieder heraus.

271.

Alle 7 Jahr, Morgens um 10 Uhr (sagen Einige) wäscht sich die Jungfer. Eines Morgens vor Sonnenaufgang rief sie Jemand. Es waren 7 Jahr um. Pferdemist fand er in ihrer Höhle aufgehäuft, es war aber Gold. In der Mitte lag ein feuerspeiender Hund, der sprang vor Wuth an die Thüre. Sie füllte dem Fremden die Kiepe mit Pferdemist. Es klingelte, als er's ausschüttelte.

272.

Vor dem Ilsensteine zeigt sich auch ein Ziegenbock.

273.

Die Ilsensteinsjungfer erschien den Mädchen in den Kronsbeeren.

274.

Im Ilsensteine, sagen Einige, steckt ein Kessel mit Geld; ein Hund ist dort mit der goldnen Kette.

275.

Am Ilsensteine lag ein Sack mit »Goldstapeln«, daneben lag eine Pfeife. Als furchtsame Leute dort fortliefen, kamen Felsen hinter ihnen durch.

276.

Die Ilsensteinsjungfer hatte junge Puter hinter sich. Einigen erschien sie selbst mit einem Puterschnabel. Einigen grau, Andern ganz weiß gekleidet mit zwei Schneebällen auf den flachen Händen. Man hat sie auch unter der Eiche vor dem Ilsensteine spinnen sehen.

277.

Morgens um 2 Uhr wäscht sie sich nach einigen Erzählungen und nach diesen zeigte sie sich 1852. Die Klippe öffnet sich stets nur auf eine Stunde. Wer nach Verlauf derselben nicht heraus ist, bleibt darin.

278.

Vom Stumpfrücken wurden früher zu Ostern (wo man sich in Ilsenburg auch naß gießt) Eier heruntergerollt. An ihm ging die Jungfer.

279.

Ein Lux hinderte einst einen Mann, aus dem Ilsensteine wieder herauszugehen.

280.

Die Jungfer hat einst Jemand in die Thür des Ilsensteins geführt; ein Stein ist ihr Waschbecken. Bald ist sie blau, bald weiß, bald roth gekleidet. Im Ilsensteine ist ein Zimmer gewesen und eine Tafel, daran 11 bärtige Männer saßen. Viel Betten waren da, die Prinzessin hat ihr Bett allein. Auch ein Pferdestall war da und alles ritterlich bereit.

281.

Der Ilsenstein, sagen Einige, ist mit einer lebendigen Seele versetzt, der Zauber wird mit dem Höllenzwang gehoben. Einst sollte dort Jemand versetzt »oder geopfert« werden, da sagte eine Stimme: welchen sie denn haben solle? Nun nannten sie einen. Da sagte die Stimme: wenn alle fest wären wie der, so bekäme sie nicht einen einzigen. Da that sich der Stein wieder zu.

282.

Vor 700 Jahren arbeiteten Leute vor der Ilsensteinsklippe, da polterte es als wenn die Kanonen gegangen wären. Die Ilsensteinsjungfer hatte eine Glocke, davon hörten sie alle Glockenschläge.

283.

Eine Frau ist zu Pferde auf der Flucht vom Ilsensteine nach dem Westerberge gesprungen.

284.

Ein Paar Bären sah der Köhler im Ilsensteine liegen.

285.

Der Alte (Teufel) ist auch auf dem Ilsensteine und nimmt dort Seelen hin.

286.

Um Pfingsten sitzt die Jungfer an der Ilse.

---

287. Der Ziegenbocksreiter vom Schloßberge.

Am Schloßberge bei Ilsenburg ritt ein ungerechter Gerichtsherr bei hellem lichten Tage auf einem Ziegenbocke.

Glocken im Kammerberge.

288.

Als die Mönche noch im Ilsenburger Kloster waren, nahmen sie eine Glocke mit in den Kammerberg, sie ist nicht herauszukriegen.

289.

Andre erzählen: Im Kammerberge, wo gleich hinter der Kirche (wohl hinter der auf dem Schlosse) viele Hügel sich befinden, hat eine Sau Glocken ausgewühlt.

290. Das Mitchauerloch

befindet sich zehn Minuten hinter dem Ilsensteine und ist benannt nach dem Köhler Mitchau. In diesem Loche saßen Kater und kratzten einem Jäger die Augen aus.

Zwerge, Mönche, greise Männchen.

291.

Im »Wienbarge« (Weinberge oder Weidenberge?) nach dem Eckerkruge zu waren Zwerge.

292.

Die Zwerge von Ilsenburg waren einst unsichtbar im Backhause bei einer Hochzeit. Da rief plötzlich eine Stimme einer Zwergin, so daß auch die Menschen es hörten, zu: »Hannemarie kumm, bien Kind is doote!« Da schlugen die Leute in der Luft herum, schlugen so der Hannemarie ihren unsichtbar machenden Zwerghut ab und stellten ihn in der Nebenkammer auf den Backofen, er war aber sogleich wieder fort.

293.

In Ilsenburg ist der weitverbreitete Zwergspruch so bekannt:

Sau bin ik doch sau oolt
Wie de Böhmerwoolt,
Dreimal ehacket un dreimal ekoolt (gekohlt).

294.

Jetzt sagt man: Die Mönche im Kloster zu Ilsenburg waren »Quarge;« sie hatten viel Gold in den Gängen, wohnten in der Kirche und stachen einst sich einander todt, wovon das Blut im jetzigen Stuhle der Frau Erbgräfin noch zu sehen ist. Sie hatten kleine Pferde und wurden für Husaren gehalten.

295.

Die Zwerge oder Mönche werden auch greise Männchen genannt, denn sie waren »grausam alt.«

---

296. Der Kobold in Ilsenburg.

Schmied M....... in Ilsenburg hatte einen Kobold, der machte ihm Alles. Er wollte ihn einst wegbringen, da wurde für ihn ein Kleid wie für ein Sechswochenkind gemacht, ein kleiner Hut u. s. w. Die Kleidung wird neben den Ambos gelegt. Wie der Kobold als Sechswochenkind hereinkam, sagte er: »Behalten Sie den Kobold, er thut Ihnen keinen Schaden an Ihrer Seelen Seligkeit!« Es ward ein Nagel auf den Ambos gelegt, der Kobold haute ihn mitten durch, legte die beiden Hälften über's Kreuz, schlug zweimal darauf und es war ein Kreuz. Das Zeug nahm er unter'n Arm und sie hörten ihn eine Stunde lang weinen. Das Kreuz ist über 1000 Thaler werth, wer's vor die Brust hängt, dem kann keine Kugel etwas thun.

Ilsenburger Erdgeister.

297.

Die Ilsenburger Erdgeister ließen alle Hütten in Feuer aufgehn. Es waren der Hütten in dieser Gegend sieben: auf dem Schülerhüttenkruge, in Wagenführ's Mühle, bei Appenrode, im neuen Felde, vor dem Bauerberge u. s. w.

298.

Die Leute wollten zuletzt den Erdgeistern nicht mehr gehorchen. Sie kamen früher des Nachts und ordneten an. Sie waren so groß wie Kinder und wie mit Moos bewachsen, aber sehr vernünftig und rechtlich, zuletzt flohen sie vor den falschen Menschen. Die Erdgeister waren Zwerge.

---

299. Der Teufel und die Speckseite.

Einem Manne in Ilsenburg brachte der Teufel des Nachts eine Speckseite, weil er seine Noth geklagt hatte, daß er kein Zubrod habe.

Sagen von Stapelburg und dem Scharfensteine.

300. Der Trompeten-Hai.

Im Jahre 1819 im Winter gehen mehrere Einwohner von Stapelburg, einem Dorfe in der Grafschaft Wernigerode, des Nachts in das ½ Stunde von dem Orte gelegene Holz, um sich auf Handschlitten Winterholz zu holen; sie kommen da an eine Stelle, der Trompeten-Hai genannt, als sie beim Abhauen des Holzes sind, entsteht auf einmal ein so furchtbarer Sturm um sie herum, als wenn er alle Bäume entwurzeln wollte, wogegen sich in kurzer Entfernung kein Zweig am Baume rührt. Es wird auch auf der abseits gelegenen Heerstraße recht helle und sie hören Wagen fahren, ähnlich wie mit Bauholz beladen; wie sie nun aber nichts sehen, überläuft sie ein kalter Schauder, sie lassen alles Holz stehn und liegen und fahren mit ihren Schlitten wieder ledig nach Hause. Der Person nun, die dieses erzählte und deren Bruder mit dagewesen ist, war als junges Mädchen von 9 Jahren auf derselben Stelle im Holze etwas Ähnliches begegnet. Sie geht mit ihrem Vater des Nachts durch dieses Holz, um ihren Bruder, der am Brücknersstiege nahe am Brocken kohlte, zu besuchen; als sie eben an diese Stelle kommer und der Vater schon eine kleine Strecke voraus gegangen war, steht das

Mädchen wie festgebannt, sieht vor sich eine große Grube, worin es so helle ist als schiene die Sonne hinein, während es um sie stockfinstre Nacht ist. Die Tochter fängt an zu weinen!, ruft ihren Vater und spricht: Vater, hier kome eck nich herrôwer, da is en grotes Lock, da fall' eck erinder; sie weint immer lauter, ihr Vater kommt zurück, faßt seine Tochter an und führt sie den Fußsteig fort. Das Mädchen, welches jetzt bereits eine Frau von 43 Jahren ist, behauptet es fest, daß es so gewesen wie sie erzählt hat, auch dem Vater ist es ein Räthsel gewesen, da er nichts gesehen hat.

301. Der Teufel als Ochse.

Zu Stapelburg lasen junge Burschen im Höllenzwange, da erschien der Teufel als Ochse. Sie konnten nun wohl vor=, aber nicht wieder rückwärts lesen und geriethen dadurch in große Verlegenheit. Endlich kam Jemand, der den Höllen= zwang rückwärts lesen konnte, da mußte der Teufel wieder abziehen.

302. Zwerge im Burgberge.

Zwerge zeigten sich viel im Burgberge von Stapelburg.

303. Der Reiter.

Ein Ritter ritt auf dem Burgberge zu Stapelburg ver= kehrt auf dem Rosse.

304. Sieben Könige, eine Jungfer und goldne Pantoffeln im Scharfensteine.

Der Scharfenstein war früher eine Stadt, und ein Schloß, da sind sieben Könige gewesen, die sind nachher in den Scharfenstein »gewünscht.« Es stehn dort goldne Pan= toffeln und eine Jungfer schläft dort bis ihr Erlöser kommt.

305. Die Goldstapel.

Auf dem Scharfensteine am Brocken fand Jemand Goldstapel, hat aber nachher die Stelle nicht wiedergefunden.

---

306. Die Schlange auf dem Scharfensteine.

Auf dem Scharfensteine zeigte sich eine Schlange. Sie hatte Moos auf dem Rücken und riß Tannen um.

---

307. Der Erdgeist oder die Otterschlange.

Andre sagen: auf dem Scharfensteine zeige sich der Erdgeist und die Otterschlange.

---

308. Die Küche mit drei Thüren.

Im Scharfensteine soll sich eine Küche und davor sollen sich drei Thüren befinden, von diesen kann die mittelste durch die Springwurzel geöffnet werden. Mit solchen Wurzeln bauen die Wasserhühnchen, auch Eisvögel genannt, und die Grünspechte ihre Nester.

---

309. Das Haus im Schimmerwald.

T... aus der Neustadt in Wernigerode sah mit den Seinen ein Haus mit Licht im Schimmerwald, darin war auch Musik und war doch bei Tage kein Haus da. Darin waren Katzen und spielten auch, und war auch die Katze ihres Nachbarn da. Sie sagten's dem Nachbar und die Katze kam nachher nicht wieder, wiewohl sie sonst diese Erscheinung im Schimmerwalde noch öfter sahen.

Brockensagen.

Die Mainacht.

310.

In der Wolpersnacht (Walpurgisnacht) stellen die jungen Burschen den Mädchen Besen vor die Thür und necken sie dann am Morgen mit dem Hexenritt. Man reitet aber auch auf Bäumen und Buttertrampeln (Butterfässern) in der Mainacht nach dem Brocken. Die Hexen tanzen in der Walpurgisnacht den Schnee auf dem Brocken weg. Sie reiten dahin auf Ziegenböcken und abgenutzten Thieren, auch auf Pferden. Deshalb heißt es heutiges Tages noch am 1. Mai in Wernigerode: »Wenn ich Dir meinen Fuchs oder meinen Schwarzen nicht geborgt hätte, so lägest Du noch am Renneckenberge oder an der Plekburg« (beides am Brocken.) Oder man ruft die Leute an: »Höre, wann willst Du mir mein Geld bezahlen?« Wird darauf gefragt: Was für Geld? so heißt es: »Weißt Du nicht mehr, daß Du noch oben (auf dem Brocken) lägest, wenn ich nicht Deine Zeche für Dich bezahlt hätte?« Von den Weißdornen, woran das sogenannte Molderbrod wächst, springen in der Wolpernacht die Spitzen ab. Hieran ist, wie man in Schierke am Brocken glaubt, der Brockenbesuch in der Mainacht schuld.

311.

Ein preußischer Soldat aus Wernigerode kam nach Flandern. Im Quartier wurde er gefragt, wo er her sei. Er sagte: ich bin am Blocksberge zu Hause. Da sagte Jemand: Nun, im Drübeck'schen ist ein Pfeiler, daran steht mein und meines Bruders Namen. Wir hüteten als Jungen die Schaafe und unterhielten uns oft, wie viel Hexen es in unserm Orte wohl geben möchte. **Am 12. Mai, von welchem Tage an die Hirten am Harz in's Gebirge treiben und nicht mehr auf den Wiesen hüten dürfen**, und der der Walpurgistag am Harz ist, machten wir einen Kreis von Drachenschwanz oder Schlangenkraut, auch Hörnkenkraut genannt, um uns her. Um 11 aber kamen die Hexen auf Besen, Heugabeln u. s. w. an, zuletzt aber fuhr unsre Nachbarin auf einem Fuder Heu ohne Pferde daher. Nawersche, nehmt uns midde! riefen wir. »Ja, Jungens sett ůch op!« rief sie. Das thaten wir, nahmen aber den Kranz mit auf das Fuder und steckten ihn um uns her. »Jungens, sagt sie, nu sett ůch wisse (fest)!« und da geht's davon, als wie ein Vogel fliegen thut. Als wir wieder zur Besinnung kamen, waren wir auf einem hohen Berge, da waren große Feuer, viele Gäste auf Gabeln und Ziegenböcken, und wurde getanzt und war allda die schönste Musik. Einer, der der Satan war, hatte zwei große Hörner auf dem Kopfe, ordnete die Tänze an und danach spielte er selbst mit. Die Alte war abgestiegen, wir Jungen aber zogen auf dem Heuwagen unsre Schallmay heraus und spielten auch mit. Nun kam der mit den Hörnern zu uns und sprach: Jungens, ihr könnt ja prächtig spielen, ich will euch ein besseres Instrument leihen. Da warf er uns eine andre Schallmay in den Kreis, die ging nun aber ganz prächtig, da huckten die alten Hexen wie die Stube hoch und freuten sich ordentlich. Als wir nun so eine halbe Stunde gespielt hatten, winkte er und wir mußten Halt machen. Da knieten alle vor dem Hexenaltar, dann nahm der mit den Hörnern aus dem Hexenbrunnen Wasser, goß auch zwei Eimer in das Hexenwaschbecken, daraus mußten sie sich alle waschen und wurden auch von ihm damit besprengt. Dann ging der Tanz wieder an und um 12 war Alles verschwunden, wir Jungen aber saßen in ihrem Kranz von Kraut auf der platten Erde. Da kam der Anführer und fragte, was wir für unser Spielen haben wollten, wir aber baten nur um die Schallmaye. »Die sollt ihr behalten,« sagte er. Am andern Morgen aber sahen wir, daß es eine alte Katze war, das Mundstück war der Schwanz, den hatten wir kurz und klein gekaut. Jetzt gingen wir herunter und kamen erst nach Drübeck, wo wir unsre Namen an die Säule schrieben. Meinen Bruder tödtete die Hexe, weil er in unser Dorf zurückkehrte, ich aber hütete mich vor ihr und ging hierher. Die Säule hat mit den Namen im Kruge zu Drübeck gestanden, bis dort ein großer Bau vorgenommen wurde.

312.

Ein junger Bursche setzte sich auf den Kreuzweg, um in der Mainacht die Hexen auf den Brocken ziehen zu sehen. Er machte sich aber einen Kranz um Kopf und Leib und hatte sich über und über mit braunem Dust und Faldrian (Baldrian) umwunden. Die Hexen kamen auf Enten und Gänsen, schurrten in Mollen (Mulden), ritten auf Ofengabeln und Mistgrepen, und zuletzt kam die letzte und oberste Hexe, die sagte:

Hárrest Du nich braunen Daust un Faldrian,
Sau woll ik üwel mit dik de Klange gahn.

313.

Am Wolpersabend, wie die Walpurgisnacht auch im Magdeburgischen heißt, blieb ein Bräutigam so lange bei seiner Braut, daß sie ihm gestehn mußte, sie hätte nun nicht mehr Zeit, weil sie nach dem Brocken fahren müßte. So will ich auch mit, sprach der Bräutigam. Da gingen sie mit einander auf den Hof und dort stand schon ein Puterhahn und wartete auf das Mädchen, das setzte sich recht fest auf und der Bräutigam setzte sich hinter sie. Nicht lange dauerte es, so waren sie auf dem Brocken und waren so viel Menschen da, daß der Bräutigam sich schier darüber verwunderte, wollte aber mit der Sache nichts weiter zu thun haben und weil er auch todtmüde geworden war von dem Ritt, so wies ihm

seine Braut ein schönes Gardinenbett, darin sollte er sich
niederlegen und schlafen. Also that er auch, als er aber am
andern Morgen erwachte, lag er auf der bloßen Erde in
einem alten **Pferdegerippe**, das war das Gardinenbett
gewesen. So wird in Eichenbarleben bei Magdeburg erzählt.

314.

Es ist einmal ein Bräutigam gewesen, der hat eine
Braut gehabt. Die Braut aber und ihre Mutter waren beide
Hexen. Als nun der Tag kam, an welchem die Hexen nach
dem Brocken wandern, gingen die beiden Hexen auf den Heu=
boden, nahmen ein kleines Glas und tranken daraus, da waren
sie auf einmal verschwunden. Der Bräutigam, welcher ihnen
nachgegangen war, dachte: sollst auch einmal aus dem Glase
trinken. Er nahm also das Glas vor den Mund und nippte
davon, da war er mit einem Male auf dem Brocken und sah,
wie seine Braut und deren Mutter mitten unter den Hexen
waren, welche um den Teufel tanzten, der in der Mitte stand.
Nachdem Alles vorbei war, befahl der Teufel, daß jede ihr
Glas nehme und trinke. Das thaten die Hexen und darauf
flogen sie nach allen vier Winden. Der Bräutigam stand nun
allein auf dem Brocken und fror, denn es war kalt. Ein
Glas hatte er nicht mitgenommen und mußte deshalb den
Rückweg zu Fuße antreten. Nach einer langen und beschwer=
lichen Reise kam er endlich wieder bei seiner Braut an, aber
die war sehr böse und auch die Mutter zankte viel mit dem
Bräutigam darüber, daß er aus dem Glase getrunken hätte.
Mutter und Tochter kamen endlich überein, den Bräutigam
in einen Esel zu verwünschen, welches denn auch geschah. Der
arme Bräutigam war nun also ein Esel geworden und ging
betrübt von einem Hause zum andern und schrie sein Ija!
Ija! Da erbarmte sich ein Mann über den Esel, nahm ihn
in seinen Stall und legte ihm Heu vor; aber der Esel wollte
es nicht fressen, da wurde er mit Schlägen aus dem Stalle
getrieben. Nach langem Umherirren kam er einmal wieder
vor das Haus seiner Braut, der Hexe, und schrie recht kläg=
lich. Die Braut sah ihren vormaligen Bräutigam, wie er
mit gesenktem Kopfe und herabhängenden Ohren vor der Thüre
stand. Da bereute sie, was sie gethan hatte und sprach zum

Esel: wenn ein Kind getauft wird, so stelle dich vor die Kirch=
thür und laß dir das Taufwasser über den Rücken gießen,
dann wirst du wieder verwandelt werden. Der Esel folgte
dem Rathe seiner Braut. Am nächsten Sonntage wurde ein
Kind getauft, da stellte sich der Esel vor die Kirchthür. Als
die Taufhandlung vorbei war, wollte der Küster das Tauf=
wasser wegschütten, aber der Esel stand ihm im Wege. Geh,
alter Esel, sprach der Küster, aber der Esel ging nicht, da
wurde der Küster ärgerlich, und goß ihm das Wasser über den
Rücken. Nun war der Esel erlöst, ging zu seiner Braut und
heirathete dieselbe und lebte recht glücklich mit ihr.

315. Der Hexenaltar.

Beim Hexenaltar, worauf sich auch das Hexenwasch=
becken befindet, sieht man am 1. Mai Besen, Katzen und
Hunde und den Tanz der Erwachsenen mit Fackeln. Unter
dem Hexenaltare soll sich ein unterirdischer Gang befinden;
eine Art Licht, Kobolz genannt, kommt zuweilen darunter hervor.

316. Die Hippel= oder Tanzwiese.

Auf die Hippel= oder Tanzwiese am Beerberge
bei Hasserode, welche jetzt Wald ist, gingen am 12. Mai,
wo die Hexen nach dem Brocken ziehen und über die Hippel=
wiese kommen, Vormittags die Hammerschmiede von den
Hütten. Einst wollen Leute an diesem Tage ganz früh hin=
gehn, es ist aber schon Musik da. Es sind aber nur Katzen
da, diese spielen, saufen, zechen, fressen daselbst, darunter Stei=
gers und Faktors Katzen, auch die Katzen der Leute selbst.
Die Leute sagten's nachher alle ihrem Steiger. Die Katzen
kommen, wie das gesprochen wird, in die Hütte und wollen
die sechs Menschen (denn so viel waren's) zerreißen, die
Hüttenleute aber schlagen mit glühenden Stangen darauf.

320. Die Höhle am Brocken.

Drei Silberhüttenleute, wovon zwei aus Zellerfeld und einer aus Grund gewesen ist, suchten an der Südseite des Brockens Beeren. Da sanken sie plötzlich an einer Stelle, wo eine Horde gelegen hat, die durchgefault gewesen ist, ein und standen in einer Höhle, in der sind drei Tonnen gewesen, die waren mit Eisen beschlagen. Die Zellerfelder wollten eine der Tonnen zerschlagen, um zu sehen was darin sei, der Mann aus Grund aber sagte: wenn sie das thäten, so könnt' es ihnen schlimm ergehen. Nachher aber haben sie die Stelle nicht wieder finden können.

---

321. Der Braunschweiger.

Ein Andreasberger traf am Johannistage am kleinen Brocken einen Mann aus Braunschweig, der ihn aufforderte, auf nächsten Johannistag wieder dort zu sein. Er versäumte aber dies über dem Andreasberger Schützenhofe. Da ritt der Mann auf einem Schimmel auf dem Schützenhofe ein, war aber alsbald wieder verschwunden. Der Mann machte sich nun nach Braunschweig auf, nahm ein paar Schellenzüge (Schellengeläute) für den Winter mit, um sie ihm zu schenken und eine Gegengabe zu erlangen. Der bestürmte ihn mit Vorwürfen, weil er nicht am Brocken erschienen sei, hatte auch viel schönere Schellenzüge als die Andreasberger waren, die doch auf dem ganzen Harze berühmt sind, denn er konnte ja viel bessere Zuthaten aus dem Loche am Brocken holen, kaufte ihm jedoch aus Barmherzigkeit zuletzt einen der Schellenzüge ab. So erzählte ein Köhlermeister unter der Achtermannshöhe vom Meiler herunter, während er ihn mit der Schaufel dicht klopfte.

---

322. Der Schneidemüller und die Venediger.

Zwei Venediger kamen in Harzburg an ein kleines am Holze liegendes Häuschen und baten um ein Nachtlager. Der Mann erlaubte ihnen zu bleiben, gab ihnen Abendbrod und

317. Okolum.

Im Juli brennt zuweilen an einer Stelle auf dem Brocken ein Licht, genannt Okolum. Wenn es brennt, so ist Krieg.

---

318. Wein in den Brunnen auf dem Brocken.

Nach den »Jahrbüchern des Brockens von 1753 bis 1790« (Magdeburg 1791) schrieb 1762 J. Thom. Bergmann, Silberjuwelier aus Andreasberg, dort in dieselben ein:

Wer den Brocken hat bestiegen,
Der kann sagen, daß es seyn lauter Lügen,
Daß man könnte sehen den Rhein,
Und aus den Brunnen quillen thäte Wein.

---

319. Der silberne Krug.

Bergmann Frick aus Zellerfeld suchte mit seinen Töchtern am Brocken Kronsbeeren, wurde aber dort von der Nacht ereilt, zündete ein Feuer an und legte sich daran mit den Mädchen nieder. Diese schliefen fest, der Bergmann aber wachte, da sah er eine Laterne daherkommen, die rief er an und es traten drei Männer zu dem Feuer, die leisteten ihm während der Nacht Gesellschaft. Am andern Morgen geboten sie ihm, selbst seinen Töchtern nicht zu sagen, daß sie bei ihm gewesen wären und das hat der Bergmann auch treulich gehalten. An dem Tage, wo der Bergmann gestorben ist, kommt ein Mann in seine Wohnung, bedauert seinen Tod und fragt die Töchter aus, ob ihr Vater nichts von den drei Männern gesagt hat, welche in der Nacht am Brocken bei ihm gewesen sind. Da er sieht, daß selbst die Töchter nichts davon wissen, sagt er: so möchten sie den Lohn hinnehmen, der ihrem Vater bestimmt gewesen, stellt einen silbernen Krug hin, sagt auch, der einen Schwester solle der silberne Krug gehören, und der andern, was darin sei, und geht fort. In dem Kruge aber sind nichts als feine Gulden gewesen und mögen diese Männer wohl Venetianer gewesen sein.

führte sie am andern Morgen nach dem Brocken. Dort deckte der Eine an einer Stelle den Rasen auf, der Andre pflückte von gelben Blumen alle Knöpfe ab. Der Erste brachte nassen Grand aus der Höhle, der Andre hatte Feuer angemacht, den Grand und die gelben Knöpfe thaten sie in einen Tiegel und sie schmolzen Luffen (den groben Guß auf dem hohen Ofen, der nachher erst in's Feine gearbeitet wird) davon. Der Mann bat sie auch um ein paar Stück, sie aber sagten, für dies Jahr wäre es zu spät, auf's Jahr würden sie ihn wieder abholen, dann solle er's ihnen sagen, ehe sie in die Grube stiegen. Darauf brachte er sie wieder nach Harzburg und sie blieben die Nacht wieder in seiner Wohnung. Abends war in seiner Stube mehrere Gesellschaft, darunter auch ein Säge- oder Schneidemüller, der oben im Hause wohnte. Es wurden mehrere Geschichten und »Märeken« von Gespenstern erzählt, der Sägemüller aber sagte: er fürchte sich vor gar nichts. Da sagte der eine Venediger: er solle mit ihm auf sein eignes Wohnzimmer gehn, wie er wisse, sei dort eine Fensterscheibe entzwei, da würde etwas hereinkommen, wo er sich so gut davor fürchte wie jeder andre Mann. Sie gingen beide hinauf, der Venediger setzte ihm einen Stuhl mitten in die Stube und er selbst setzte sich vor den Tisch. Der Sägemüller sollte sich nicht rühren, nicht sprechen und nur auf die Fensterscheibe achten. Der Venediger fing nun an zu lesen und bald kam eine Art Schlangenkopf zu der Fensterscheibe herein, wurde immer länger und ging gerade auf den Schneidemüller los. Der Venediger las so lange, bis der Schlangenkopf ungefähr noch einen halben Fuß vom Gesichte des Schneidemüllers entfernt war. Da wollte der Schneidemüller fast in Ohnmacht fallen, der Venediger aber las die Schlange wieder zurück. Als sie ganz fort war, fragte er wieder: ob er nun noch sagte, daß er keine Furcht hätte. Der Schneidemüller sprach, daß er in seinem Leben nicht wieder so reden wolle und der Venediger sagte: er solle es am Wenigsten thun, wenn er in Gesellschaft fremder Menschen wäre, denn er wüßte manchmal nicht, was der eine oder der andre könne.

Köhler und Venediger.
323.

Ein Köhler kohlte oben am Brocken, da kam Jemand und bat um Nachtquartier, that sich auch an dessen S ch e i b e n - s u p p e (Brodsuppe) ordentlich etwas zu Gute. Danach sagte er: Nachts um 11 wollten sie auf eine Wiese gehn, wenn er ihn dann zuerst anrede, so solle er stehn bleiben, wenn er ihn aber wieder anrede, solle er mitgehn. Vorher schritt der Fremde dreimal um des Köhlers Meiler, damit das Feuer nicht ausging. Der Fremde zog im Walde ein Buch aus der Tasche und rührte ihn an. Er las im Buche und auf einmal wurde es Tag. Sie waren aber auf einer großen Wiese, da standen lauter J o h a n n i s b l u m e n. Da sollte er pflücken, pflückte aber nur einen kleinen Strauß, der Fremde pflückte sich eine ordentliche »Wase.« Danach sagte der Fremde in der Köthe: es würden dem Köhler in diesem Jahre noch 3 Pferde caput gehen, er solle doch ja das Sträußchen, (das er unter die Bank geworfen hatte) aufheben. Wenn die Pferde caput gingen, solle er nach der Stadt gehen, sich einen ehernen Topf kaufen und dafür geben, was die Pöttcherfrau dafür fordere. Darauf solle er sich $3/4$ Maaß Braunbier kaufen, es in den Topf geben, das Sträußchen zerschneiden und den Topf in die gluhen Kohlen, die in der Köhlerhütte waren, roden, und 48 Stunden stehn lassen. Dann solle er sich ein Loch roden und den Topf 8 Tage in die Erde stellen. Wenn er ihn dann aufmache, so würde er sein Glück schon sehen. Wirklich ging dem Köhler nach 6 Wochen ein Pferd caput, und nach 14 Tagen wieder zwei. Er that aber Alles, wie der Fremde gesagt hatte. Als er den Topf aufmachte, war so viel Gold darin, als er Braunbier hineingegeben hatte. So konnte er sich seine Pferde wieder kaufen, und jetzt ist er ein Ackermann. Die Stelle, wo die Blumen standen, war aber an einem dreieckten Pfahl zwischen der Brockenspitze und dem Borkenkruge. — Nach andern Erzählungen werden die Blumen erst unter's Dach gesteckt, ehe sie gekocht und zu Gold werden, und der Köhler kauft sich zuletzt ein Haus in Hohe-Geiß.

324.

Andre erzählen: Ein Köhler brachte seine Pferde an eine Stelle vor dem Brocken unweit des Scharfensteins, da war immer das Schloß an der Kette aufgegangen. Daraus schloß er, daß dort die Springwurzel wuchs und er erhielt sie.

---

325. Ringeling.

Es ist einmal ein Köhler am Brocken gewesen, der hat Ringeling geheißen. Bei dem hat Nachts in der Köthe immer ein schwarzes Männchen seinen Besuch abgestattet. Es sind aber immer mehr solcher Männchen gekommen und zuletzt sind es zwölf gewesen. Da muß der Köhler immer rücken, bis daß er auf die Großknechtsbank gekommen ist. Da redet der Köhler die Geister an und spricht: »Ihr zwölf schwarzen Geister und Jesus war der Meister.«

---

326. Der Wehrwolf am Brocken.

In einer Waldung nahe dem Brocken kohlten zwei Köhler. Der eine war ein Wehrwolf, d. h. er konnte sich von einem Menschen in einen Wolf verwandeln, und fraß als Wolf das Pferd des andern Köhlers auf. Nun findet der Köhler, dem das Pferd gehört hat, die Haare von seinem Pferde. Da sagt er ihm auf den Kopf zu, daß er sein Pferd aufgefressen habe, und dieser schnallt seinen Wolfsriemen um und läuft als Wolf davon.

---

327. Johannisblume.

Sie wird Menschen und Vieh eingegeben und blüht Nachts zwischen 11 und 12. Venediger haben den Samen davon in Schuhen und machen sich dadurch unsichtbar. Ein Köhlerknabe hatte solche Körner, da war er unsichtbar, sie sahen ihn nicht, wiewohl sie ihn hörten. Da ging der Junge in ein ander Land und nahm allen Kaufleuten das Geld aus dem Laden.

Morgenbrobsthal.

328.

Unweit des Papenberges ist das Morgenbrobsthal. Dort soll ein Mönch in einen Stein eingehauen sein, man kann ihn aber nicht mehr finden.

329.

Im Morgenbrobsthale haben die Venediger gegessen, aus dem Morgenbrodswasser getrunken.

330.

Im Morgenbrobsthale am Brocken ist eine Quelle, davor hat ein fremder Mann gestanden und hat ein Sieb unter das Wasser gehalten und da sind lauter Perlen darin gewesen, die hat er in einen Holster, das ist in einen Ranzen gethan, und als der Holster voll gewesen ist, hat er sich die Hände gewaschen und gesprochen:

Im Morgenbrobsthale da wasch' ich mich,
Und in Venedigen da brög' ich mich.*)

Das Alles hat ein Mann gesehen und gehört, der dort um den Brocken herum zu Hause gewesen ist. Wie nun der fremde Mann auf einmal verschwindet, so geht der hin, liest die Perlen auf, die er verschüttet hat und liegen lassen, und dann sagt er auch:

Im Morgenbrobsthale da wasch' ich mich,
Und in Venedigen da brög' ich mich.

Sobald er das gesprochen hat, ist er auch in einer ganz fremden Stadt gewesen, darüber ist er sehr erschrocken und hat sich nicht zurecht finden können. Nach einer Weile begegnet ihm auf der Straße ein Mann, der fragte ihn, wie er daher käme; da erzählte er ihm Alles und der Mann sprach, es wäre sein Glück, daß er ihm die Wahrheit sage; ob er ihn denn nicht erkenne? er sei ja der fremde Mann, den er im Morgenbrobsthale belauscht habe. Da nimmt er ihn mit

---

*) Trockne ich mich.

nach Hause und bringt ihn zu Bette und das Bett ist so kostbar gewesen, daß Knöpfe von Gold und Silber daran gewesen sind, das hat der Mann Alles aus dem Morgenbrodsthale gezogen. Als nun der Härzer am andern Morgen aufsteht, bekommt er Waschwasser und muß sich die Hände waschen, und dabei muß er sagen:

In Venedigen da wasch' ich mich,
Im Morgenbrodsthale da brög' ich mich.

Da ist er auch gleich wieder im Morgenbrodsthale gewesen. Als er aber wieder an den Ort gekommen ist, wo er gewohnt hat, da hat es sich gezeigt, daß er viele viele Jahre fort gewesen ist, und hat doch geglaubt, es sei nur eine einzige Nacht dazwischen gewesen.

331. Die Kirchenstelle auf dem Brocken.

Auf dem Brocken ist eine Kirchenstelle, die kann Niemand finden. Dort ist Geld vergraben.

332. Wölfe am Brocken.

Am Brocken waren früher Wölfe. Es wird in Schierke erzählt, daß man damals Löcher gemacht und ein Schaaf darauf gebunden habe, um sie darin zu fangen.

333. Vom Andreasberge unter der Waldschmiede.

An einem heißen Sommertage fuhr ein Mann aus Hasserode mit einer Schiebekarre nach dem Andreasberge, um sich zu seinem Bedarf Holz zu holen. Kaum hatte er sich einen Baum niedergehauen, so trat eine weiße Gestalt vor ihn und er erschrack so sehr, daß er sein Beil aus der Hand fallen ließ. Die weiße Gestalt war wie eine Nonne. »Erschrecke dich nicht — redete sie ihn an — du kannst von mir viel Neues erfahren, und was für dich sehr nützlich ist, wenn du thust, was ich dir sagen werde.« Ich will dir Alles thun, was du mir sagen wirst, antwortete er. Die Nonne sagte:

komm und gehe mit mir. Er folgte der Nonne, sie gingen beide bis auf den sogenannten Brücknerstieg, der etwa eine halbe Stunde vom Andreasberge liegt. Beide gingen an eine Klippe, worüber ein alter Baum lag; sie sagte: rücke den Baum zur Seite, da liegt ein Kind, das nimm mit dir, was dann weiter geschieht, wirst du bald erfahren. Da hob er das Kind auf und nahm es mit nach seiner Schiebkarre, die er auf dem Andreasberge hatte stehn lassen. Kaum war er da angekommen und hatte das Kind auf weiches Moos niedergelegt, da kam ein kleines graues Männchen, der sprach: du Erdwurm, ich sage dir, gehe mit und thue, was ich dir sage. Sie gingen beide mit einander fort und kamen in ein Thal, was das Schlieksthal genannt wird. Da war ein kleines Loch, da ging das Männchen hinein und winkte ihm, er sollte mit herein kommen; er ging mit hinein, es war ganz helle in diesem Gemach und es war wie eine Stube. Als er um sich blickte, sahe er dieselbe Nonne, die ihn auf dem Brücknerstiege nach dem alten Baume geführt hatte; als sie den Mann ansah, fing sie an zu lachen, schwieg aber ganz still. Das Männchen sagte: nimm diesen Stein mit zu Hause und verkaufe denselben, merke dir diese Stelle und suche weiter nach den Steinen. Wenn du nach deiner Schiebkarre kommst, dann wird ein großer schwarzer Ziegenbock vor dem Kinde liegen; greif aber zuerst nach dem Ziegenbocke und binde denselben an deine Schiebkarre, so wird das Kind verschwinden; erschrecke dich aber ja nicht und sprich kein Wort. Dann fahre zu Hause, der Ziegenbock wird auch sobald verschwinden, du darfst aber kein Wort sagen, ehe du nicht zu Hause kommst. Wenn du gar kein Wort sprichst, dann sind wir beide erlöst; sprichst du ein Wort, so muß die Nonne ewig wandeln; sprichst du zwei Worte, so müssen wir beide ewig wandeln. Kaum war der Mann fortgefahren, da verschwand der Ziegenbock wie das Kind; auf einmal kam ein Hase auf drei Beinen; Halt! rief er. Da fiel es ihm ein, was ihm der Mönch gesagt hatte; er schwieg, bis er zu Hause kam. Hiervon soll es herrühren, daß die Nonne noch vom Andreasberge bis auf den Brücknerstieg wandelt. Durch diesen Mann soll nach kurzer Zeit ein Bergwerk im Schlieksthale erfunden und soll da 136 Jahre Berg-Betrieb gewesen sein. Die Stelle, wo die Kunst gestanden hat, ist noch bis heutigen Tag zu sehen, sowie die wandelnde Nonne auf dem Andreasberge und Brücknerstiege.

334. Kahlkopf.

Rath S. war ein ungerechter Richter, wie einige behaupten, und zeigte sich in dem Lusthause, das sich in seinem Garten im Mühlthale befand, nach seinem Tode. Da sollte er verwiesen werden, und wiewohl er dem ersten, der ihn verweisen sollte, sagte: er könne ihn nicht verweisen, weil er einmal drei Weizenähren auf dem Felde abgepflückt habe, so wurde er doch in's Anneckenbruch verwiesen. Dort erschien er Frauen beim Kronsbeerpflücken und wollte sie nicht an die Kronsbeeren lassen, die so schön roth waren, wie die Quitschen oder die Kirschen. Die Kinder riefen immer nach dem Tode des Rath S. »Kahlkopf, komm heraus!« vor dem Lusthause.

Katzensagen.

335.

(In Wernigeröder Mundart.)

Hört mahl tau, Liehe, eck will gieg (euch) mahl wat vortellen, wie et meck mahle gahn hat, wat eine wahre Geschichte is. Vor mehren Jahren harre eck ook nischt te daunen (zu thun), da dachte eck, du saste mahl nahn Wulbesklippen nahn Himbeeren gahn, eck stund gieg (ich stand euch) um Twelbe des Nachts ob, un wat harre gieg dat Ding te daunen? Geld harre eck ook nich, da steig eck ober de Muhre,*) wie eck ob der Muhre sat, da sag et uth, als wenn ob jenziet (jenseits) ein grother Körel ging, eck vorföhrte meck aber höllisch, eck steig aber doch runder. Wie eck ob den Graben kam, da sag eck keinen un höre keinen, da ging eck fohrt, eck war aber höllisch angst: wie eck vorn in Schweng kam, da war vor meck eine gefährliche grote schwarte Katte, Katts! sähe eck, wat beist denn du hier schon freimorgens? aber wat meinige benn? disse Katte bleif gieg stahn, un kucke meck

---

*) Um nicht dem Thorwärter das Aufschließen bezahlen zu müssen.

grot aan. Eck ging hen nahn Wulbesklippen, un plicke meck mienen Emmer vull Himbeeren, un da bund eck mienen Emmer tau, un bund gieg da en Strick umme, un da huckte eck mienen Emmer ob mienen Puckel, un ging na Hus, da wollet aber schon diester weren; wie eck na der Menneckenlagerstidde kam, da rauete eck erst emal, da kam gieg saun groter schwarter Kökel wedder; Donderwäder, dagte eck, kummet denn da schon wedder saun Spauck her? da war eck aber höllisch angest, doch dachte eck, du geist bienen Behuf nahe, deck kann keiner wat bauen; wie eck gieg aber ob den Schwengskobb kam, da kucke eck meck saun betgen taur Siete, da war bei schwarte Kerel weg. Wie eck aber sau midden in Schweng kam, da kucke eck meck sau umme, da kam gieg wedder bei grote schwarte Katte gelopen un reip: S....., ware (warte) mahl, du sast meck obhucken. Wat harre bat Ding gieg te daunen? eck gaf meck oppen Loop (auf den Lauf), et dure aber gar nich lange, buff ginket, da sat meck disse Katte oppen Puckel, un eck moste schlepen wie saun Essel; eck fong gieg an te bäen: Christi Blut Gerechtigkett, so sei mein Schmuck und Ehrenkleid. Dat hulp aber alles nich, miene Katte bleif immer sitten; eck dachte: du lieber Gott, wu wert et deck noch gahen? wie bat Bähen nich hulp, da fong eck an te flauken, da segge eck: Katte, deck schleit bat Donnerwäder boot, wenn eck deck noch lange schlepen mot. Buff ginket, da sprung miene Katte meck vom Puckele runder un leip gieg in Kauborn rinder, un da war gieg en Wintsturm, dat war Gott im Himmel taun Erbarmen; da ging eck na Hus, un hebbe nischt wedder ehört noch esein. Zieh (sieh) sau hat et meck egahn, weil (als) eck bin nahn Himbeeren west; segget Liehe, wat dat te bediehen hat; drum segge eck hiete noch, dat et oppen Schwenge speiken beit; sau vehl will eck gieg ober seggen, bit is gieg keine natirlige Katte west, denn sei war gieg sau grot wie saun Kalf von en Verteljahre, dat kenn gie meck wahrhaftig gleben.

336.

Ueber den Wolfsklippen am Annekensägemühlenbruche zeigte sich ein Männchen von außergewöhnlicher Kraft. Wenn es den Fuhrleuten helfen wollte, so brauchten sie das Holz nur anzurühren und es ging von selbst auf den Wagen, und wenn die Pferde den Wagen nicht ziehn konnten, so spannte es sie aus und zog ihn mit der bloßen Hand. Das hatte es auch einst gethan, da bat es zum Lohn die Fuhrleute, daß sie im Westernthore vor Wernigerode nur in des Thorwärters Wohnung rufen sollten: »Kätzchen soll na Kätzchen komen na'n Annekenbrauk.« Das thaten sie auch, da sprang eine Katze vom Tische auf, worauf sie saß, ging gleich durch's Fenster und der alte S., der damals Thorwärter war, hat sie nicht wieder gesehen.

337.

Am Hohnebruch tanzten einst sehr viele Katzen. Es lud da wer auf, da rief eine Stimme: »Sag mal zu deiner Katze: Wenn se nich keime tau düssen Danz, sollt er kosten ören Hals.« Er bestellte es und hat die Katze, die sogar bei ihm geschlafen hat, nie wieder gesehen.

Sonst lautet die Bestellung auch: »Mietzken soll na Hänsken komen na'n Annekenbrauke!«

338.

Andre erzählen so: Auf dem Schierke war der Knappe in der Mühle immer den Morgen todt. Zuletzt wollte Niemand mehr dort Knappe werden, da meldete sich noch ein alter Knappe in den Fünfzigen, Peter Herm. Um 11 kommt, als er in der Mühle sitzt, eine Katze und setzt sich bei's Feuer. Er sagt: »Komm her, Kätzchen und wärme dich!« Da kommt die zweite von der Decke und die erste sagt zur zweiten: »Komm her, Kätzchen, und wärme dich, spricht Peter Herm zu mir.« Da kommen zwölf Katzen, setzen sich dicht an's Feuer und haben den Mühlknappen immer im Auge. Er haut zu und haut der ersten Katze eine Pfote ab. Da springen sie alle fort. Er steckt die Pfote in die Tasche. Dies ist die Meisterin aus der Mühle und sie ist nachher krank, ihr fehlt die eine Hand. Sie wird verbrannt an den Schnörkelklippen, die knorkeln immer zu. Vor der Hinrichtung sagte sie: »Heute wird ein warmer Tag!« Sie schlug in die Hände und lachte, das Feuer that ihr anfangs nichts.

Die Klippe, sagte sie, soll meine Wohnung sein. Sie hat leinen Gewand, dazu eine schwarze Mütze auf, die muß ihr erst abgerissen werden ehe sie brennt, da fliegt der Satan als schwarzer Vogel fort, da verbrennt sie erst. An der Schnörkelklippe soll sie ausgehauen sein und auch gesagt haben: die Klippe soll meine Wohnung sein.

339.

Auf der Hohne tanzen die Katzen zu Walpurgis.

Die Hohneklippen.

340.

Drei Fräulein besuchten die Hohneklippen am Brocken und verirrten sich im Gebürge. Über den Hohneklippen, die über dem Kaiserswerth liegen, trat ein Männchen zu ihnen und führte sie umher. Plötzlich verschwand es. Da kam eine Zigeunerin und sagte: wenn die eine einen Jäger heirathen wolle, so würde sie sie zurückgeleiten. Das wollte sie nicht, da verwünschte die Alte sie, daß sie drei Jungfern sein und bleiben, aber in Klippen verwandelt werden sollten. Das geschah. Ein Jäger, der hier einst auf den Anstand wollte, hörte ein Winseln. Er ging ihm nach und fand eine halbverweste weiße Jungfer. Auf seine Frage erzählte sie ihm das Geschick der drei Jungfern, führte ihn an die Hauptklippe, hieß ihn hinaufsteigen und herunterschießen, dadurch wären sie erlöst. Das that er, brach aber beim Herunterklettern von der Klippe den Hals. Es wurde ihm auf der Klippe ein Leichentext gemacht; auch wird die Klippe an jedem Johannistage von unbekannter Hand bekränzt gefunden, was aber eine sich um den Felsen schlingende und gerade um diese Zeit blühende Blume sein soll, und heißt die **Kapellenklippe**. Eine andre von den Dreijungfernklippen heißt die **Bärenklippe**. Manche nennen sie auch, ihrem Aussehen nach: **die drei Käse**.

341.

In eine Tanne an der Bärenklippe, die zu den Hohenklippen gehört, ist ein Pastor gebannt gewesen.

Die Dreikäse.

342.

Auf die Dreikäse am Brocken hat der Teufel ein Pferd gebannt.

343.

Einst wurde dort der Satan citirt und erhielt (als Opfer) ein Köhlerpferd.

344.

Einst machte der Teufel mit Jemand eine Wette, indem dem Satan versprochen wurde, daß ein fettes Pferd ihm gehören solle, wenn er es auf die Dreikäse brächte, bevor der Eigenthümer desselben drei Mal um die Dreikäse liefe.

Wunschsumpf.

345.

Bei den Dreikäseklippen am Brocken, nicht weit von der Jungfernklippe, ist der Wunschsee, Wunschsumpf oder Wunschbrunnen. Eines Mädchen von 18 Jahren Bruder wollte dort angeln, konnte aber keinen Grund finden. Am andern Tage nahm er ein Netz mit. Es ward im Wasser ganz schwer, war aber nichts wie Kieselsteine und Grand darin. Er warf es wieder aus und hatte ein Gerippe darin. Eine Stimme rief: Bei Sonnenuntergang wenn er zurückkomme,

solle er noch einmal einwerfen. Er that es, und hatte einen
großen verdeckten Kessel mit einem Deckel im Netz. Sie
ziehen ihn heraus und öffnen den Deckel, der Rauch daraus
zieht sich um den See, da steht ein großer Mönch vor ihm,
der nachher in einen Felsen hineinging. Der verlieh ihm,
daß er Fische fangen sollte in allen Farben, diese sollte er iu
Elbingerode mit seiner Schwester an einen reichen Mann verkaufen. Wirklich gab dann der reiche Mann für drei von
den Fischen eine Hand voll Goldstücke So ging's drei Tage
lang. Der Mann ist der Satan gewesen und will nicht, daß
in dem See noch Jemand fischt.

346.

Ein Holzhauer kommt an dem Wunschsumpfe vorbei und
sieht ein schönes Haus, daran hängt eine Schnur mit Klingel
daran; er klingelt, Niemand macht auf, er drückt auf den
Drücker und kann nun selbst hinein gehen; im dritten Zimmer
sitzt ein Mann, halb Mensch halb Stein, auf einem Stein
in goldburchwirkter Kleidung. „Er ist zur rechten Zeit hier
hereingekommen," redet er ihn an. „Hat er deun nichts winseln gehört? Ich war ein mächtiger Herr, meine Frau war
eine Zauberin und hatte einen Köhler zum Liebhaber, ich habe
den Köhler erstochen. Sie haut mir nun alle Nacht 37
Streiche." — Es wird auch erzählt: in den Wunschsee sei
ein Köhler aus der Gegend hinter Clausthal verwiesen.

---

347. Die Brautklippe.

So heißt ein Felsen vor dem Hohnekopfe und den
Hohneklippen. Er wird vom Volke alle Jahre am 1. Mai,
wenn die Hexen den Brocken bekränzen, (andere sagen, wohl
richtiger: **Kurz nach Johanni**), mit Blumen bestreut
und bekränzt. Es wird dabei gesungen und dies soll sich
aufs **Heirathen** beziehen. Bekränzt wird der Stein hauptsächlich von den „Beerengängerinnen", welche am Brocken
Beeren pflücken, und bei diesen herrscht der Glaube, daß,
wenn sie zum ersten Male im Sommer an diesem Steine

vorübergehen und denselben mit Blumen schmücken, sie das ganze Jahr Glück im Auffinden der Beeren haben werden. Riesen verbanden sich dort und der Fuß der Riesenjungfrau drückte sich in den Felsen ein. Man sagt auch: es sei bei dem Brautsteine Geld mit der schwarzen Katze versetzt.

---

348. Das Brockengespenst.

Alle Jahr zu einer gewissen Zeit läßt sich das Brockengespenst, eine Riesengestalt, sehen. Es vertreibt die Leute vom Brocken und ist eine Frau.

Sagen von Schierke und Elend.

349. Der Schlosser am Brocken.

Es ist einmal ein Schlosser gewesen, der ist ausgewandert, und kömmt auf seiner Reise am Brocken vorbei. Hier begegnen ihm zwei Venetianer, die sind immer vor ihm hergegangen, und sind zuletzt vor seinen Augen verschwunden. Man hat sie Dreiviertel Stunden lang gesucht, aber nicht wieder finden können. Am andern Tage aber begegnen sie dem Schlosser wieder und sagen für sich hin: „O lieben Harzer, daß ihr diese Steine nicht besser benutzt, ihr werft häufig mit einem Steine nach einer Kuh, der mehr werth ist, wie die Kuh selbst!" Auch fragten sie ihn ob er mit wolle. Er sagte: wohin? Da antworteten die Beiden: nach Venetien. O! sagte der Schlosser, da tragen mich meine Beine nicht mehr hin. Da wollen wir schon was für thun, antworteten die Venetier; gehe du nur mit. Der Schlosser läßt sich beschwatzen, und die Venetier schicken ihn: er soll Schnaps holen. Wie er nun mit Schnaps ankommt, da wird der ausgetrunken und sie fangen an einzuschlafen. Wie sie aber aufgewacht sind, sind sie statt im Harzgebirge in Venedig gewesen.

Nach langen Jahren ist ihm aber der Aufenthalt in Venedig zuwider gewesen, und er hat sich entschlossen, wieder nach dem Harze zu wandern. Wie er nun nach einem mehrjährigen Marsche in Schierke wieder angelangt ist, geht er in ein Wirthshaus unter eine honette Gesellschaft. Auf einmal steht er auf und sagt: Meine Herren, wenn ich keine Mittel finde, so bin ich schon in einer Viertelstunde todt, und fragt sogleich den Wirth: ob er kein Faß im Hause hätte, welches luftdicht verschlossen wäre; da sagt der: doch, er hätte eins; dasselbe muß er sogleich hergeben und der Schlosser schlägt sofort den Boden aus dem Fasse und kriecht hinein, läßt aber den Deckel wieder luftdicht aufmachen. Nicht lange hierauf kömmt eine Kugel angepfiffen und rollt auf dem Fasse hin und her, bis sie sich matt gelaufen hat. Da springt der Schlosser wieder auf, nimmt die Kugel, ladet sie in des Wirths Gewehr und schießt sie wieder nach Venetien, und sagt hierbei: „Du sollst mich nicht tödten, du sollst mich nicht tödten, du bist schon selbst in einer Viertelstunde todt!" So wird von Schierke bis nach dem Oberharze erzählt.

Schierke und die Venediger.

350.

Weil das Schierke am Brocken liegt und die Venediger dort viel verkehren, so stehn sie, die ohnehin unwissend sind, zu dem Schierke in besonderer Beziehung und können nach dem Schierke schießen, besonders wenn Jemand etwas ausschwatzt; davon soll die Mordschlacke, eine kleine halbe Stunde vom Schierke, benannt sein.

351.

Einst kamen Venediger nach Schierke in die Hütte. Eben lag eine Kuppe im Feuer, da tröpfelte etwas darauf und davon zerbröckelte sie unter dem Feuer. Nun verfolgten sie die Venediger, als sie aber zurückkamen war das, was da zerbröckelt umhergeflogen war, nichts als Gold.

---

352. Der Erdgeist im Mönchenloche.

Es mähten zwei in Schierke, da kam Abends Jemand und fragte, ob sie ihn nicht nach dem Mönchenloche bringen könnten. Sie gingen mit bis zu dem Mönchenloche, welches **immer voll Wasser steht**. Dort sagte er, er wolle den Erdgeist kommen lassen, las in einem Buche und es kam Jemand, mit dem er sich unterredete. Der Erdgeist bezeichnete ihm einen Gang, wo das Erz stehen sollte. Der Fremde schlief bei ihm in Schierke auf der Bank, gab ihm am andern Morgen einen Zettel, den sollte er alle vier Wochen weiter legen, aus einer der vier Ecken in die andere. Er solle es aber nicht versäumen. Es stand darauf „Alles in Allem." Er versäumte es aber über die Zeit, da war sein Zettel verschwunden. Nach einer andern Erzählung ging nur ein Schierikaner, Namens D. mit nach dem Mönchenloche und als der Fremde zu lesen begann, „da war es als kämen die Klippen und die Bäume herunter."

---

353. Der große Mann.

Auf der Hütte in Schierke zeigte sich in der Ecke stehend oft ein großer Mann. Wenn ein Stück Eisen Nachts abgehackt war und es fiel in diese Ecke, so ließen die Leute aus Furcht es dort liegen.

Ein Hüttenmann in Schierke ging während der Arbeit in Schierke über's Wasser, da stand der große Mann aus der Hütte und warf ihn in den Sumpf.

---

354. Der Schmiedebrunnen.

Ein Hüttenmann in Schierke holte Wasser aus dem Schmiedebrunnen. Da stand ein Gespenst und er goß das Wasser wieder aus. Als er wieder nach der Schmiede kam war das Wasser, das sich noch in dem Kruge befand, Gold geworden.

---

355. Feuer in der Andreasnacht.

In einem Garten auf dem Schierke sieht man in der Andreasnacht ein Feuer brennen.

---

356. Der Kindtaufsvater von Schierke.

Ein Kindtaufsvater will einkaufen und ladet unterwegs den armen Sünder vom Galgen, der erscheint und ladet ihn wieder ein. Als er hin kommt, steht ein Tisch gedeckt unterm Galgen, und der arme Sünder ermahnt ihn am Galgen jedesmal ein Vaterunser zu beten.

---

357. Der Pferdekulk und der Kaisersumpf.

Aus dem Pferdekulk zu Schierke, wo die Pferde durchgeritten wurden, werden die kleinen Kinder, auch die Kälber herausgezogen. Eben so aus dem Kaisersumpf, welcher seinen Namen von der Kaiserwiese hat, die einem verstorbenen Manne Namens Kaiser gehörte.

---

358. Der Wehrsumpf.

Die Kinder werden in Elend aus dem Wehrsumpfe in der Bode geholt.

---

359. Elend.

Die Gegend von Schierke und Elend am Brocken soll einst viel von Räubern gelitten haben. Wo jetzt Elend steht, soll früher nur eine Sägemühle gewesen sein; da ist der Sägemüller einst von Räubern überfallen und zwischen das

Räderwerk geworfen. Wie nun die Räder angefangen haben ihn zu zermalmen, hat er ausgerufen: „o Elend, o Jammer!" und daher hat die Stelle den Namen Elend erhalten.

Die Jungfrau von der Elendsburg.

360.

Im Elendsthale ist eine große Klippe, darin wohnt eine Jungfer, die zeigt sich zwischen 11—12 mit einem **silbernen** Schlüssel, wer daran rührte, bekam eine Ohrfeige. Einem Hüttenmann schenkte sie Knöpfe, er schüttete sie auf dem Schierke ins Wasser, da klimperte es und war Gold. Bei der Höhle oder dem Keller, worin sie wohnt, ist Wasser, in ihrem Keller Gold. Sie winkt und will erlöst sein.

361.

Wem die Jungfer von Elend ihren silbernen Schlüssel hin hielt, der sollte ihn mit einem Stocke hinnehmen. Das that ein Köhler, da öffneten sich durch den Schlüssel drei Thüren, dann kam er in eine Höhle, da standen gesattelte Rosse, dahinter lag Pferdemist. Er mußte sich davon mitnehmen, als er aber über eine Brücke ging, schüttelte er ihn ins Wasser, da klingelte er und war Gold. Nach andern hieß der Köhler „Hanmichel" und die Jungfer legte sich zu ihm auf die Bank.

362.

Der verstorbene Spormann in Elend träumte, er solle nach der Elendsburg oder der Elendsklippe kommen, ging hin und holte einen Eimer voll Gold heraus. Davon, so erzählt man sich, ist das stattliche Gasthaus „zur deutschen Eiche" erbaut. Es steht aber noch ein Eimer voll Gold in der Elendsburg.

363.

Ein anderer Spormann träumte, er solle einen Koffer voll Gold aus der Elendsburg holen. Als er hin kam, lag eine blutige Pferdelende da. Er fluchte, denn er meinte, sein Traum hätte ihn betrogen; sogleich war die Pferdelende verschwunden und von dem Golde der Elendsburg bekam er nichts.

Sagen von Elbingerode und der Umgegend.

364. Die braunschweig-hannöversche Grenze zwischen Elbingerode und Hüttenrode.

Unweit des Rübelandes ist im Schwefelthale die **braunschweigische und hannöversche Grenze**, die zugleich die Grenze der Ortschaften Hüttenrode und Elbingerode ist. Auf der Grenze ist eine Quelle, die früher eine zu Braunschweig gehörige Papiermühle trieb. Ein Schweinhirt hütete die Schweine im Schwefelthale beim Rübelande, dabei wühlte eine Sau die oberste Seite einer Glocke bloß, die in der Erde verborgen war. Der Schweinhirt machte Anzeige von der Glocke, und da diese gerade auf der Grenze von Elbingerode und Hüttenrode lag, so kamen Elbingeröder und Hüttenröder darüber in Streit. Sie machten aus, wer am nächsten Morgen zuerst an Ort und Stelle wäre, solle die Glocke haben. Die Hüttenröder machten sich gegen die getroffene Abrede schon vor Mitternacht auf. Als sie die Glocke geladen hatten, hörten sie die Elbingeröder von Ferne kommen. Schnell jagten sie davon und verloren unterwegs den Lenz von der Axe, da steckte ein Hüttenröder schnell den Finger vor und das Rad schlug ihm den Finger ab. Darum heißen die Hüttenröder jetzt noch "Stummelfinger" oder "Stumpelbumen" und "Klockenbeif". Sie behaupten aber, daß die Elbingeröder zu spät nach Mitternacht ausgefahren wären und darum heißen die Elbingeröder "Langeschläfer."

Zum Wahrzeichen dieser Begebenheit ist an der Stelle, wo die Glocke ausgewühlt wurde, die Quelle entsprungen. Es ist schon versucht, ihr unter der Erde nachzugehen, aber man kann nicht finden, woher sie kömmt und doch ist sie so stark, daß sie die Papiermühle trieb, die ungefähr 1849 abgebrannt ist.

365. Musik am Pferdekopfe.

Vom Pferdekopfe zwischen Schierke und Elbingerode her kommt alle Jahr eine herrliche Musik und geht bis an den Teich am Mangelholz. Dies soll aus dem 30jährigen Kriege herrühren. Dort sollen vor dem Pferdekopfe auch alte Waffen gefunden worden sein.

366. Der Galgenberg bei Elbingerode.

Am Galgenberge steht Geld. Vier Männer beschlossen beim Solospiel es zu holen. Sie gingen hin und fingen an zu roden. Da kam zuerst Einer mit den Krücken, dann Einer mit der Molle und fragte, ob er den auf den Krücken wohl noch einholen könne. Darauf kommt Einer in einer Kutsche mit zwei Ziegenböcken und fragt, ob er den mit der Molle wohl einholen könne. Da sagte einer der Männer: "Ins drei Teufelsnamen über alles Gefrage!" und Alles war fort. Auf derselben Stelle ereignete sich die Geschichte vom Glockendiebstahl.

Das Elbingeröder Zwergloch.

367.

(In der Mundart von Elbingerode).

Hier ungene in Dale liet ne Klippe un da is et Quar‐
geslock inne. Under den Locke liet ne Möhle, un da inne
hat sollen ne Hochtiet sein. Alsau hábben se nu kein Ge‐
schirre da eben, wat da nu tau gehört tau dá Hochtiet.
(Hábben Se denn Apptiet en Schnáppsken de drinken?*)
Dat hábben dá Männke schon ewußt, un wie se nu obstat,
da steit dat Gescherre da tau der Hochtiet. Wie dá Hochtiet
vorbie is, da werden bei Lüte dat öwerdrissig, weil dei Männke
da be vele Wirthschaft emackt hábben, un beklaen sick gegen
en taugereiseten Herren, wu dat woll wäre, wu se dei Twerge
wol los wörren. Da fänget dieser Herr an un secht: dei
könnten se los wörren, wenn se nu herkömen un backten
Brod wedder, denn sollen se ne Hand voll Kemmel nehmen
un sollten den mank den Surdeig smieten, un wenn se
kemen be Twerge un ebten von den Broe, von nu an wörret
taun Enne. Sein se**), un da sind se nich wedder ekommen.

368.

Die Zwerge von Elbingerode stellten besonders den Wöch‐
nerinnen und den Kindern nach. Zwischen den beiden Müh‐
len bei Elbingerode soll früher ein Stein mit drei Kreuzen
gestanden haben, zum Zeichen, daß dort die Zwerge der Kin‐
dermutter ein Kind abgenommen. Die Kindermutter wollte
einst ein Kind zur Taufe bringen, da hatte sie ein Zwerges‐
kind. Ein alter Vater der Erzählerin hatte den 7jährigen
Krieg mit durchgemacht, der gab den Rath: sie sollte es
schlagen, so bekomme sie ihr Kind wieder. Der bekannte
Zwergspruch lautete in Elbingerode:

---

*) So unterbrach sich hier — es war am Morgen des ersten
heiligen Ostertages 1855 — der Erzähler, ein armer Elbingeröder
Waldarbeiter, indem er glaubte, den Sammler der Harzsagen be‐
wirthen zu müssen.
**) Sehen Sie.

So bin ich doch so voll,
Wie der Schimmelwoolt,
Dreimal gehackt und dreimal gekohlt.

Von den Kindtaufen holten die Zwerge Alles fort, wie sie denn auch Eheleute und Verlobte neckten. Eine Sechswöchnerin ging um Michaelis in ihren Garten, der voll von Haselnüssen war, am Berge unweit des Zwergloches. Da hörte sie ein Geräusch und eine Stimme sprach:

Härrst du nich bie't den brunen Dust un Baldrian,
Eck woll' met diek de Klange gan,
Et hinderste Enne soll vorne stahn.

Als die Zwerge auf einer Hochzeit in Elbingerode einst unsichtbar Alles aufgegessen hatten, kam am andern Tage zu der jungen Frau ein Zwerg und bettelte um die Ueberbleibsel von der Hochzeit, hatte aber nur seinen Spaß mit ihr. Der Zwergkönig Echwaldus hielt sich in einer Mühle bei Elbingerode auf.

369. Zwerge von Königshof.

In dem hannöverschen Orte Königshof bei Elbingerode waren Zwerge und Zwerglöcher.

370. Die weiße Jungfrau auf der Susannenburg.

Auf der Susannenburg war eine weiße Jungfer, die zog jede Woche Linien und hing Wäsche auf.

371. Papenberg.

Bei Elbingerode, nach dem Königshofe zu, ist der Papenberg. Dort steht ein Kranz auf der Wiese, wo eine

Kirche gestanden haben soll. Auch dort zeigt sich eine Jungfrau und zog Linien zum Wäscheaufhängen.

---

372. Prophezeiung.

Zum Nachtwächter in Elbingerode soll während des Tutens drei Nächte hindurch ein Mönch gekommen sein und ihm gesagt haben, er solle Folgendes bekannt machen: Im Jahre 1850 würde ein Blutbad werden, und 1851 solle ein so reiches Jahr sein, daß die Kinder auf der Straße mit harten Thalern trulen würden.

Sagen von Sorge und Vogtsfelde.

373. Wiechmannshausen und der Schatz zu Vogtsfeld.
(In der Mundart von Vogtsfeld.)

Hier unner unsen Huse soll en Kelber sien. Da hat denn bei Jude Wiechmannshusen heimlich Geld emakt un in den Kelber stahn laten. Nu håt e noch en Collegen hat, dei håt Itzig eheeten. Wie nu bei Lüde derhinder kommen sind, da is bei Itzig heimlich foort emakt un bei Wiechmannshusen håt den Kelber mit den Gelle tausmieten laten un dat Geld ook mit, dat se dat nich håt sollt finnen. Un bis hütiges Dages seen (sagen) se, dat Geld steckt noch in den Kelber. Da mag bei Itzig nu na der Facterie in Sorge gan sien un sick da längere Tiet hebben opeholen, un håt da mal en betten be gut elewet un Wien edrunken un mag da naacher eplatzt sien. Dei Blautfleck is jetzt noch be sein. Et speuket da nu ok dervon, un denn huelen de Hunne. Düsser Wiech=
mannshusen bei is naacher ook estorben. Den hebben se wieder nist konnt aafhebben, weil se doch dat Geld hebben nich konnt finnen. Na, nu is doch einmal bei Sage west, dat da dat Geld stecke, da hebben sek mehrere Lüde besamme maakt un hebben wollt den Schatz heben. Dat håt nu most be Nacht um twölwe sien un denn hebben se nich dorft derbie spräken. Wo bei Schatz e legen håt, da mag immer en

blaues Füreken ebrennt hebben. Wie bei Lüde nu hebben aanefängt be graben, da mag nu bei Itzig un Wiechmannshusen, bei Gespenster ekommen sien. Nu hábben bei beiden Gespenster hábben nu 'n Galgen ebut. Nu hábben bei Lüde schon en Kessel vull Geld ehat un hábben den nu wollt heben. Nu fängt dat eine Gespenste aan un sächt: der mit den roden Kragen, der kümmt bererst an den Galgen. Da sächt e: »J so softe doch den dausenden Jammer krien,« un da geit et: kling! un da is alles verswunnen, dat Geld un bei Gespenster un Alles.

374. Kinder im Wehrsumpfe.

Die Kinder sitzen in Vogtsfeld im Wehrsumpfe in der Bode beim Wassermann.

Die Hüttenmännchen (oder: das Hüttenmännchen) zu Vogtsfeld und Sorge.

375.

Die Hüttenmännchen von der Neuhütte zwischen Sorge und Vogtsfeld saßen auf der Eisenwage und im Wasser am Hammerstock, wenn die Frauen einfüllen wollten. Eine Frau zu Vogtsfeld wollte Klinze (Klümpe, die auch Düwekens heißen) aufsetzen, da hüpfte das Hüttenmännchen auf der Ziege umher. Da ließ die Frau vor Schreck den Teich fallen. Man freute sich übrigens, wenn man es sah. In Sorge sagt man: es hatte einen grauen, in Vogtsfeld: es hatte einen grünen Rock, ein Schurzfell und ein Gesicht wie ein harter Thaler, Abends sah das aus wie Feuer. Das Hüttenmännchen wandelte an den Bergen umher. Am Weihnachtsheiligenabend, wo es sich besonders bemerkbar machte, ging es in der Schmiede wie zehn Gebläse (Blasebälge.) Ein alter Mann konnte von 12 — 1 dort in dieser Nacht währenddem nicht vom Flecke kommen. An einem Sonntag Abend hüpfet das Hüttenmännchen von einer Hammerwelle zur andern.

376.

Ein wirklicher Hüttenmann nahm vor Jahrhunderten den Spett (die eiserne centnerschwere Stange, womit das Eisen aus dem Feuer gebrochen wird) und schlug nach dem Geist, dem Hüttenmännchen. Diesen steckte es in's Feuer und man fand nur noch seine Beine, die daraus hervorguckten.

377

Das Hüttenmännchen saß auch einst im Kohlenmaße und sagte zu dem Kohlenmesser: »Es kuckt!« Der Kohlenmesser glaubte nicht, daß Jemand da wäre. Da sagte er: »Es kuckt net!« Da antwortete es wieder: »Es kuckt!« Der Kohlenmesser sagte: »Stich ihm ein Auge aus!« Da stach es ihm ein Auge aus.

378.

Das Hüttenmännchen erschien Sechswöchnerinnen. Man sagte den Kindern: Das Hüttenmännchen kommt und holt dich.

---

379. Der Erdgeist in Sorge.

In Sorge zeigte sich der Erdgeist oder das Hüttenmännchen, und dann war Nahrung genug da. Nachher ließen die Leute ihm aus Dankbarkeit rothe Kleidung machen, da weinte der Erdgeist und mußte fort und die Nahrung wurde schwächer.

---

380. Der Stein mit dem Kreuz am Tostborn.

Wenn man nach Silsheim geht, ist da ein Quadratstein, worauf ein Kreuz gehauen, auf dem Wege, gerade am Tostborn. Auf dem Steine saß der Teufel mit einem Sacke voll Geld. Andere sagen, da sei das Kind einer fremden Jüdin begraben.

---

381. Die Hütten auf dem Harze.

Auch in Sorge sagt man, daß eine große Anzahl von Hütten auf dem Harze in Einer Nacht abgebrannt seien. Einige sagen, der Teufel, andere Kaiser Ottos Minister hätten das Feuer angelegt.

Sagen von Braunlage.

382. Der Wormsberg bei Braunlage.

An der östlichen Seite des Wormsberges, der etwa ³/₄ St. von Braunlage nach dem Brocken zu liegt und nächst dem Brocken der höchste Gipfel dort ist, geht eine Treppe von hingelegten Ackersteinen hinauf. Auf der Spitze des Berges findet man jetzt zuerst das Signal von der neuesten Harzvermessung, daran vorbei führt jener steinerne Weg zu einem Steinhaufen. Diese Steine sollen jeder 2—3 Fuß groß und so hoch wie eine Stube übereinandergeschichtet sein. Es wurde mir erzählt, daß dort ein heidnischer Tempel gestanden habe, zu dem jener Steinweg den Berg hinangeführt habe.

Der Kappelfleck.

383.

Zwischen Wieba und Braunlage ist der Kappelfleck (Capellenfleck). Da ist früher ein gespenstischer Markt gehalten. Ein Fuhrmann fuhr dort durch, da hielten die Geister Markt. Er kaufte dort einen Zaum, als er nach Hause kam, hatte er den Zaum nicht mehr, aber das Geld, das er dafür gegeben hatte, steckte wieder in seiner Ficke.

384.

Ein Köhlerjunge kam auf den Markt am Kappelflecke, dem war gesagt, wenn einmal wo Markt sei, solle er sich einen neuen Zaum kaufen. Nun fühlte er, daß seine Taschen voll Geld waren und kaufte zwei Zäume. Am Tage aber waren es Lumpen.

385.

Einem alten Kantor huckte auf dem Kappelflecke ein Geist auf.

386.

Ein Köhlerpferd trat dort mit dem Hufeisen einen Koffer los, das Geld holte der Köhler nachher.

387.

Auf dem Kappelflecke ist ein Born. Ein Köhlerjunge sollte die Pferde suchen. Als er bei den Born kam, schwamm darauf eine große Glocke, die war ihm bescheert. Sie kam, daß er sie greifen konnte und er trug sie nach der Köthe. Sein Meister verlangte aber, er sollte sie wieder hintragen, das geschah auch, da that sie einen Kling, daß der Junge. taub wurde. Nachher ist sie nicht wieder zum Vorschein gekommen.

388.

Einst sollte die Glocke auch ausgegraben werden, da kamen Mäuse, die waren vor eine Molle gespannt, und immer mehr. Die hintern fragten immer, ob die andern schon lange durch wären, die Leute antworteten endlich: nein. Da fiel die Glocke wieder hinein.

Achtermannshöhe.

389.

Auf die Achtermannshöhe sollte der Böse über Nacht ein Schloß bauen, dafür war ihm eines Mannes Seele verschrieben, die Steine wurden mit 100 Mäusen zusammengefahren. Dem Hahn stopfte der Teufel den Hals zu, damit er nicht krähen und den Tag verkünden könnte. Die Frau des Mannes aber, dem er das Schloß bauen sollte, erschreckte den Hahn, indem sie auf ihre Schürze schlug; da vermochte er doch zu krähen. Der Teufel brachte eben den Trittstein, der liegt nun noch da und ist ein **breiter Stein**; er befindet sich $1/4$ St. von der Achtermannshöhe. Das ganze Schloß auf Achtermannshöhe wurde also nicht fertig und die Seele des Mannes, der sich ihm verschrieben hatte, wenn er es zu Stande brächte, war gerettet.

390.

Es wird auch erzählt: die Steine auf der Achtermannshöhe brachte ein großer Mann mit Eseln dahin; oder auch: die Achtermannshöhe entstand durch die Sündfluth.

Die weiße Jungfer und das Gewölbe vom Königskruge.

391.

Die weiße Jungfer am neuen Schlosse, dicht beim Königskruge, eine Stunde von Braunlage, winkte Jemand. Dort sind eiserne Thüren, die unterirdische Schätze bewahren mögen.

392.

Am neuen Schlosse steht ein zinnerner Sarg voll Geld im Gewölbe. Eine Leiche (Sarg) mit 8 Trägern geht am Königskruge. Damit hängt auch die Jungfer zusammen, die am neuen Schlosse geht.

Huckepolte.

393.

Die Irrlichte heißen in Braunlage Huckepolte und sind den Erdgeistern verwandt.

394.

Ein Erdgeist huckte an der »Ledderhecke« und auf dem Schmiedeberge. Ein Erdgeist rief einen Köhler.

---

395. Gänsedreck im Born am Haselkopfe.

Am Haselkopfe ist ein Born, der Haselköpfer Brunnen. Dahin mag wol ein Silbergang gehen. In dem Born soll Gänsedreck sein, dies soll bedeuten, daß Silber dort wäre.

---

396 Graue Männchen in Braunlage.

In Braunlage waren früher graue Männchen (Zwerge.)

---

397. Des Räubers Höhle.

In einer Höhle in der Gegend von Braunlage war ein Räuber Germis (?). Auch von ihm wird erzählt, daß er Pferde gehabt habe, denen er die Hufeisen verkehrt anschlug.

Sagen der Grafschaft Stolberg.

Der Auerberg.

398.

Im Auerberge soll ein güldner Altar sein.

399.

Am Auerberge gruben die Venetianer Zinnober und »unterhöhlten dadurch den früheren Thurm, der viel höher war als der jetzige.«

400.

Jäger Ofenloch traf die Venetianer auf dem Auerberge und wurde von ihnen nach Venedig versetzt. Zuletzt erhielt er von ihnen eine gebratne Gans auf den Weg und mußte sich in einen Trog legen, da war er gleich wieder auf dem Auerberge. Mit den Seinen zerlegte er die Gans zum Abendessen und sie fanden darin statt Vorstäpfeln Ringe, Gold und Edelsteine. Er hat aber das Loch, wo die Venetianer gegraben haben, nie wieder gesehen. Es ist die Stelle, wo jetzt der Thurm steht.

Eruna, Auerine, die weiße Jungfer.

401.

Eine Viertelstunde von Stolberg liegt der Klosterkopf, wo früher ein Kloster gestanden hat. Auf der Stelle, wo es war, steht eine Eiche. Von dieser Stelle soll die weiße Jungfrau ausgehn. Ein Mann fand dort Nachts um 12 frischen Pferdemist, der sich in Gold verwandelt haben würde, wenn er etwas darüber geworfen hätte. Die Jungfer geht durch die Wälder bis zu dem Holzkopf, der der Taubentritt heißt. Ein Knabe von sieben Jahren soll sie einst erlösen und bekommt dann zwölf Tonnen Goldes dafür, die am Klosterkopf verborgen sind. Sie sieht groß und hager aus, hat große gelbe lange Zähne und große lange Finger. An der Seite hat sie ein großes Bund Schlüssel hangen. Sie zeigt sich auch besonders im Stolberger Engelgäßchen.

402.

Vor zehn Jahren verbreitete sich das Gerücht, sie sei einer Jungfrau, Sophie Reinz, welche mit einer Frau Holz las, erschienen. Sophie Reinz soll in der Bildergalerie des Stolberger Schlosses sodann eine Dame der Familie als diejenige bezeichnet haben, welche ihr erschienen sei. Gewiß ist es, daß sie bald darauf starb. Wie hinter dem Mädchen, so rief sie auf dem Klosterkopfe auch hinter einer alten Frau her.

403.

Unter dem Klosterkopfe fließt ein kleines Wasser. Nahe am Wasser ist eine kleine Erhöhung, darauf steht ein Kreuz von rothem Sandstein, etwa zwei Fuß hoch. Unter dem Kreuz geht ein Gang herein, den die Mönche angelegt hatten und der nach dem Kloster führte. In diesen Gang wurden oft auf wunderbare Weise Jungfrauen hineingezogen, die dann niemals wieder ans Tageslicht gekommen sind. Zum Andenken an das Verschwinden der letzten Jungfrau soll das Kreuz gesetzt sein.

404.

Andere erzählen: **Aurуna** (die auch **Eruna** heißt) war eine Klosterjungfer, hatte aber ihre **Jagd** am Auersberge und ihre **Hirsche**. Sie ging nach dem güldenen Altar, einem Felsen, wo schon mancher Demant geholt ist. Sie trägt ein Bündel Schlüssel. Der Liebhaber der Auruna ist mit 8 Trägern in einem zinnernen Sarge über die Sargwiese unweit des Chausseehauses gebracht. Nicht weit von der Sargwiese ist der Sägemühlenteich. Auruna verwünschte die Sägemühle und sie ist untergegangen. Sie geht über's Hainfeld nach dem Kirchberge.

405.

Es wird auch erzählt: Auf dem **Auerberge**, der jetzigen Josefshöhe, war schon früher ein alter Thurm, da kam eine Gräfin von Stolberg mit einer Tochter in Wochen. Weil diese nicht auf dem Schlosse geboren war, gehörte sie nach einem Gesetze nicht zur gräflichen Familie. Sie erhielt den Namen **Aurine**, wurde in's Kloster geschickt und Äbtissin im **Kloster Gröningen** auf dem Klosterkopfe vor der Stolbergischen Straße: Kaltes Thal. Aurine war aber streng und habsüchtig, entzog Vieles der Armuth und vergrub 12 Tonnen Goldes. Eines Abends wurden mehrere Mädchen geraubt, namentlich die Tochter eines Bäckers, ferner eine Braut aus dem Apel'schen Geschlechte. Es klopfte Abends am Polterabende an's Haus, sie ging hinaus und kam nie wieder, wie eine Frau aus dem Apel'schen Geschlechte, deren Mann in ihrer Gegenwart die Sage von der Aurine erzählte, selbst bestätigen wollte. Es ist das Haus, auf dessen Stelle jetzt die Mädchenschule steht. Das dritte Mädchen wohnte in der Stubengasse (am Wasser). Niemand wußte, wo diese Mädchen waren. Da fügte es sich, daß an einem schönen Sommerabende ein Handwerksbursche von Breitenstein nach Stolberg zu wanderte. Da sah er eine Leiche vom Kloster Gröningen her tragen, hörte auch das Geläut der Klosterglocken. Andächtig zog er seinen Hut vom Kopfe und ging der Leiche nach bis dahin wo sie eingesetzt wurde. Auffallend war ihm, daß zwar zwölf Mönche die Leiche trugen,

sie aber nicht auf dem Kloster begruben, sondern weit davon
auf dem Fahrwege. Später wurde nachgegraben und es war
die zuerst gestohlene Bäckerstochter mit einem kleinen Kinde,
beide waren aber lebendig begraben. Da wurde das Kloster
zerstört und die Aurine verflucht. Sie ist die weiße Jungfer.

406.

Ein weißes Spitzhündchen zupfte einen Holzhauer, Valentin
Striegnitz, dreimal nach dem Forstort Kümmelsrolle über dem
sogenannten Knüppelberge zu, und führte ihn, da er endlich
folgte, auf das Klosterköpfchen. Auf dem Klosterköpfchen
stand statt des Hündchens die weiße Jungfer und sprach:
»Valentin, erlöse mich!« Wies ihn auch an, mit einer
Hacke 12 Tonnen Goldes loszuhauen, ehe diese nicht losge=
hauen und in drei Theile getheilt wären, könne sie bei Gott
nicht zu Gnaden kommen. Das eine Theil solle er haben,
das zweite Theil die Armen, das dritte Theil das Waisen=
haus. Striegnitz sollte jetzt die Hacke holen, ging aber nicht
wieder hin. Da kam die Jungfer alle Nacht zu ihm vor's
Bett mehrere Jahre hindurch, bis er starb. Man hatte end=
lich die Thür verändert, um der Jungfer den Eingang zu
versperren.

407.

Die weiße Jungfer segnete die alte Frau Colbitzen ein,
die unweit des Klosters ihren Mann erwartete.

408.

Weihnachten 1852 rief die weiße Jungfer mit furcht=
barer Stimme in der Luft: »Hülfe! Hülfe! erlöse mich!«

409.

Im kalten Thale, wo die Jungfer geht, sang der
Nachtwächter immer: »Ihr bösen Geister, packet euch,«
deshalb drehten sie ihm zuletzt den Hals um.

410.

Es wird auch erzählt: Die weiße Jungfer geht alle 7 Jahre nach den verborgenen Schätzen auf dem Klosterköpfchen.

411.

Andere sagen: Die Jungfer zeigt sich auch besonders um Johanni in der Grasezeit. Sie hat sich verwünscht, zeigt sich alle 7 Jahre.

412.

Am Andreastage kann das Geld der Jungfrau auf der Orgeswiese (Organistenwiese) gehoben werden.

Hunniskirche. Hunrot.

413

Bei Robishain liegt die Hunniskirche.

414.

Auf dem Hunrot wohnten Hunen oder Riesen. Als sie vertrieben wurden, ward der Erdboden roth von Blut. Darum heißt es Hunroth.

415.

Die Hundskirche liegt auf dem Nußhain. Die Hunnen hatten dort einen Götzentempel, wird erzählt. Später wohnte auf dem Hunroth der Riesenkönig Hun, genannt Rolandi, der noch am Rathhause zu Nordhausen abgebildet ist. Dieser Rolandi in Nordhausen hatte vier Söhne. Alle waren starke Männer, davon steht einer in Mühlhausen, einer in Neustadt unter'm Hohnstein u. s. w.

Bielstein und Hainfeld.

416.

Zwischen Rodishain und dem Hainfelde bei Stolberg ist ein Bielstein. Es zeigen sich dort Bär und Hund. Zum Schäfer Hartung vom Hainfelde kam ein Hund und fuhr unter die Schaafe. Einem andern Schäfer ging's ebenso. Kein Schäfer darf jetzt in die Nähe des Bielsteins kommen. »**Gott hat dort ein Zeichen gemacht wegen der Abgötterei, die dort getrieben ist.**«

417.

Ueber dem Hainfelde liegt der Kirchberg, da soll die Kirche von Kleinschmiedehausen und Hainichen gewesen sein.

418.

Ein Mann hatte Früchte nach Nordhausen gefahren und kam mit dem leeren Wagen zurück. Ein kleines graues Männchen nahm die Pferde beim Zügel und führte sie wohin sie sollten. Es verschwand und so fanden sie das Hainfeld.

419.

Auf dem Hainfelde liegt ein Schatz, den wollten einst zwölf Männer heben. Sie kamen auch wirklich auf eine Braupfanne voll Geld und steckten schon die Hebebäume in die Rinken. Da ließ der Teufel zuerst einen Hasen mit drei Beinen vorlaufen. Dann kam ein Wagen auf drei Rädern, bespannt mit **vier Ziegenböcken,** und auf dem Bocke saß ein Mann ohne Kopf. Eine Ecke drauf, da kommt **Steppen** oder der Satan selber mit einem Pferdefuß und einem Menschenfuß, einer wassergrünen Hose und einem scharlachrothen Kleide; seine Augen blitzten wie Feuer. »Ja, sagte er, das ist gut, daß Ihr es habt. Ich muß aber Entschädigung dafür haben. Wenn ich den mit der **rothen Weste** (einen Ilefelder) haben soll, so will ich Euch den Schatz nicht mehr vorenthalten.« Da sagte der Ilefelder: »Ich will Dir was ….« Da lachte der Böse höhnisch und der Kessel versank, die Hebebäume flogen in die Luft. So wird in Stolberg erzählt.

Georgine (Eruna), der Erdgeist oder die Jungfrau vom silbernen Nagel.

420.

Am Markte, im Kaufmann Kerst'schen Hause, wohnte ein Steiger, der suchte Silber, konnte aber nichts finden. Da erschien ihm zuletzt eine weiße Jungfer und fragte, was er da suchte. Er sagte es. Sie sprach, wenn er sie erlösen und ihr nicht vorhalten wolle, daß sie ein Geist gewesen sei, so wollte sie ihn heirathen. Er willigte ein. Sie hielt einen silbernen Nagel in der Hand und sagte, wo sie den silbernen Nagel einschlüge, solle er auch einschlagen. Sie schlug den Nagel ein unter dem Auerberge und der Schacht heißt noch: »der silberne Nagel,« ein Wegweiser weist dahin am Wege nach dem Auerberge (Josefshöhe.) Einst verunwilligte sich der Steiger mit seiner Frau und sagte: »O du erbärmlicher Erdenkloß! Dich hab' ich erst erlöst!« Seitdem gerieth der silberne Nagel in Verfall.

421

Andere erzählen: Die Jungfrau vom silbernen Nagel hieß Georgine. Ihr Nagel war 6—7 Zoll lang, die Silberader 7—8 Fuß stark. Sie stürzte sich zuletzt in den Schacht und man fand seitdem keine Erze mehr. Oft sahen die Bergleute den Berg= oder Erdgeist, welcher diese Georgine war, aber nur wie einen Schein, dann war sie wieder verschwunden Als Fremde einst auf ihre Kosten das Bergwerk wieder aufnehmen wollten, hörten stolbergische Arbeiter eine wundervolle Musik in der Teufe. Sie gingen der Musik nach und fanden zwei tanzende Personen, die weiß gekleidet waren, und noch eine Mannsperson. Da sie sie aber genau ansehen wollen, verschwinden sie in einer Ecke, wo die starke Erzader wiedergefunden war. Dies wurde einem Stolberger Officianten gemeldet, der sprach: »O, ihr Thoren, was wollt ihr Fremden diese Erze lassen? Laßt sie stehen für Stolberg.« Sie mußten diesen Gang wieder verschütten, nun finden sie aber keine Erze wieder. Die Bergleute behaupten, daß die Erze von dem Berggeiste insgeheim erhalten würden.

422.

Der silberne Nagel gibt seine Schätze nicht eher wieder her, als bis ein Rosenstock von 7 Ellen und ein weißer Sperling auf dem Schlosse zu finden ist.

---

423. Geisterkirche zu Stolberg.

In Stolberg wird die Christmette zu Weihnachten am Christmorgen um halb sechs Uhr sehr feierlich gehalten. Eine alte Frau stand des Nachts um 12 auf und meinte schon die Zeit verschlafen zu haben, um zur Christmette zu gehen. Sie machte sich also mitten in der Nacht auf, sah auch schon die Kirche erleuchtet, die unter dem Schlosse am Berge liegt. Die Thür stand offen, sie ging hinein und setzte sich in ihren Stuhl. Nach einer Weile drehte sie sich um, da sah sie mehrere Bekannte als Geister um sich sitzen, die vor Kurzem gestorben waren. Daran bemerkte sie erst, daß sie unter lauter Geistern saß und eilte aus der Kirche. Indem sie aus der Thür ging, wurde die Thür hinter ihr zugeschlagen. Die Thür faßte ein großes Stück von ihrem Mantel, der wurde sogleich durchgerissen und das Stück vom Mantel wurde am andern Morgen auf dem Altar gefunden.

---

424. Heidecke.

Die Frau eines Webers, der Heidecke hieß, war krank in Stolberg und er machte sich noch Abends nach zehn Uhr auf zu einem berühmten Doctor in Urbach. Zehn Minuten von Stolberg, auf der Schützenwiese, welche an den Antoniuskopf stößt, sah er ein Feuer, daran wollte er seine Pfeife anstecken, denn er meinte, daß es von Waldarbeitern angezündet wäre. Er legte sich also eine Kohle auf die Pfeife, aber sie erlosch und die Pfeife brannte nicht an. So hob er eine andre auf, aber sie erlosch wieder. Da bemerkte er, daß es ein Goldstück geworden war, steckte das Stück bei und nahm noch mehrere zu sich. Als er nun fort wollte, war er von Geistern gehemmt und konnte nicht fort, hörte auch eine Stimme rufen: er solle mit dem Gelde der Armen, des Waisenhauses und der Kirche gedenken. Darauf ging er seiner Wege, und die Frau wurde geheilt. Er selbst lebte aber nur noch einige Jahre und erfüllte in dieser Zeit das Gebot der Geister. Der Kirche übergab er einen silbernen Kelch und eine silberne Kanne, die beim Abendmahle gebraucht werden und woran der Name Heidecke stehen soll.

425. Das graue Männchen

zeigt sich in den Straßen und in den Wäldern von Stolberg.

---

426. Die Uftrunger Butterhexen.

Eine Frau in dem zwei Stunden von Stolberg entfernten Dorfe Uftrungen nahm aus einer Dose mehrere Prisen und warf sie in das Butterfaß, dann hatte sie jedesmal reichlich Butter. Das sah eine andre, nahm ihr etwas aus der Dose und auch sie hatte sogleich reichlich Butter. Als sie aber ihre Butter nach Stolberg zum Verkauf tragen wollte und im Walde an den Berg kam, der der Kreuzstieg heißt und ein halbes Stündchen von Uftrungen entfernt ist, (es steht auf dem Kreuzstiege ein schönes Försterhaus), da trat ihr aus der dichten Waldung plötzlich ein Mann entgegen, welches der Teufel gewesen sein mag. Er fragte, was sie zu verkaufen hätte. Butter, antwortete sie. Nein, antwortete er, sie hätte keine Butter, sondern Kuhdreck zu verkaufen, griff ihr in den Korb, und warf die Butter an die Erde, welche auch wirklich Kuhdreck war. Seitdem heißen die Uftrunger Butterfrauen in Stolberg bis auf diesen Tag nur Uftrunger Butterhexen.

Entstehen der Räders-See.

427.

Eine und eine halbe Stunde von Stolberg, eine halbe Stunde von dem Dorfe Stempeda, oder wie es dort gewöhnlich genannt wird Stempe, soll vor Zeiten ein Hüttenwerk gestanden haben, jetzt steht daselbst ein großer Teich, genannt die Räders-See. Ihr Wasser ist grün, die Fische darin sind ganz mit Moos bewachsen. Von dem Entstehn der See wird Folgendes erzählt: Ein Werkführer in dem Hüttenwerke legte breite Silberplatten zurück und verbarg sie unter die Dielen, so daß er sie ordentlich einlegte. Das that er nur, um das Silber wieder für den Grafen emporzuholen, wenn keins mehr vorhanden wäre. Aber die Magd bemerkte es und verrieth es. Wenn damals ein Bergmann nur Weniges gestohlen hatte, mußte er sterben, und darum wurde der Werkführer in Stolberg auf dem Markte vor dem jetzigen John'schen Gasthofe gerichtet. Dabei nahm er eine Semmel in die Hand und sagte: so rein und unschuldig als die Semmel wäre auch er, und so gewiß er unschuldig gerichtet würde, so gewiß würde das Hüttenwerk in dem Augenblicke untergehen, wo sein Kopf vom Rumpfe flöge, und nicht eher wieder zum Vorschein kommen, als bis drei Grafen geboren wären, von denen jeder der beiden ersten gewisse körperliche Eigenheiten hätte, und der dritte eine Haselruthe fände, die in Einem Schosse sieben Fuß hoch geschossen wäre. Alsdann müßte eine Wanne Goldes angewandt werden, ehe das Hüttenwerk wieder in Gang käme. In dem Augenblicke, wo des Werkführers Kopf fiel, soll in der Hütte ein Mann, (welches die Erscheinung des Werkführers war) gestanden und das Triebrad mit Einer Hand eingehalten haben. Danach ging das ganze Werk unter Wasser, wie es noch jetzt zu sehen ist, und soll von dem versunkenen Räderwerke die Räder-See heißen. Ein Hallore und noch ein anderer Mann sollen hinein getaucht und auf ein Gebäude gestoßen sein, der Hallore auch einen Ring von einem Eimer mit emporgebracht haben, aber selbst für tausend Thaler wollte keiner zum Zweitenmale hinein, denn sie waren unten von Geistern gepeinigt. Der Hallore brachte eine Kachel mit herauf. Was die Ruthe

anlangt, so soll sie im alten Stolberg von Graf Josef ge=
funden, eine Hagedornruthe sein und in der Rüstkammer stehen.
Er brauchte nur damit **auf das Wasser** zu schlagen und
Alles hätte in alter Pracht wieder da gestanden.

428.

Der Schäfer von Stempeda erzählte, der Werkführer
habe einen hohlen Zahn gehabt, den habe er jeden Tag mit
Gold gefüllt und mit dem so angesammelten Golde habe er
dem Hüttenherrn ein Geschenk machen wollen. Ehe er in=
dessen das Gold dem Hüttenherrn übergeben konnte ward
entdeckt, was er that, und er selbst gerichtet.

Die Hebamme und die Kinder in der Räder=See.

429.

In Rodishain, welches früher ein Kloster gewesen sein
soll, war eine Hebamme, bei der klopfte es Abends nach zehn
Uhr. Da stand eine Kutsche mit vier Schimmeln vor
der Thür, sie mußte sich in die Kutsche setzen und die vier
Schimmel fuhren in die Räder=See, wie auf einer Straße.
Unten in der Räder=See fand sie mehrere Familien (Hütten=
oder Bergleute, die das Geschäft der frühern Bergleute unter=
irdisch fortsetzten), auch eine Wöchnerin. Es ward ein Knabe
geboren. Die Hebamme mußte sich drei Tage aufhalten,
wurde reich beschenkt und ward ihr versprochen, **so lange
Rodishain stände, sollte dort keine Feuers=
brunst sein.**

430.

Andere erzählen Folgendes: »Die Hebamme hat der Geist
von Pastors gelangt, die in Wochen waren.« Die Tochter
von der Hebamme fand das Tuch ihrer Mutter an der Räder=
See. Als Pastors Taufe hatten, haben auch die im Wasser
getauft. Die Gevattern des Pastors und des Geistes tanzten
auf der Wiese beim Försterhause. Sie hatten nur einen

kleinen buckligen Mann, der sich dazu erboten hatte, zum Musikmachen, es war aber, als wären es ein halb Mandel Musikanten gewesen. Der bucklige Musikant sagte: er müßte doppeltes Lohn kriegen. Da sagten die Geister: dann sollte er zwei Buckel haben. Da hatte er zwei Buckel. — Die Geister wünschten den Robishaynern, daß kein Feuer aufkommen solle.

431.

Auch sonst wird erzählt, daß ein Zwerg oder Berggeist Robishayn gewünscht habe, daß dort kein Feuer entstehen solle. Der Wunsch soll auch so gelautet haben, daß Robishayn eher durch Feuer als durch Wasser untergehn solle. Man sagt auch, daß in Robishayn keine Feuerspritze gehalten würde.

432.

Nach Andern sagte ein Weib: so gewiß wie ein Schloß in der Räder=See unterginge, so gewiß käme in Robishayn kein Feuer auf.

433.

Aus der Räder=See werden Kinder geholt.

434.

Ein gespenstischer kleiner Junge saß vor der See.

435.

Räder=See ist grundlos.

---

436. Robishayn und die Taterin.

Eine Taterin erwartete ihre Niederkunft, es wollte sie aber Niemand aufnehmen, nur die Robishayner. Da wünschte sie, daß in Robishayn niemals Feuer aufkäme.

---

437. Der tanzende Geist.

Alle 7 Jahre tanzt Einer bei dem Kreuze zwischen Stempe und Rodishayn mit dem dreieckten Hute.

---

438. Die Hebamme im Neustädter Teiche.

Im Reichenwinkel in der Neustadt in Stolberg wurde eine Hebamme gerufen und vor den Neustädter Teich geführt. Das Wasser schied sich vor ihr, sie mußte einer Wöchnerin beistehn und erhielt ein Knäuel Garn, davon konnte sie ihr ganzes Leben lang Strümpfe stricken.

---

439. Kinder aus dem Röhrenteiche.

Die Kinder werden in Stolberg aus dem Röhrenteiche oberhalb des Schlosses geholt.

---

440. Der alte Stolberg.

Auf dem alten Stolberg, einem Höhenzuge zwischen Stolberg und Nordhausen, steht die Grasburg. Eine Glocke ist auf dem alten Stolberg untergegangen. Eine Sau bezeichnete die Stelle, wo dies geschehen war.

---

441. Antoniuskopf.

Ein Waldkopf bei Stolberg heißt der Antoniuskopf. Mancher ist dort irregeführt.

---

442. Der Gaukler zu Stolberg.

In der Herrschaft Stolberg hat man einen Gaukler erzürnt und seine schwarze Kunst verlacht. Da baute und zauberte er einen lustigen und schönen Lilienstock auf den Tisch, rüstete sein Pferd, führte es an die Pforte und sprach: »Laßt mich und meine Kunst zufrieden, oder ich haue diesem Lilienstock den Kopf ab.« Da sie ihn nun noch mehr plagten, zog er seinen Dolch, hieb damit eine Lilie vom Zweige ab und fuhr davon. Nach einer Stunde fand man einen geköpften Mann im Stalle, der war todt und blieb todt.

---

443. Der Puterhahn in der alten Münze.

In der alten Münze zu Stolberg zeigte sich ein Puterhahn.

---

444. Der Wagen im Bach.

In der Stubengasse fuhr ein Wagen Nachts und verschwand in dem Bach.

Der Ziegenbock.

445.

Auf dem Knüppelberge zupfte vor etwa 42 Jahren ein schwarzer Ziegenbock zwei Kinder an den Kleidern und wollte, sie sollten einen Topf mit Unrath von kleinen Kindern nehmen. Beide Kinder versiechten und starben früh in Folge des Schreckens.

446.

Der Teufel, sagt man in Stolberg, reitet auf einem Ziegenbock.

---

447. Der Slowak im Zwilsberg.

Nach dem Zwilsberg hinter dem Stolberger Schlosse ging früher immer ein Slowak (Venediger). Einst bat ihn Jemand, ihn mitzunehmen, da sagte er: er ginge jetzt drei Jahre im Dienst eines Herrn, dem er alle Schätze bringen müsse. Später wolle er ihn mitnehmen, wenn er die Schätze für sich selbst hole. Dieser sah ihn dann nachher auch in den Berg hineingehen, aber ist später nicht wieder gekommen.

448. Die Benetianer

sagten in der Grafschaft Stolberg: der Stein, den man aus der Bach, der Luba, hinter der Kuh herwürfe, wäre oft mehr werth, als die Kuh selbst.

---

449. Das Kurloch.

Im Steinberge bei Buchholz liegt das Kurholz. Darin sind Gänge und Venediger gingen hinein. Unten im Kurloche ist Wasser, wer darüber geht, findet jenseits Gold und Silber. Im Kurloche ist ein großer Stein, der dreht sich wenn man vorbei geht, und läßt den, der darin ist, nicht wieder heraus.

---

450. Die goldene Schlange.

Einem Mädchen aus Petersdorf erschien die goldene Schlange.

---

451. Der Bär von Breitenstein.

Ein Bär entführte eine Frau aus Breitenstein aus den Nüssen, hielt mit ihr drei Jahre Haus und versorgte sie mit Wildbrät und Wurzeln. In seiner Abwesenheit wälzte sie einst das Verwahrniß vor dem Loche ab und kam ganz verwildert nach Breitenstein zurück.

---

452. Der Geist in der Heimkehle.

Unter der Stadt Stolberg liegt eine Mühle, wo ein Müller wohnte, der mehr konnte als Andere. Als er begraben wurde, sah er zum Fenster heraus seinem eigenen Leichenzuge nach. Er wurde deshalb angeklagt und sollte verwiesen werden, machte aber dem Pater Vorhalte. Der entkräftete seine Beschuldigungen und sagte z. B.: mit den Stecknadeln, die er einmal wo habe hingenommen, habe er ein Altargedeck festgesteckt. Er wurde in die Heimkehle, welche 1½ Stunde von Stolberg, rechts vom Dorfe Rottleberode, am alten Stolberge liegt, gebannt.

Zwerge.

453.

Rings um Stolberg wohnten im Walde die Zwerge. Sie zogen zu ganzen Schaaren über der Stadt weg in der Luft mit einer wundervollen Musik.

454.

In den Taterlöchern zwischen Petersdorf und Rüdigesdorf wohnten Zwerge.

---

455. Der Teufelsschacht bei Strasberg.

Eine Viertelstunde von Strasberg liegt der Teufelsschacht, wo Eisen gegraben ist. Da arbeitete ein Strasberger Bergmann, dem Niemand gleich arbeiten konnte und so beschwerte er sich, daß alle seine Kameraden faul wären. Jeden Lohntag (alle 4 Wochen) bekam er einen anderen Kameraden. Endlich aber wollte keiner mehr mit ihm arbeiten. Da meldete sich ein fremder Bergmann und sprach um Arbeit an. Er bekam sie, doch wurde ihm gesagt, er müsse mit einem Manne arbeiten, mit dem noch Niemand habe arbeiten können. Er antwortete: wenn ihm der könne gleich arbeiten, er könne jedermann gleich arbeiten. Am Morgen sagte er, er arbeite für 3 Mann. Der Fremde fing an zu fahren und hing den Karren an. Kaum hatte er eine Stunde gefahren, da war der ganze Vorrath, der schon seit einigen Monaten gelegen hatte, fort. Geh weg und lasse mich losbrechen, du kannst nicht genug loskriegen, sagte er zu dem Andern. Der Strasberger mußte den Karren anhängen, war aber nicht im Stande, so viel fortzuschaffen, als der Andere los bekam. So ging's einen ganzen Monat hindurch. Am Lohntage bekamen sie zusammen 400 Thlr. und 1 Pfennig. Sie schoben den Pfennig hin und her, der Strasberger warf ihn zuletzt in den Schacht, da fuhr der Fremde dem Pfennige nach. Dies war der Teufel, oft mußten die Bergleute unter ihm durchgehen, wenn er die Beine auseinander gespreizt hatte. Jetzt will diesen Schacht kein Bergmann mehr befahren, obgleich der Schacht sehr reichhaltig ist.

---

456. Der Schatz unter der Linde.

Zwischen Strasberg und der Josefshöhe liegt eine alte und sehr breite Linde, welche inwendig ganz hohl ist. Eine Erscheinung führte einst mehrere Männer unter die Linde und bedeutete sie, daß sie daneben an der Stelle, wo jetzt eine Grube ist, einen Schatz heben, aber dabei ja nicht reden sollten. Die Männer fingen an zu graben, stießen auch auf den Schatz und hatten ihn fast an's Tageslicht gebracht. Da erschienen ihnen auf einmal viele Geister, sagten, daß sie ein Opfer haben müßten und beriethen, welchen von den Männern sie nehmen wollten, einer aber sagte immer: den Rothlatz! den Rothlatz! Da rief der Mann, der den rothen Latz an hatte: „ich will nicht! ich mag nicht! nehmt euch einen andern!" Sogleich war der ganze Schatz verschwunden und die Erscheinung ward nicht erlöst. Von jener Zeit rührt noch die Grube unter der Linde her und sie soll alles Mark und Holz aus dem Stamm in sich gesogen haben, so daß nichts als die Borke und die Zweige mehr von ihr dasteht.

Frauenruh.

457.

Als das Schloß Hohenstein zerstört wurde, erhielten die Frauen freien Abzug und die Erlaubniß, mitzunehmen, was sie auf dem Rücken forttragen könnten. Da trug die Gräfin vom Hohenstein den Grafen fort, welcher sonst hätte sterben müssen, ruhte mit ihm auf der Frauenruh und trug ihn dann weiter bis Nordhausen. Er soll nachher der Stammvater des jetzigen stolbergischen und roslaischen Grafenhauses geworden sein.

458.

Unweit des Hohensteins ist die Frauenruh. Dort sah die alte Deichmann aus Ilfeld die Frau Holle in einem weißen Gewande über die Wiese fliegen.

Abhandlungen und Zusammenstellungen.

A. Eine Pfingstbetrachtung*).

Was waren doch das vor zehn bis fünfzehn Jahren noch für andere Pfingsten als heute! Das Wetter war in der Woche vorher und zu Pfingsten selbst nicht immer so schön als diesmal, im Gegentheil, es war manchmal herzlich schlecht, aber wie munter sprangen nicht unsre „Peiasse" in dem Dreck umher, die sich auf den „Pfingstbieren" einfanden! was schadete es, wenn auch die Laubhütten, die man in den Dörfern aufgeschlagen hatte, einmal vom Regen tropften? Die Gesichter darin sahen deshalb nicht minder vergnügt aus. Und wurde das Bier in der bekränzten Kanne, aus der man den Gästen den Willkommen zutrank, worin Adalbert Kuhn die Erinnerung an alte Trankopfer sehen will, dadurch schlechter, weil es hineinregnete?

Heute lacht die Pfingstsonne so herrlich, aber es ist stiller geworden zu Pfingsten und der laute Jubel ist mehr

---

*) Diese Abhandlung wurde Pfingsten 1853 geschrieben und erschien in Nr. 114 und 115 des Magdeburger Correspondenten von jenem Jahre. Da das Publikum in der Regel so manche Frage über das Wesen der Sage an die Sammler hat, so lasse ich sie hier wieder abdrucken, wobei man nicht verkennen wird, daß ein anderer Leser wenigstens einen anderen Zweck vor Augen hat, als die übrigen Abhandlungen und Anmerkungen dieses Buches.

und mehr verstummt. Man kann das alte Leben wohl noch finden, aber es will gesucht sein. So wollen auch wir es heute suchen, indem wir uns heute am Pfingstfeste nicht sowohl in einzelnen Schilderungen, als in allgemeineren Betrachtungen in den Geist des Volkslebens versenken, dem jetzt die literarische Welt mit seinen Sagen, Märchen und Gebräuchen um so mehr Aufmerksamkeit schenkt, je mehr das Volk selbst sich diesen Dingen entwöhnt.

„Wer kann es leugnen — sagte J. W. Wolf im Vorwort seiner hessischen Sagen (Göttingen, Dietrich) — daß die Grimmschen Märchen, wie die andern Sammlungen dieser Art bis jetzt schon von einem unberechenbaren Einfluß auf die Erziehung von Tausenden waren, welche ohne sie mit jenen modischen verschrobenen Fabrikaten eines ganzen Heeres sogenannter Jugendschriftsteller für's Leben verschroben worden wären? Fragen wir die neuen Sammler von Volksüberlieferungen wer ihnen die Liebe und Freude an diesen Ueberlieferungen ins Herz gepflanzt, sie werden alle auf den Grund hinweisen. Aber mit dieser Liebe und Freude ist noch eine andere verbunden, die an deutschem Wesen, die am Vaterländischen, und das ist ein größerer Gewinn als der wissenschaftliche, den wir aus diesen Traditionen ziehen. Sie haben die Erkenntniß des Tiefen und Sinnigen, was in unserm Volke lebt, sie luden Arm und Reich und Jung und Alt und Groß und Klein an eine und dieselbe Tafel, zu einer und derselben Kost, sie halfen den alten, fast erstorbenen Gemeinsinn wieder mehr wecken, sie waren ein Mittelpunkt, um den sich die Höchsten und Niedrigsten einten, und das werden sie mit jedem Tage mehr. Um sie, die Wundererfüllten, geschaart, lernte man das nüchterne Vernünfteln vergessen, wer ihren Geist in sich aufgenommen, den können die raffinirten Romane der neufranzösischen Schule nicht mehr befriedigen, denn arm und widerlich müssen diese Ausgeburten einer befleckten Phantasie und verdorbener Herzen erscheinen, sobald und wo unser Märchen die reinen bunten Schwingen seiner frischen duftigen Phantasie entfaltet, und im leichten Flug Sterne und Sonnen unter unsern Füßen erscheinen läßt, wenn die sinnige Sage ihre Aureolen um die Werke der Natur und der längst zum Staub zurückgekehrten Menschenhand spinnt, oder wenn der Schwank seinen kräftigen Tanz tritt und jubelnd die alte Festfreude des Volkes an unsern Augen vorüberzieht."

Es ist wesentlich ein dreifaches Interesse, das wir an den alten Ueberlieferungen nehmen: zunächst ein rein literarhistorisches, zweitens ein ethisches und drittens ein mythologisches.

Die alten Ueberlieferungen bestehen genauer bezeichnet in Sagen, Märchen, Liedern und Gebräuchen. Unter diesen haben die Sammlungen der Gebräuche so eben erst begonnen. Eine Literaturgeschichte der Sagen könnte und sollte längst vorhanden sein und fehlt wohl nur wegen der ungeheuren Ausdehnung, welche sie gewinnen würde. Da das Verständniß jeder Sage an und für sich stets ihrer mythologischen Deutung vorausgehen sollte, so wäre ein solches Werk ein dringendes Bedürfniß und würde manchen wissenschaftlichen Fehlgriff verhüten. Eine umfassende Geschichte des Märchens besitzen wir von Wilhelm Grimm. Sie reicht jedoch nur bis zum Jahre 1822 und was seitdem an Märchen veröffentlicht wurde, überwiegt nach Grimms eigener Erklärung das frühere an Gehalt bei Weitem.*) Für das Volkslied fehlt es bekanntlich nicht an mancherlei literarhistorischen Arbeiten.

Was den ethischen Gehalt der alten Ueberlieferungen betrifft, so tritt dieser am Meisten bei den Sitten und Gebräuchen hervor, aber auch bei den Sagen und Märchen. Unter den Sagen eines jeden Ortes findet man eine oder mehrere, in denen der Betrug bestraft wird, besonders wenn er von Reicheren gegen Aermere verübt ist, z. B. von einer Gastwirthin, welche den Armen die Milch mit Wasser verdünnt verkauft. Nächstdem wird auch in sehr vielen Fällen überhaupt der Uebermuth des Wohlstandes bestraft, zumal wenn er zu einer Geringachtung der Gottesgaben, namentlich des „lieben Brodes" führt. Wo solche Sagen nicht an einem Orte heimisch waren, kann man bemerken, daß das Volk sie noch in neuerer Zeit dorthin verlegt, und an bestimmte Punkte, z. B. Teiche, Erdfälle u. s. w. geknüpft hat. Gegen gröbere

---

*) Bechsteins „Mythe, Sage, Märe und Fabel" (Leipzig bei T. O. Weigel 1854 und 1855) ist ein überflüssiges Buch, dem keinerlei Werth zugestanden werden kann.

Vergehen protestirt die Sage nicht so häufig; Verbrecher leben nicht in jedem Dörfchen, aber gegen die alltäglichen Sünden muß überall protestirt werden. Das Märchen scheint auf den ersten Blick weniger zu moralisiren als die Sage, allein man braucht nur näher hinzusehen, um zu bemerken, daß fast jedes Märchen einen bestimmten Fehler scharf aufs Korn nimmt und aufs Unerbittlichste, mit allen nur denkbaren Mitteln bei der Wurzel auszurotten sucht. Um ein kleines Vergehen zu strafen ist im Märchen Alles erlaubt, selbst Mord und Todtschlag, — es kommt ihm eben nur auf jene Einzelnheit an.

Unter den Gebräuchen muß man unterscheiden zwischen denen, die insgeheim ausgeübt werden und denen, die das Licht nicht scheuen und gleichsam öffentliche Handlungen sind. Alles was zu den „Sitten" und Gebräuchen im letzteren Sinne gehört, sollte unter den Schutz der öffentlichen Meinung gestellt sein, und namentlich sollten die Gebildeten sich nicht es zur Aufgabe machen, es da, wo es sich noch findet, auch wenn sie es nicht verstehen, zu zerstören. Viele dieser Sitten enthalten in der That ein gutes Theil der **öffentlichen Sittlichkeit**, wie das Volk sie von seinen Vorfahren ererbte. Dies gilt zum Beispiel zum guten Theil von den kirchlichen Sitten, deren Sammlung von meinem Vater H. A. Pröhle begonnen wurde. Aber auch diejenigen, welche dem Volke seine übrigen Sitten entzogen haben, trugen ohne es zu wissen und zu wollen dazu bei, daß dem Volksleben der feste Grund und Boden unter den Füßen hinweg genommen wurde, kaum zu gedenken der Poesie, deren es dadurch entkleidet wird. Zu den Tänzen wurden früher Lieder von hohem Alter gesungen, und es ist noch nicht lange her, daß diese durch Bierfiedler auf den Dörfern verdrängt sind. Die alten Volkslieder sind edel und großartig, wenn auch zuweilen derb; die späteren, die jetzt vorzugsweise in den Spinnstuben gesungen werden und die der Sammler wegen des Mangels an Poesie, der sie kennzeichnet, selten berücksichtigt, sind in Bezug auf ihren sittlichen Inhalt oft bedenklich. Wenn auch unverfänglich, doch in poetischer Hinsicht wo möglich noch nichtssagender sind die Texte der Lieder, welche jetzt aus unsern Liedertafeln, Singvereinen u. s. w. ins Volk eindringen. Man kann die Verdienste dieser Gesellschaften wohl anerkennen, und doch vor ihren süßlichen Liedern von sich schnäbelnden Tauben, vor ihren in Musik gesetzten Speisezetteln u. s. w. einen höllischen Abscheu empfinden. Einsichtige Lehrer, welche solche Vereine leiten, sollten statt dieser übergemüthlichen Lieder dem jungen Geschlecht lieber eine Auswahl aus seinen alten Weisen wieder singen lehren.

Zu den Gebräuchen gehören die Spiele, besonders die der Kinder. Auch diese hat man jetzt zu sammeln und aufzuzeichnen begonnen. Wer sich von dem Werth unserer Ueberlieferungen überzeugen will, der braucht nur die Spiele, welche er an irgend einem Orte vorfindet, mit denen zu vergleichen, welche z. B. von müßigen Köpfen für die Fröbel'schen Kindergärten erfunden sind. Wie einfach und doch wie mannichfaltig unter einander sind diese echten Kinderspiele, während es an Wahnwitz grenzt, wenn in jenen Fröbel'schen Spielen die Kinder z. B. das Gewitter nachäffen müssen. Dergleichen arge Verirrungen kommen in den volksthümlichen Kinderspielen nicht vor: ein von mir aufgefundenes Kinderspiel, dem offenbar ein alter Mythus vom Donar, dem Donnergott, zum Grunde liegt, natürlich ohne daß der Name des Heidengottes darin genannt wird, weiß nichts von solchem blödsinnigen Frevel und ist, wie heidnisch es auch von Haus aus ist, doch vollkommen für die Kinderwelt geeignet.

Wie bereits oben gesagt wurde, so gibt es auch bedenkliche Gebräuche, die sich der Oeffentlichkeit entziehen. Hierher gehört fast das gesammte Gebiet des Aberglaubens, wie er theils in bestimmten Handlungen, z. B. in der sogenannten Sympathie, den Besprechungen u. s. w. sich zeigt. Der Aberglaube, wo er sich im Volke noch findet, besteht zum großen Theil aus Bruchstücken der heidnischen Religion unserer Vorfahren, die wir zum guten Theil uns erst wieder aus ihm durch allerlei Schlüsse construiren müssen. Er darf daher, wo es sich nicht eben praktisch um seine Bekämpfung handelt, nur noch als ein Bestandtheil der Wissenschaft betrachtet und mit dem Auge des Historikers angesehen werden. In diesem Sinne kann man ihn bei denjenigen Ständen allerdings begreifen, wo man ihn im Zusammenhange mit einer Reihe anderer Vorstellungen und namentlich mit jenen Ueberlieferungen aus einer älteren Zeit antrifft, von denen bereits

oben die Rede gewesen ist. Aber ein schnurrig Ding ist es
um den Aberglauben unserer gebildeten Stände, der sich an
Einzelnheiten anklammert, die aus jenem Zusammenhange herausgerissen sind, z. B. daß ein Traum vom Zahnausfallen
einen Todesfall in der Familie bedeutet. Ja, selbst unser
Tischrücken und die berühmte Klopfgeisterei, welches Alles wir
hier nicht untersuchen können: was kann es denn anders
sein, als der Aberglaube, der des Urgroßvaters Sorgenstuhl
hinausgeworfen hat und, um wieder Mode zu werden, sich
mit seiner Gesellschaft am Mahagonitische zurechtsetzt. Es ist
die Geschichte vom Mephistopheles im Faust, der den Pferdefuß abgelegt hat und als Cavalier erscheint, damit er sich nur
wieder sehen lassen kann.

Ueber den mythologischen Werth der deutschen Sagen,
Märchen und Gebräuche können wir nur kurze Andeutungen
geben. Als unsere Vorfahren zum Christenthum übertraten,
setzten sie zum Theil die Verehrung ihrer heidnischen Götter
noch lange insgeheim fort; die Heidenapostel knüpften ihre
Lehre auch wohl selbst an heidnische Vorstellungen und Gebräuche an, bauten Kirchen auf heidnischen Opferstätten (Bo-
nifacius ließ aus der bekannten, von ihm gefällten Eiche eine
Kanzel machen) u. s. w. Theils insgeheim als Aberglaube,
theils auch mit dem Willen der katholischen Kirche wurden
namentlich auf die Heiligen und die Mutter Maria zahlreiche
heidnische Vorstellungen übertragen. So weit sie ein Bestandtheil der Religion selbst geworden waren, streifte die prote-
stantische Kirche bei ihrer Begründung sie nachher von selbst
ab durch ihr einfaches und sicheres Zurückgehen auf die
Bibel. In den Marien-Cultus greifen z. B. nachweisbar
da stets heidnische Vorstellungen ein, wo derselbe mit Quellen
in Verbindung tritt, wie z. B. in dem Namen und den dazu
gehörigen Sagen des ehemaligen Klosters **Marienborn** im
Magdeburgischen. Weit verbreitet ist auch noch jetzt die Vor-
stellung von einem Opfer, das die Saale, Elbe, Bode und
Holtemme auf den **Johannistag** verlangen; in Halberstadt
herrschte oder herrscht sogar die schöne Sitte, den **Johannis-
brunnen** auf diesen Tag zu bekränzen. Alles dies greift
viel weiter (zu Johanni öffnen sich auch die alten Burgen und
geben ihre verzauberten Schätze preis), als wir es in einem
kurzen Aufsatze verfolgen können.

Wie trocken nun dem ferner Stehenden, gleich jeder anderen specielleren Wissenschaft, z. B. der Münz= und Wappenkunde, auch die deutsche Mythologie mitunter erscheinen mag, so wissen uns doch die Sammler der alten Ueberlieferungen, auf denen sie hauptsächlich aufgebaut ist, gar manches Drollige über die Erfahrungen zu erzählen, die sie dabei im Volke machten. Es kommt wohl vor, daß ein Schäfer vor Verwunderung einen hohen Satz in die Luft thut, wenn ein Universitätsprofessor von Göttingen, Kiel oder Tübingen sich ganz ernsthaft bei ihm nach einer Jungfrau erkundigt, die sich auf der nächsten alten Burgruine als Jungfrau mit Schlüsseln (weiße Frau) zeigt. „Herrje, glauben denn das Herrle solche alten Schnurrpfeifereien noch?" rief ein solcher einst dem Professor Meier zu. Auch mir sagte einst ein Knabe, den ich am Fuße des Hohensteins bei Neustadt nach einer solchen Jungfer fragte: Sie können dreist auf die Burg gehen und brauchen sich nicht zu fürchten. Jede Belehrung, daß das und das nicht glaubhaft sei, muß geduldig angehört werden, da der Sammler zu allererst den Bildungsstandpunkt, auf dem die betreffende Person steht, erforschen muß. Gewöhnlich findet es sich dann doch noch, daß ihre Aufklärung ein kleines „Aber" hat und daß sie wenigstens an diejenigen Sagen glaubt, die sie von älteren Verwandten gehört hat. Alles andere wird für Lug und Trug erklärt und vielleicht nur das geglaubt, was den Großeltern „selbst" geschehen sein soll. So kommt es dann freilich, daß viele unserer ältesten, schönsten und werthvollsten Sagen, die schon wegen ihres poetischen Gehaltes verdienten, fort und fort Gemeingut des Volkes zu bleiben, vergessen und dagegen die bloßen Spuk- oder Gespenstergeschichten erhalten werden. Doch werden viele ältere Sagen auch nur wieder erneuert und, weil man sie für historisch hält, stets von Zeit zu Zeit, ohne daß das Volk es merkt, in neuere Zeiten verlegt und an Personen geknüpft, die dem lebenden Geschlechte näher stehen. Namentlich werden von witzigen Personen, die durch ihren volksthümlichen Humor populär werden, zuerst Anekdoten und Schwänke (theils solche, die sie selbst ausführten, theils fälschlich ihnen zugeschriebene) erzählt, nach ihrem Tode aber werden ihrer Popularität wegen Bann= und Zaubergeschichten und zuletzt ganz alte Mythen aller Art auf sie übertragen. Aehnlich ist es bereits mit dem alten Dessauer und mit Friedrich dem Großen ergangen und auch sonst habe ich vielfach Gelegenheit gehabt, zu beobachten, wie es der Humor ist, der die älteren Sagen umgestaltet und erneuert und an den sie sich bei der Erneuerung anheften.

Oft trifft man noch Menschen im Volke an, die für die Sammlungen alter Ueberlieferungen eine unerschöpfliche Fundgrube sind. Während diejenigen, welche nichts wissen als einige unbedeutende Gespenstergeschichten, auf die sie insgeheim meist großen Werth legen, sich oft lange zureden lassen, bis sie ihr Herz aufschließen, betrachten jene, welche Vieles und wahrhaft Gutes wissen, es oft als ein Glück, das ihnen widerfährt, wenn sie durch ihre Mitwirkung diese Dinge erhalten helfen sollen, freuen sich beim Erzählen ihres guten Gedächtnisses und haben für den poetischen Gehalt der Sagen und Märchen ein tiefes Gefühl. So erzählte ein alter achtzigjähriger Gerichtsbote zu J. im Harz einem jungen Manne, der mich beim Sammeln unterstützte, mit wahrer Freude eine Reihe der werthvollsten Sagen und bat ihn zuletzt dringend, ihn am Abende zu besuchen, damit er noch weiter fortfahren könne. Er begann auch am Abend sogleich mit großem Eifer weiter zu erzählen, wurde aber dabei von seiner Frau und seinem Sohne unterbrochen; sie schalten ihn wegen seines Aberglaubens, hießen ihn stillschweigen und machten es ihm durch Lärmen geradezu unmöglich, weiter zu reden. Was war der Grund dieser auffallenden Erscheinung? Der Alte erzählte unter Anderem von einem gespenstischen Schimmelreiter, der dort für den Geist eines verstorbenen Amtmanns gehalten wurde und im Felde umherritt und die Früchte beschützte*). Dieser Schimmelreiter hatte einst, wie wir später erfuhren, das böse Gewissen gespielt und ein unwürdiges Mitglied der Familie des Alten aus einem fremden Kartoffelfelde, in dem es hatte stehlen wollen, unverrichteter Sache hinweggejagt. Hinc illae lacrymae! Das war das Vergehen des Schimmelreiters, darum sollte er der ewigen Vergessenheit anheim gegeben werden! Das Gesindel hatte ihm die Kartoffeln

---

*) Der Schimmelreiter kommt in vielen Gegenden Deutschlands in Gebräuchen oder als Gespenst vor und ist eine Erinnerung an Wodan, unter dessen Obhut auch die Ernte stand.

noch nicht vergeben, um die es von ihm betrogen war; es schäumte vor Wuth, weil der Alte mit einem gewissen Respect von ihm erzählte und nahm dabei die Miene der Aufklärung an, während es sich vielleicht noch heutiges Tages blos aus Furcht nicht wieder in das Bereich des Schimmelreiters getraut, um Feldfrüchte zu stehlen! .... Wir geben diese Erinnerung an die Erfahrungen, welche in unserer Gegend selbst beim Sammeln gemacht wurden, als einen Nachtrag zu dem, was wir oben über den ethischen Gehalt der Sagen bemerkten. Leicht könnten wir diese Betrachtungen über die alten Ueberlieferungen noch fortsetzen, brechen indessen hier ab in der Hoffnung, daß vielleicht schon dies Wenige einen oder den andern unserer Leser, besonders solche, die dem Volke näher stehen, veranlaßt, der Sache selbst weiter nachzudenken.

B. Ueber die Zwerge in Familiensagen.

Der Vorberg, den man beim Besteigen der Harburg bei Wernigerode von Küster's Kamp aus überschreitet und welcher, ein Plateau bildend, „Rutsche fort" heißt, soll diesen Namen daher haben, daß der Teufel, entrüstet über die Aufrichtung eines Kreuzes auf dem Kreuzberge, welcher nördlich von der Harburg liegt, in der Absicht, dieses Kreuz und die Kapelle zu St. Theobald zu zerstören, die Burg, welche dem Berge den Namen der Harburg gegeben, von diesem fort geschoben und über das Plateau „Rutsche fort" auf den gegenüber liegenden Schloßberg transportirt habe; doch erreichte er seinen Zweck nicht. Kreuz und Kapelle blieben verschont, der Transport der Harburg aber auf den Schloßberg veranlaßte, daß von dem Grünstein=Dyk, welcher im Thiergarten hinter dem Eingange in diesen vom Schloß= und Theobaldskirchhof sich erhebt, eine bedeutende Partie da herausgerissen wurde, wo jetzt in demselben ein Steinbruch liegt.

Wir geben diese uns nachträglich mitgetheilte Sage zur Ergänzung der Sagen von der Harburg, wie sie gedruckt sind S. 50—53 unter Nr. 128—131 und 134; S. 55 Nr. 138—140; S. 60 Nr. 149.

Zunächst ist zu bemerken, daß hier die Fortrückung des Schlosses von der Harburg nicht einem Zwerge, sondern dem Teufel zugeschrieben wird. Wie jedoch der Teufel auch nach den von uns im Texte mitgetheilten Sagen auf der Harburg zu Hause ist, zeigt besonders Nr. 137, S. 55.

Der Name Rutschefort ist entstanden aus Roche=fort*), welches eine Zeit lang als Besitzung zu Wernigerode gehörte. Jedoch ist der Name Rutschefort schon so lange vorhanden, daß er als eine bloße Entstellung nicht zu betrachten ist. Vielmehr weil die Sage vom Fortrutschen des Schlosses längst bekannt war, mag Rochefort in Rutschefort übergegangen sein. Interessant ist es, daß hiernach nun wirklich ein unbedeutendes Plätzchen an der Harburg den Namen Rutschefort erhalten hat.

Die Sage, wonach Zwerge das Wernigeröder Schloß erweitert und nach dem gegenüber liegenden Berge, auf dem es noch jetzt steht, versetzt haben, wird sich vielleicht ursprünglich mehr auf das innere Wachsthum des Geschlechtes, dem Wernigerode gehörte, als auf seine Wohnung bezogen haben. Ist auch diese Sage vielleicht nicht so entstellt, als ich früher glaubte, indem ja die Zwerge auch gleich den Kobolden gewiß Haus= und Herdgeister sind, sich also auch mit den äußeren Wohnungen edler Geschlechter, nicht blos mit deren innerm Wachsthum, beschäftigen mögen, so ist doch sicherlich auf den Verkehr der Zwerge mit der Burgfrau, den die Sage nur vorübergehend erwähnt, das Hauptgewicht zu legen. Von der Sage der Harburg abgesehen, erscheinen Zwerge in manchen neuern Familiensagen, aber eben so schon in der deutschen Heldensage als Personification der menschlichen Zeugung.

Nach dem Anhange des „Heldenbuchs" wußte der Zwergkönig Elberich, theils weil er nahe bei Kaiser Otnit's Vater und seiner Mutter, des Königs von Reußen Schwester, gesessen war, theils aus den Gestirnen, daß die Königin von ihrem Manne kein Kind empfangen würde. Es war ihm aber gar leid, daß sie ohne Leibeserben sterben sollten: denn

---

*) Spener, Historia insignium S. 767 sagt: „Ita notatur comitatus Rupifortius, seu Rochefort, nostris Rutschefort in Ardenna." Ebenda wird S. 769—771 ein von Karl V. ertheiltes Diplom abgedruckt, worin für Rochefort Rutschenfort gesagt wird.

er fürchtete, nach ihrem Tode böswillige Nachbarn zu bekommen, vor welchen die Zwerge, wie schon Wilhelm Grimm bemerkt hat, überall große Scheu tragen. Unsichtbar, mit einem Ringe, den er vorher an den Finger gesteckt hat und für diesen Augenblick mit übernatürlicher Stärke ausgerüstet, geht er in die Kammer der Königin uud überwältigt sie gegen ihren Willen. Dann sagte er ihr, wer er sei und warum er es gethan („durch des besten Willen"), und schenkte ihr den Ring. So ward Kaiser Otnit geboren. König Eligas von Reußen ward über seine Schwester einst gar zornig von Elberich's wegen: allein „do das Elberich befand, do bracht er sy mit synen Listen wider zu samen, das sy Freund wurden", was vielleicht ursprünglich von einem Streit der Königin mit ihrem Gemahl berichtet sein mag, wenn gleich andererseits dessen stillschweigende Zustimmung zu Elberich's Handlung auch bedeutsam ist. Nach dem Tode seines Vaters, des Königs Otnit, nahm Kaiser Otnit „eines heidnischen Königs Tochter, zu Rachaol gesessen", mit Gewalt, taufte sie und nahm sie zu seinem ehelichen Weibe. Aber der Heidenkönig, um sich zu rächen, sandte einen Riesen und sein Weib mit zwei bösen Würmern in Kaiser Otnit's Land. Den letzten dieser Würmer tödtete nachher erst Dietrich von Bern.

Wie Geburt und Tod, nach meinem Dafürhalten, in deutscher Mythologie und Sage in der Regel gemeinsam repräsentirt sind, so bezieht sich der Zwergring hier auf die Geburt. Aber der Ring des Zwerges Andvare (s. Wilhelm Grimm, „Die deutsche Heldensage", S. 385) bringt Jedem Tod, der ihn besitzt. Mit Recht knüpft daher unsere heutige Sage an den Zwergring, wie an den Nibelungenhort, das ganze Verhängniß (einer Familie).

Ueberhaupt aber werden wir nicht irren, wenn wir in dem Ringe, an den das Wohl einzelner Adelsfamilien geknüpft ist, und den Ahnfrauen dieser Häuser zum Lohn dafür empfangen haben sollen, daß sie Zwerginnen bei der Niederkunft beigestanden hatten, den Ring der deutschen Heldensage sehen.

Am bekanntesten ist diese Familiensage von der Familie Alvensleben; von ihr findet sie sich bereits in den „Deutschen Sagen" der Brüder Grimm.

Nachdem in S. W. Wohlbrück's 1819 erschienenen

„Nachrichten von dem Geschlechte Alvensleben und dessen Gütern" die Literatur der Sage aufgeführt ist, heißt es weiter: „In Zeiten der Kriegsgefahr hat die sichere Aufbewahrung des Ringes den alten Herren von Alvensleben manche Sorge gemacht. Einst ward er in einem Altar der Kirche zu Siepe unweit Calbe vermauert, ein anderes Mal wurde er nach Lübeck in sichere Verwahrung gegeben und eine Zeit lang war er dem Kloster Neuendorf anvertraut. Gewöhnlich bewahrte ihn in älteren Zeiten die Schloßkapelle zu Calbe, gegenwärtig befindet er sich auf dem Hause Erxleben schwarzer Seite. Einen ähnlichen, gleichfalls aus den Händen einer dankbaren Bewohnerin der Unterwelt unter ganz gleichen Umständen empfangenen Ring besaß und bewahrte ebenso sorgfältig die in ihren männlichen Gliedern im Jahre 1767 ausgestorbene mecklenburgische Familie von Regenbank."

Da sich der Zwergring hiernach in dem Dorfe Erxleben zu befinden scheint, so möge folgende Sage hier Platz finden. Im Riesen, einem Walde zwischen Erxleben und Bartensleben, ist ein gar anmuthiger Spring mit herrlichem Wasser; dort erschienen zwei Frauen auf dem Wasserspiegel, schaueten den ganzen Tag über aus der Quelle hervor und blickten dumpf brütend vor sich hin. Diese Sage setzte mein Erzähler zu einem Herrn von Alvensleben in Erxleben in eine wunderliche Beziehung, indem er, die Sage erklärend, behauptete: Derselbe habe zwei Frauen sich als Gespenster auskleiden und Tag für Tag auf den Wasserspiegel setzen lassen, um die Vorübergehenden und besonders die Hirten von dem schönen Platze an der Quelle zu vertreiben. Ich vermuthe, daß die Sage ursprünglich eine tiefer liegende Beziehung auf die Familie Alvensleben hat.

Im neunten Abschnitte meines Schriftchens „Aus dem Harze" erzähle ich die Sage von der durch Zwerge verlangten Hülfe in Geburtswehen von der Familie Asseburg (Falkenstein). Dort empfängt die Burgfrau zum Lohne drei Kugeln von Gold und drei Becher von Glas. Wird hierbei der Leser sich an Uhland's Gedicht, „Das Glück von Edenhall", erinnern, so ist es eigen, daß einer der Becher zerbrochen sein soll, als um die Mitte des 17. Jahrhunderts zwei Junker auf das Wohl ihrer Mutter an deren Geburtstage ihn geleert hatten, die noch an demselben Tage in ihrem Wagen sitzend von einem ausgetretenen Flusse verschlungen wurden, also im Wasser starben, wo den Zwergen nahverwandte Geister wohnen, nach einer Harzsage die Zwerge selbst. Nach den „Deutschen Sagen" der Brüder Grimm mußte eine Frau von Hahn der Frau eines Wassernixes unter dem Wasser beistehen.

Folgendes sei noch bemerkt. Nämlich erstlich, daß die Edelfrauen durch den Ring gewissermaßen als Schwanenjungfrauen (Valkyrien) gezeichnet werden; Wilhelm Grimm zeigte bereits in der „Deutschen Heldensage", wie man sich durch einen Ring in Thiergestalt verwandelte; auch die sogenannten Wolfsgürtel, welche Wehrwölfe umschnallen, gehören wohl hierher. Einen solchen Ring nun nennt Notker suanerinc, „weil die Verwandlung in einen Schwan wohl die edelste und häufigste war", bemerkt Wilhelm Grimm. Die Kette, woran in einer bekannten Sage der Schwan den Kahn zieht, auf dem der Schwanenritter kommt, der nach der Erzeugung eines der ersten rheinischen Geschlechter auf geheimnißvolle Weise wieder verschwindet, ist von Wilhelm Grimm schon dem Schwanenringe gleichgestellt, und ein mir erzähltes Kindermärchen von der Goldtochter und der Hörnentochter (Märchen für die Jugend, Halle 1854, Nr. 5) scheint dies zu bestätigen. Oft müssen auch die Ketten von verwünschten Jungfrauen abgerissen werden, bevor sie erlöst sind. — Zweitens sei bei Elberich noch an das Albdrücken erinnert, das seinen Namen bekanntlich von den Elben hat. Merkwürdig ist in dieser Beziehung die lebhafte Beschreibung von dem Besuche des Albs bei einer ältlichen Dame vornehmen Standes, welche mir in einem ältern Buche vorgekommen ist *).

---

*) Dafür, wie Zwerge überhaupt Gedeihen wirken, auch bei Feldfrüchten, vgl. Müller u. Schambach, Nieder-Sächs. Sagen, S. 366. In anderer Hinsicht vergl. noch für das Wesen der Zwerge „die Sprachvergleichung und die Urgeschichte der indogermanischen Völker" von A. Kuhn, in dessen Zeitschrift IV, 2, S. 109, auch S. 113.

C. Ueber einige Märchen und Sagen vom Hirsch.

In den Zweigen der Esche Yggdrasil, deren eine Wurzel zu der Unterwelt geht, laufen vier Hirsche und benagen ihre Knospen. Auch nagt der Hirsch Eikthyrnir an den Aesten des Baumes Lårabhr, der in Valhöll steht.

Nach mannigfachen deutschen Sagen verlockt ein Hirsch in die Unterwelt, die bald ein Gott, bald eine Göttin beherrscht. Vergl. K. Simrock, Handbuch der deutschen Mythologie I, S. 374. Auch W. Müller, N. S. S. S. 379.

In der Wölfunga 34 erzählt Gudrun einen Traum, worin Sigurd durch einen goldenen Hirsch angedeutet wird. Vergl. Wilhelm Grimm, Heldensage S. 394.

Sehr bekannt ist seit Kurzem das Märchen vom goldenen Hirsch, das unter Nr. 54 in Prof. Meier's Märchen aus Schwaben (vergl. auch meine Kinder- und Volksmärchen Nr. 65, der Ziehhirsch) mitgetheilt und auf den nordischen Freir, den deutschen Fro, und seine Werbung um Gerda (in der Meier nur eine andere Form der mütterlichen Erde überhaupt, „der Nerthus bei Tacitus, die schon ihrem Namen nach mit Freirs Vater, Niördr, identisch ist" sieht) bezieht, eine Auffassung der etwas Richtiges zu Grunde zu liegen scheint, wenn schon wir den Vergleich des Mythus mit dem Märchen nicht bis auf Einzelnheiten, die doch zunächst nur als Schmucksachen betrachtet werden können, ausgedehnt haben würden.

Ich halte zu diesem Märchen, worin ein Hirsch von Golde hergestellt und dadurch die Prinzessin verführt wird, zunächst St. Oswaldes Leben, wo dieser einen Hirsch von zwölf Goldschmieden mit Gold bedecken läßt, mit deren Hülfe er auch die schöne Pamige entführt. Dieser Hirsch wird aber auch unmittelbar aus dem Paradiese gesandt. (Siehe Simrock a. a. O. S. 53 und 55).

Der goldene Hirsch kommt aus einer Quelle und hängt mit einem Felsen zusammen. Vergl. auch meine Märchen für die Jugend Nr. 36, wo sieben Hirsche auf goldenen Ringen um die Hörner aus einer Klippe aus- und eingehen, die der Eingang zu einem verwünschten Schlosse ist. Einer der Hirsche ist eine verwünschte Prinzessin und heirathet einen von sieben desertirten Soldaten, die ihnen in die Klippe nachgegangen sind. Eine merkwürdige Variante dieses Märchens ist mir neuerdings in Ilsenburg erzählt. Danach liegt das Schloß, wo hinein ein goldener „Hirschbock" die sieben Soldaten verführt, geradezu am Brocken. In dem Schlosse hört man nur ein Geräusch, und Speisen werden hineingesetzt; für die, welche an Flucht denken, werden diese Mittags zu Stein. Sie sollen sieben Jahr bleiben und in den Gärten keine Blume abpflücken. Die Prinzessinnen, welche sie erlösen sollen, erscheinen ihnen als sieben Schlangen. Schon sind sie halb Menschen, „wie Haiderauch", da mißglückt Alles durch Untreue und die Erlösung des „Hirschbocks" und der Schlangen glückt erst später sieben Musikanten.

Ein anderes Märchen vom goldenen Hirsch in der niederdeutschen Mundart von Ilsenburg ist von mir mitgetheilt in: „Die deutschen Mundarten. Eine Monatschrift für Dichtung, Forschung und Kritik. Herausgegeben von Dr. G. Karl Frommann, Vorstande des Archivs und der Bibliothek beim germanischen Museum." Nürnberg, 1855. 2. Jahrgang. März und April. S. 173—176. Danach verlockt ein Zauberer in Gestalt eines goldenen Hirsches einen Grafensohn auf der Jagd und nöthigt ihn mit nach seinem Zauberschlosse zu kommen. Bemerkenswerth ist, daß die Brockengegend die Heimath dieses Märchens ist. In derselben wird auch folgendes erzählt, was geradezu zur Erläuterung des eben erzählten Ilsenburger Märchens dienen kann:

Venediger verwandeln sich in einen Hirsch mit goldnem Geweih. Einst schoß ihn jemand, da lagen nur zwei Hörner da und statt des Hirsches standen zwei Venetianer da (es war am Scharfenstein am Brocken). Dort fließt ein röthliches Wasser, das sich in die Ecker ergießt.

Bei den drei Jungfern, welches drei Steine sind, die am Brocken, in der Gegend des Jacobsbruchs zwischen der Hohne und der Pleßburg liegen, und dort am Brücknerstieg (vergl. S. 129) geht ein goldner Hirsch. Vor den Verfolgern ist er auf wunderbare Weise verschwunden.

Nach einer andern Erzählung verfolgen umgekehrt wie im Ilsenburger Märchen die Venediger den goldenen Hirsch.

Von der Kapellenklippe weg, wo früher ein Einsiedler

gehauft haben soll, von der Landmannsklippe her (von wo
die Bauern im Lande Holz hauen), geht ein goldener Hirsch
nach dem Brücknerstieg, geht bis an den gebohrten
Stein, der zersprengt ist, und verschwindet. Der Hirsch ist
ein Zwölfer, sein Geweih blitzt wie klares Gold. Die Ve=
nediger haben dem goldenen Hirsch nachgesetzt, um ihn zu
fangen, und thun es noch. (Nach Andern dürfen sie die
ganze Gegend nicht mehr bereisen). Wie genau der Brocken=
hirsch mit Goldgewinn und verzauberten Schätzen zusammen=
hängt, zeigt folgende Sage. Ein Mann Namens H. in
Hasserode führte drei Fremde nach dem Brocken. Als sie
oben waren, ging er auf den für die Fremden erbauten
Thurm, sich umzuschauen und sah, daß die drei nach einem
gewissen Flecke gingen, dort den Rasen aufdeckten und Päck=
chen herausbrachten. Er fand nachher richtig den Fleck und
zeichnete ihn sich. Von da holte er mehrere Bergleute aus
der Altenau auf dem Oberharze. Sie stiegen in die Grube,
wo die Fahrten sechs bis acht Fuß hoch heraussahen. Alles
war zugeschlossen und sie sahen, daß sie nichts bezwecken
konnten. Der eine Bergmann sagte: sie wollten das Brocken=
buch noch einmal durchlesen, und während dem zeigte sich
ein Hirsch. Der eine Bergmann sagte: der sollte bald liegen,
wenn er seine Büchse hier hätte. Der andere aber sagte: er
solle nur den Hirsch gehen lassen, hier im Buche fände es
sich, daß die Grube mit einem Hirsche versetzt wäre.

Harzsagen S. 129—131 wird die Sage von einem
aus Venedig mitgebrachten Hirsch in zwei Fassungen vom
Oberharze mitgetheilt; in der zugehörigen Anm. S. 268 bis
270 wird sie dann zunächst noch von dem hannöverschen Harz=
orte Scharzfeld nachgewiesen und dann vorläufig schon in
einer Fassung aus Meisdorf im Selkethale (Unterharz) mit=
getheilt.

Die Sage vom Förster und den Venedigern wird auch,
der Meisdorfer Fassung am Aehnlichsten, vom Silberborn im
Käftenthal bei Thale erzählt. Indessen nirgends am nörd=
licheren Harze ist sie auch so verbreitet als am Brocken.

Zunächst lehnt sich auch insbesondere diese Sage an
den in dieser Abhandlung schon erwähnten Brücknerstieg.
Dort, wo die kleine Holtemme entspringt, soll eine Horde mit
grünen Tannen belegt sein, wie öfter an Stellen, wo Vene=

biger verkehren. Da trifft ein Jäger einen Zigeuner, der läßt Wasser in ein Sieb laufen, sie trinken dann, der Jäger schläft ein und liegt auf dem Markte in Venedig. Dort ist das Rathhausdach von Gold und Silber, ebenso sind die Dächer ringsum von Golde; ein kleiner Mann kommt, er muß mit ihm ins Haus gehen, bleibt ein paar Jahr bei ihm, trinkt wieder, geht auf den Markt und liegt endlich wieder auf der Stelle am Brücknerstieg.

Interessant ist das Vorhandensein eines Borns*), des Jägerbrunnens, an den jene Sage sich anlehnt. Eine halbe Stunde vor der Pleßburg, von der steinernen Renne aus, liegt der Jägerkopf, und am Jägerkopfe ein anmuthiges Thal, darin der Jägerbrunnen (Dreiviertelstunde vom Brücknerstieg). Neben ihm ist ein Jäger mit seinem Hunde in einen Felsen ausgehauen. Dieser Jäger war nach Venedig versetzt worden und die Jäger hatten ihm ein goldenes Halsband für seinen Hund machen lassen. Aus der Quelle sprudeln kleine gelbe Kugeln. Dorthin bestellten Venediger auch einen Hirten in der Johannisnacht. Ein Mann saß immer zwischen den K ü h e n , war dann wieder einmal fort und sagte endlich: Ihr Harzer seid zu dumm! Der Stein ist hier mehr werth, als die Kuh. Er gab ihm einen Stein, der war Gold, die nachher dort aufgelesenen Steine aber nicht.

Beim Jägerkopf und am Jägerborn unweit des Molkenhauses am Brocken traf ein Köhlerjunge Venediger. Sie wollten etwas aus dem Wasser ziehen. Sie gaben ihm zu essen und zu trinken. Er schlief ein und als er erwachte, war er in einem prächtigen Schlosse. Dort fand er die Venediger in anderer Kleidung wieder. Sie beschenkten ihn reichlich mit Gold, dann entschlief er und wurde wieder in seine Heimath versetzt.

In Elbingerode nennt man den goldenen Hirsch Kronen- oder Brockenhirsch, und sagt: Nicht jeder sah ihn. Der reitende Förster von Elend schoß ihn todt. Der Hirsch kam vor die Köthe der Köhler und hing mit den „S i e b e n = k ü n s t l e r n" (Venedigern) zusammen.

---

*) In Schierke sagt man: Der Jäger lag in Venedig vor einem Wassertrog.

In allen diesen Fassungen der Sage ist unverkennbar von Bergentrübung und von einer Fahrt in die Unterwelt die Rede. Besonders bemerkenswerth ist, daß vor jeder dieser Entrückungen durch Venediger gegessen und getrunken wird; wer mit Geistern Speisen genießt entsagt dadurch dem gewöhnlichen Leben, worüber man in den N. S. S. S. 373 — 389 vergl. W. Müller's Abhandlung „Zur Symbolik der deutschen Volkssage". Oft werden Schlangen verzehrt, welche auf die Unterwelt Bezug haben und Schätze bewachen*). Der Name Morgenbrobsthal**) und Morgenbrobstein am Brocken mag mit diesen Venedigersagen auch nahe zusammenhängen. Nach einer Sage trinkt der Jäger mit den Venedigern am Morgenbrobsteine. Den Markt von Venedig findet er mit lauter Goldstücken und harten Thalern ausgelegt. Er braucht sich blos zurück zu wünschen nach dem Morgenbrobsteine, und verkauft den erhaltenen goldenen Hirsch für „mehrere hundert Thaler."

In manchen Fassungen der Sage wird der Hirsch auf das Schloß Wernigerode geliefert. In Schierke wird folgendes erzählt:

Unter dem Brocken, südlich vom Königesbach, kam ein Jäger zu Venedigern, aß und trank mit ihnen und ward nach Venedig versetzt. In Venedig mußte er in einen Spiegel gucken, da sah er sich und seinen Hund noch am Königesbach. Danach wird wieder gegessen und getrunken, und er ist am Königesbach. Der Hirsch, den er sich hat aussuchen müssen, liegt neben ihm, und dieser ist nach dem Schlosse geliefert.

Es wird ferner erzählt von einem Jäger in Ilsenburg, der mehrmals einen fremden Mann verjagt habe bei einer bestimmten Verrichtung wie in der Fassung in den „Harzsagen"). Er ist dann auf die gewöhnliche Weise im Schlafe, gleich als würde er getragen***), nach Venedig ge-

---

*) Vergl. Harzsagen S. 242 und 243. Die Geschichte von den Venedigern, die Schlangen verzehren, wird in Braunlage vom Brocken erzählt.
**) Sagen vom Morgenbrobsthal f. oben S. 127—128, Nr. 328—330.
***) Ganz wie die Helden, z. B. Heinrich der Löwe, entrückt werden.

kommen und hat da einen kleinen silbernen Hirsch erhalten. Daher rührt der Hirsch im Stolberger Wappen.

Eine weitere Erzählung lautet: Der goldne Hirsch steht beim Grafen in Wernigerode; der Jäger war am Scharfenstein, von dem schon in dieser Abhandlung die Rede war (vergl. auch die Sagen vom Scharfenstein S. 115 und 116, Nr. 304—308) gegangen, sah in Benedig Vögel und das ganze „Gedierze" (Gethier) in Gold. Der goldne Hirsch stand nachher neben ihm.

Der goldne und der schwarze Hirsch gehen in der Sage ganz in einander über, wie folgende Sage zeigt, die zugleich zur Beurtheilung der Ilsenburger Sagen von Werth ist. Den Ritter von Ilsenburg besuchte einst ein anderer Ritter, der ihm einen schwarzen Hirsch von unvergleichlicher Schönheit mitbrachte. Davon erfuhr der Ritter zu Wernigerode und suchte den Hirsch auf jede Weise an sich zu bringen. Endlich stellte er sogar eine Jagd im Walde an, die Schützen wurden aufgestellt und der Ritter von Wernigerode stellte sich unten an's Stollenthal. Bald darauf kam ein schwarzer Hirsch aus der Dickung hervor, zog sich aber sogleich wieder zurück. Da trat eine Zigeunerin vor ihn und sprach: „Edler Herr, wenn Sie den schwarzen Hirsch lebendig haben wollen, so kommen Sie morgen mit zwei Leuten, dann werde ich ihn Ihnen übergeben." Der Ritter stellte sich mit zweien seiner Bedienten den folgenden Tag ein, die Zigeunerin war schon da. Der Ritter von Wernigerode bekam den schwarzen Hirsch, aber da rief eine Stimme: „Nun so nehmt ihn denn hin in des Teufels Namen!" Auch war der Ritter wirklich dem Teufel verfallen und wurde von ihm auf dem Schlosse geholt. In dieser argen Entstellung haben wir bereits eine deutliche Erinnerung an den mythischen Ursprung des Hirsches im Stolberger Wappen.

Mit der eben mitgetheilten merkwürdigen Sage ist folgende zu vergleichen: Als das Kloster in Himmelspforte noch stand, hatte der Abt einen ausgestopften Hirsch, dem er ein goldnes Gehörn hatte aufsetzen lassen. Er ließ aussprengen, an der Pleßburg ginge ein goldner Hirsch. Ein Mann Namens R......... mußte ihn ziehen — man denke an den Ziehhirsch des Märchens — mit einem Ruck hin und her. Es hieß, der Abt habe ihn im Bann und der Hirsch zeigte sich nur bei Klosterjagden. Einst kam ein Herr von Magdeburg, da zeigte sich der Hirsch zuerst beim Ohrenfelde. Dann trug R.......... den Hirsch durch's Dickicht und der Magdeburger schoß R.......... todt. Nachts schlief der Mann im Kloster, da kam erst ein Todtenschädel, dann kamen drei Geister mit Fackeln. Er schoß die Pistole ab, die Kugel fiel aber zu Boden, ohne zu treffen. Danach war er in einem Saal, wo zwölf Geister waren, darunter war der Abt. Er mußte schwören, binnen drei Jahren nicht zu sagen, was er gesehen. Nach drei Jahren kamen drei Geistliche zu ihm nach Magdeburg, händigten ihm einen Beutel mit Gold ein und sagten: Drei Tage möchte er noch schweigen, dann könne er alles verrathen. So that er es auch. — Der Hirsch, der umhergezogen wird, braucht nicht nothwendig die schwankartige Abschwächung der Erinnerung an die Erscheinung des göttlichen Hirsches selbst zu sein, sondern könnte vielleicht selbst die Erinnerung an die Umführung eines auf einen Cultus bezüglichen Bildes sein.

Wenn wir bisher von den Hirschsagen der Grafschaft Wernigerode redeten, so theilen wir jetzt die der Grafschaft Stolberg selbst mit.

Michael Neander (1525—1595) sagt:
Mons dat Stolbergae muros, insignia cervus
    Alter, jura comes, nomen et aera chalybs*).
(Läncher, das Wappen des Grafenhauses zu Stolberg. 1836, S. 11).

Vom Auersberge bei Stolberg wird die gewöhnliche Sage erzählt. Der Jäger ißt und trinkt mit einem Kroaten oder Slowaken, wie man dort die Venediger auch nennt**), liegt dann zu Venedig in einem Rennstein und muß sich wieder hineinlegen, um auf den Auersberg zurück zu kommen.

Am Auerberge gehn schwarze und weiße Hirsche. Einst wird ein Hirsch einen Grafen auf den Auerberg führen, dort soll er ihn schießen und wird dann die Schätze des Auerbergs heben. Ueberhaupt ist in Bezug auf Stolberg selbst fast

---

*) Der Stahl.
**) Vergl. Harzsagen, Vorwort S. XXIX.

hat, die Landesherren zu Stolberg unter die sächsischen Richter gezählet, und nach P. Albini's Bericht sächsischen Ursprungs sein, so sind sie älter als Otto de columna, und haben die Ehre, daß sie unter den 12 Edlen Vierfürsten des sächsischen Reichs stehen, aus welchen zur Kriegszeit Herzöge und Könige erwählt worden." Mit dieser Nachricht stimmt nun ganz vorzüglich die Myth. S. 100 ausgehobene Stelle Witechinds von Corvei, wonach die Sachsen nach ihrem Siege über die Thüringer um 530 an der Burg S ch i d u n g e n „ad orientalem portam ponunt aquilam, aramque victoriae construentes, secundum errorem paternum, sacra sua propria veneratione venerati sunt, nomine Martem, **effigie columnarum imitantes Herculem**" u. s. w. —

Wir wenden uns jetzt wieder zu der **mündlich auf uns gekommenen Ueberlieferung.** Es wird erzählt:

An der untersten E i ch e bei der Pulvermühle, auf der Herrenwiese, nach Rottleberode zu, dicht an der Dywa soll der Hirsch geschossen sein durch Otto von der Säule, ersten Kammerdiener K a i s e r F r i e d r i ch's. Als er zu B a r b a r o s s a zurückkam, sprach der: „Nun ziehe hin und baue Dich an, wo drei Gewässer (Luda, Wilda und noch ein anderes Wasser) zusammenfließen. Die Stadt hieß zuerst Stuhlberg, dann Stollenberg.

Ferner: Den schwarzen Hirsch fing ein Stolberger zur Zeit K a i s e r F r i e d r i ch's am „alten Stolberg", welchen Namen noch jetzt eine stattliche Bergwand bei Rottleberode führt.

Ferner: G r a f B o t h o fing den Hirsch im Zwilsberge, führte ihn dem Kaiser vor und ward der erste Graf zu Stolberg.

Ferner: Im „alten Stolberg" bei Rottleberode sagte ein Geist: man sollte Stolberg dahin bauen, wo es jetzt steht, und wo der schwarze Hirsch stände, sollte man den Markt hin bauen. Daher das Wappen.

Ferner: Ein weißer Hirsch blieb auf dem jetzigen Stolberger Markte stehen. Der H i r s ch sagte: Hier auf dem Markte sollten sie Stolberg bauen. Ein Jahr darauf wurde „im 7jährigen Kriege" Stolberg eingeschossen und auf der jetzigen Stelle wieder erbaut.

Der schwarze Hirsch (erzählen Andre, immer in Stolberg selbst), zeigt sich bei Stolberg am Hainfeldsberg, ist ein Abstamm von Rolandi und Hun, nämlich eine verwünschte Tochter von Hun. Sie vergrub ein schweres Vermögen diesseit dem Hainfelde zwischen Stolberg und dem Hanifelde. (Hier greifen die oben mitgetheilten Sagen von Eruna ein). Man findet dort eine Telle (d. i. eine Senkung im Erdboden. Bei dieser Telle zeigt sich die Riesenjungfrau als Hirsch, Bär und auch als Mensch. Viele sind dort gesteinigt und ist ihnen die Mütze genommen.

Nun sagt zwar Láncher S. 20—22 Folgendes: „Das Stolberg'sche Wappen ist ehemals nicht ein schwarzer Hirsch, sondern eine umgekehrte Hand, bisweilen auch ein getheilter Schild. Hieraus schon ergibt sich, daß die Erzählung von dem schwarzen Hirsche, welchen Otto de Colonna auf dem alten Stahlberge gefangen und dem damals zu Scheidungen gewesenen byzantinischen Kaiser Justin II, 566—578, als ein rares Wildbrät verehrt habe, worauf ihm dieser die Würde eines Grafen zu Stolberg und zum Wappen einen schwarzen Hirsch in goldenem Felde ertheilet, ein Märchen ist. Das Bild stammt im Gegentheil aus viel späterer Zeit, kommt jedoch schon vor 1347 in Urkunden vor." Indessen verbürgen ohne Zweifel alle diese Sagen dem Stolbergischen Hirsch seinen heidnischen Ursprung, auch wenn er erst in einer verhältnißmäßig etwas späten Zeit in das Wappen aufgenommen ist, was dann wohl eben auf Grund der vorhandenen Sagen geschehen sein würde, wie ja auch auf Grund der Sagen das Bild der weißen Dame von Stolberg gemalt ist, das jetzt im Ahnensaale hängt.

Der würdige Prof. Günther Förstemann führt in seinen kleinen Schriften, Nordhausen 1855, Heft 1 an, daß auch die fränkischen Stalberge einen Hirsch mit ausgereckter Zunge im Wappen haben und nimmt dies als Verstärkung der Wahrscheinlichkeit dafür an, daß die harzischen Stolberge aus der Maingegend stammen. Dies wird, wie gesagt, nach unsren Sagen höchst unwahrscheinlich, denn es ist zu vermuthen, daß diese, vielleicht in einer weit älteren Form, die Aufnahme des Hirsches in das stolbergische Wappen veranlaßt haben, wenn gleich es auch möglich bliebe, daß die in Stolberg vorhandenen heidnischen Hirschsagen sich nur um immer vom schwarzen Hirsche, wie er sich im stolbergschen Wappen wirklich findet, die Rede*).

Säule und Hirsch im Wappen sind durch eine gelehrte Sage, die uns um so wichtiger wäre, wenn sie die Zusammengehörigkeit von Beiden bewiese, von Otto de columna hergeleitet worden. Man findet dieselbe nach ältern Quellen bei Spener a. a. O. S. 768. Wir führen die Sage hier so an, wie Zeitfuchs sie hat in den stolbergischen Historien (1717):

„Laurentius Peckenstein setzet in seinem Theatro Sax das 564. Jahr, mit der Gelegenheit, daß zu den Zeiten Iustini Minoris Otto de columna, aus einer abligen römischen Familia, die von der Säulen genannt, sich unter dessen Kriegsvolk, so wider die Thüringer und deren rebellischen König Hermenfridum, besser Erinfridus genannt, ausgeführt, vor einen Obristen brauchen lassen, und also thätlichen verhalten, daß durch seine sonderbare Mannheit nicht allein der Thüringer König gedemüthigt, und unter der Römer Gewalt hinwieder bezwungen, besondern auch zum Schutz der Sachsen vom Kaiser als ein Statthalter der Gegend am Harze hinterlassen. Dieser habe zur Zeit, als der Kaiser in Thüringen und auf'm Hause Scheidingen (an der Unstrut, welches das älteste in den Historien, sich aufgehalten, an dem Ort, da hernach das Schloß Stolberg hingebaut, einen schwarzen Hirsch ansehnlicher Würde und Größe angetroffen, solchen durch besondere List lebendig gefangen und dem Kaiser zugeschickt, sich auch damit so wohl verdient, daß ihm und seinem Nachkommen der ganze Strich und Ort Landes, darauf der Hirsch gefangen, auf etliche Meil Weges breit und lang, verehret, und er mit einem schwarzen Hirsch im Wappen zu führen begnadiget, auch zum Grafen und römischen Iudice der Gegend eingesetzt und bestätigt worden. Müßte also schon dazumal gebräuchlich gewesen sein, die Wappen an gewisse Familien zu binden. Sollen aber, so viel man aus Spangenbergen und einem alten raren Msto.

---

*) In der Graffschaft Wernigerode findet man den goldnen und den weißen Hirsch als Namen für Wirthshäuser, beides ist mit dem schwarzen Hirsch ganz gleich bedeutend.

den etwa fremd hergekommenen Wappenhirsch gesammelt hätten.

Was die eigentliche mythologische Ausbeute dieser Untersuchung betrifft, so stellt sich die mit dem Hirsch in Verbindung stehende Jungfrau von Stolberg, auch die in eine Zigeunerin entstellte, mit dem Hirsch in Verbindung stehende Frau von Ilsenburg, wo sich ein Marienhof befindet, durch den Hirsch ungefähr zur Genovefa, über welche wir auf Zachers Artikel in Ersch' und Grubers Encyclopädie, 1. Sect., herausgegeben von M. H. E. Meier, 58. Theil, S. 219 bis 223 verweisen, worin es unter Anderm heißt: „Leo (der Genovefa aus dem Keltischen, durch Frau der Höhle*) erklärt) und Müllenhoff sehen in der Genovefengeschichte Bruchstücke jener weit verbreiteten Sage, welche, bei mehren deutschen Völkerstämmen wiederkehrend, bei Angelsachsen, Franken, Langobarden, Schwaben an die Namen der Stammherren, Sceaf, Offa, Schwanritter, Siegfried, Welf sich anknüpft, und über diese hinaus weist auf den gemeinsamen göttlichen Ahnherrn, auf Wuotan, aus dessen Verbindung mit einer Walkyrie jene Stammesherren entsprossen gedacht würden. Wir werden ihnen zustimmen, ja wir werden auf Grund einiger charakteristischer Züge, die sich merkwürdiger Weise in und mit der Legende erhalten haben, noch einen Schritt weiter gehen und in Genovefa nicht blos eine Walkyrie vermuthen dürfen, sondern die Herrin der Walkyrien selbst, die große Göttin der Zwölften, Frouwa." Hiermit ist im Allgemeinen auch die Göttin bestimmt, auf welche der Hirsch im stolbergschen Wappen weist, wenn gleich die stolbergschen Sagen vom Hirsch und von der Jungfrau uns zur nähern Bestimmung dieser Göttin selbst noch manches Licht geben dürften.

Ueber die Säule im stolbergschen Wappen kann auch meine Abhandlung de nominibus montis Bructeri et de fabulis quae ad eum montem pertinent (Wernigerodae 1855) p. 36 et 37 verglichen werden. Was wir so eben S. 194 u. 195 beigebracht haben, zeigt deutlich, daß die Wappensäule

---

*) Also eine Hel. Der schwarze stolbergische Hirsch wird natürlich ganz besonders auf die Unterwelt weisen.

die sächsische Irmensäule ist. Interessant ist bei dem nahen Zusammenhange von Irmen= und Rolandsäulen No. 415 die Sage von Rolandi. Ob aber der nahe Zusammenhang zwischen Säule und Hirsch im Wappen ein bloß äußerlicher ist, oder möglicher Weise tiefer liegen könnte, darüber hier Untersuchungen anzustellen, würde uns, so wichtig es wäre, weit über die Grenzen, welche diese Abhandlung sich gesteckt hat, hinausführen. Jedenfalls steht die „Riesenjungfrau" auch zur Säule in Beziehung, das zeigt S. 196 oben.

Nachschrift. Herr J. Zacher hat die Güte gehabt, mir brieflich mitzutheilen, wie eine von ihm neuerdings noch angestellte etymologische Untersuchung über den Hirsch dahin geführt hat, daß das Hirschgeschlecht, einschließlich des Elennthieres, dem Vanencultus zugehört. Er wird Mehreres zur Vanenmythologie beibringen und kann den Beweis liefern, daß die taciteische Isis einen echt deutschen Namen hat. — Das Beste über den deutschen Hirsch überhaupt steht bis jetzt in Simrocks Bertha die Spinnerin. — Bei Kuhn und Schwartz S. 187 steht folgende Sage: „Weißer Hirsch verweist die Bergleute. Am Herzberge bei Goslar hat man einmal einen Schacht anlegen wollen, weil man vermuthet, daß dort noch viel Erze verborgen seien; da ist plötzlich ein weißer Hirsch erschienen und hat zu aller Staunen vernehmlich gesprochen, sie sollten abstehen von ihrem Bemühen, denn so lange noch das Erz im Rammelsberg unerschöpft sei, so lange würde ihr Unternehmen fruchtlos sein; und darauf ist er plötzlich, wie er gekommen, wieder verschwunden." Diese Sage zeigt wieder entschiedenen Zusammenhang des Hirsches mit Erzgewinn. Herzberg ist Hirschberg und dieser Ort, die Wiege des englisch=hannöverschen Königshauses, soll nach Harzsagen S. 181 einem Hirsch seinen Ursprung verdanken. In: Die Chorographie der Grafschaft Wernigerode, enthaltend Reden und Gedichte, welche bei dem 50jährigen Regierungsjubiläum des Grafen Christian Ernst 1760 den 11. December im Lyceum gehalten wurden, findet sich ein Gespräch von der Blasonirung des gräflichen Wappens, welches jedoch, obgleich jedenfalls unter Anleitung des bekannten Rectors Schütze verfaßt, für diese Abhandlung keine Ausbeute gibt.

**D. Stellen am Harze, welche von Venedigern
besucht sein sollen.**

Schon in den Harzsagen, S. 49, 128, 223, auch
daselbst Vorwort S. XXIX — XXXI, ferner in der vorliegenden Sammlung unter No. 157, No. 323, No. 327,
No. 328 — 330 und besonders in der vorhergehenden Abhandlung ist von den Venedigern und von dem Glauben, daß an
bestimmten Stellen des Harzes Gold ꝛc. zu holen sei, die Rede
gewesen. Es scheint uns zweckmäßig, den Leser in den Stand
zu setzen, diese Stellen möglichst zu überschauen. Wir folgen
dabei einem in unserm Besitz befindlichen Büchlein in lang
Duodez-Format mit ausgerissenem Titel*), worin sich S. 87 bis
137 folgendes findet: „DOCUMENTA oder Alte Urkunden
und Nachrichtungen, wo hin und wieder im Römischen
Reiche Gold- und Silber-Ertze, Gold-Körner, Wäschwerck,
Seiffenwerck ꝛc. zu finden seyn sollen. Von einem der Orten
wohlkundigen und erfahrnen Metallurgo im Anfang vorigen
Seculi aufgezeichnet, und nach seinem Tode also hinterlassen,
jetzo aber allen Liebhabern der Metallurgie und des Löbl.
Bergk-Baues zu Liebe und Dienste, so gut als sie empfangen,
und aus der undeutlichen Schrifft herausbringen können, zum
öffentlichen Druck befördert durch J. A. L. G. J. S. H."

In diesem Büchlein stehen S. 118—136 die betreffenden Mittheilungen über den Harz. Jedoch da S. 127—134
aus unserm Exemplare ausgerissen sind, so sehen wir uns genöthigt, auch einige Ergänzungen nach einer gleichfalls in unsern Händen befindlichen Abschrift wahrscheinlich eines Theils des
Manuscripts, dem auch jener Abdruck folgt, vorzunehmen. Auf
diese Art lautet der Bericht: »Nun hette von Böhmen, Schle-
sien und Hessen unterschiedliche Nachrichtungen, wo Silber,
Amethisten, Saphir, Smaragde, Topasen ꝛc. zu finden, weil
es aber weit entlegen, an theils Orten auch sehr gefährlich,
solches zu bekommen, als habe selbige vor dießmal beiseite ge-
setzet und ausgeschlossen; sollte aber einer oder der andere
solches zu wissen verlangen, kann er sich bei mir, dem Autore
dieses Büchleins nur melden, alsdenn soll ihm mit schrifft-
licher Nachricht an die Hand gegangen werden. Inzwischen

---

*) Nach der typographischen Einrichtung wohl aus dem Ende
des 17., vielleicht auch aus dem Anfange des 18. Jahrhunderts.

aber ist vor's dritte der weltberühmte und von Gott mit allerhand Ertz und Metall gesegnete Hartz, und die allort herumliegende Städte und Oerter hiebei zu fügen, vor nöthig zu achten, denn durch diese Wissenschafft und Nachricht wohl noch mancher ehrlicher dürfftiger Mann zu einem Stück Brod und guten Mitteln kommen dürffte, daferne er sich keinen Fleiß dauren lässet. Setze demnach zum Anfang desselben die Stadt Elbingeroda, so am Hartz lieget, da frage nach einem Berg, der Morgenland heisset, und gehe im tieffen Grund das Wasser hin aufwärts, so findest du zwei Steinklippen, an derer einem ist ein Mönch gehauen,*) daselbst ist ein Stollen, da ist gediegen Goldertz inne, ein Pfund gilt gerne 112 Gülden, davon einsten ein Italiener Noth und Zehrung wegen 1 Pfd. zu Nürnberg um 106 Gülden verkaufft. Der Stollen ist mit Hürden bedeckt und vermacht, darum mußt du mit Fleiß suchen und aufräumen, so du ihn finden wilst.

Darnach gehe weiter am Wasser hinaufwärts, so findest du abermahls zwei Steinklippen und zwei Mönche daran gehauen, deren einer weiset dir mit dem Finger einen Platz an, da du gediegene Goldkörner finden wirst. Noch besser hinaufwärts ist ein gestümpelter Baum, dabei ist ein Steinhauffen, den räume hinweg, so wirst du einen Stein mit einem Ring finden, den hebe auf und suche, du wirst einen Fürsten-Schatz daselbst finden.

Hinter der Hartzburg in dem langen Thale stehen drei Tannen bei dem Wege, darunter ist ein Loch, in welchem eine Goldwäsche ist, die sehr gut und reich ist.

Wernigeroda. Wenn man von Wernigeroda den Bährenberg gehet, so kommt man vor zwei Sägemühlen, daselbst stehet eine Buche, die ist abgestümmelt, lehne dich mit dem Rücken daran, und siehe gegen Abend, so wirst du vier oder fünf Schritte von dem Baume ein Loch finden, darinnen schwartz Kohlenertz, welches Gold und Silber hält, enthalten ist. Es soll auch ein gelber Leimen darinnen sein, der Gold halten mag. Desgl. gehe von Wernigeroda nach dem grossen Brocken, nach dem Klosterberge, nach Triebenack [Drübeck] und halte dich auf die rechte Hand des Brockens gegen das Thal, so wirst du einen Baum finden, an welchem diese Zeichen B. 7. eingeschnitten stehen, drei Schritt davon findest du das Guth mit

---

*) Vergleiche Harzsagen S. 71.

Bohlen bedeckt, siehet aus wie Weitzen=Kleyen und ist Gold und Silber.

B r o c k e n b e r g. Gehe hinter den Brocken auf die alte Strasse nach dem Morgenbrodsthale zu, in demselben Thale gehe hin, bis du wieder an zwei andere Thäler kommest, deren eines zur Rechten, das andere zur Linken lieget, bleibe du aber im mittelsten so lange, bis du an einen grossen Stein kommest. Zu demselben gehe und siehe dich um, so wirst du daran eingehauen finden einen Mönch, der eine Keilhaue auf dem Rücken hat, derselben Spitzen nach gehe den Berg hinauf, so wirst du eine Saalweide und nahe dabei ein Loch finden, mit Wellen oder Reissig und Rasen beleget, die hebe auf und suche darinnen, so findest du Körner, die sich pletzen oder schlagen lassen und sehr gut sind, die andern aber taugen nichts. An eben selbigem Orte findet man auch einen Mönch am Wasser in Stein gehauen, gehe an dem Wasser hinan und siehe dich um, so wirst du einen Ahornbaum, der einer Kertzen gleich ist, finden, drei aus einem Stamm. Daselbst sind in einem Wiesenplatz drei Löcher, die so aussehen, als hätten sie die Schweine gewühlet, darinnen findet man Körner, die sich breit schlagen lassen. Das Pfund soll 20 Gülden kosten.

Vom K a h l e n = K ö n i g s b e r g e, wenn du nach dem Bährenberge gehen willst, an der Mittagsseite nahe an dem Bährenberge ist eine Grube, da halte du dich links, so wirst du eine Buche finden, die ist so dick, daß man sie mit zwei Armen umgreifen kann, darinnen sind Zeichen wie Sternenkelche, da gehen ihrer viele zu und haben ihre Nahrung davon. Zum ersten ist eine Ansicht, das weiset mit der Nase darauf, in der Krümme hat sie 23 Wurzeln, eine nach dem Abend, die andre nach Morgen. Zwischen den Wurzeln ist die beste Urkunde, da findest du gediegen Gold, die Grube ist mit Dornen zugedeckt. Bei dem Königsberge rechts gegen Mittag ist ein Morast, da ist Zeug inne, das wie Lerchendreck aussieht und ist eine Horde darüber geleget, daß man es nicht merket, das Pfund hält 6 Loth, man muß sich aber vom Königsberge herabmachen, wenn die Sonne am höchsten stehet.

Bei dem n e u e n S c h l o ß stehet ein Mahlstein, an welchem das Regen= und Hohensteinische Wappen gehauen ist. Zwischen diesem Mahlsteine und dem Schlosse liegt ein unter=

hohlter Hügel, darin ist himmelblaues Erz, das gut Silber hält.

Ellrich. Wenn du von Ellrich auf die alte Eisenhütte gehest, da liegt unter der Glashütte eine Brücke, darüber kommst du in den Hartz; gehe allda fort, so wirst du ein alt Mauerwerck, das verwachsen ist, finden. Davon halte dich zur linken Hand etwa zwei Acker breit, so wirst du zu einer Steinklippen kommen, an derselben gehe hin und so fortan, bis du für neun der Steinklippen hin bist, dann lehne dich an die letztere und siehe zur linken Hand, so wirst du etwa drei Acker breit davon wieder eine Steinklippen sehen, da gehe hinein, so wirst du eine Fichten finden, die mit Reisig zugedeckt ist, darunter ist ein Loch, in welchem gediegen Gold zu finden ist.

Von Ellrich aus gehe man nach dem kleinen Brocken, ehe man aber dahin kommt, muß man durch ein Thal, das Suppenthal genannt, da wird man finden ein Brustbild an einem Stein gehauen, einem Mönch gleich, der weiset mit zwei Fingern, und wo er hinweiset, da lehne dich mit dem Rücken daran, so siehest du einen Stamm, daran stehet ein Schlüssel, lehne dich mit dem Rücken an den Stamm, so wirst du zwei Saalweidenbüsche sehn, daselbst schlage ein und suche, so wirst du gediegene Silberkörner finden, so sich schlagen lassen. — Gehe ferner von dem Brustbilde gleich aufwärts nach der schwarzen Schluft, halte dich nach der linken Hand und habe gut Acht, so findest du ein Brünnlein, das lässet zwei Ströme von sich, schöpfe es aus, und du findest gediegene Körner, man muß sie aber durch ein Sieb waschen, ihre Größe sind wie Erbsen. Von dannen gehe wieder aufwärts in der schwarzen Schluft hinauf, du kommst dann zu drei Eichen, dazwischen sind Löcher wie von Schweinen gewühlt, darinnen ist Wasser, das mußt du ausgießen, und du findest gediegene Silberkörner. Nicht weit von diesen Eichen findest du einen Platz und in demselben ist ein Loch mit einer Hort bedeckt, welche wieder mit Moos und Laub bedeckt ist, das nimm ab und öffne das Loch, so findest du einen Silbergang und daneben einen Schlägel und Setzeisen; da kannst du abschlagen soviel du willst, hast du genug, so lege das Zeug wieder hinein wie du es gefunden, du mußt aber ohne Betrug damit handeln, sonst hast du kein Glück damit. — Gehe aus der schwarzen Schluft über den kleinen Brocken, so kommst du an einen breiten Sumpf, der ist ganz wässerig, da findest du auch gediegene Goldkörner, du mußt sie aber mit einem Siebe von dem Schlamme reinigen.

Von der Neustadt aus ohnweit der Hartzeburg [vergl. oben] nach dem Schieferberge kommt man erstlich an ein Wasser, das die Kalbe heißt, davon gehe über die Ecker ein wenig unter das alte Mauerwerk, dann ferner über das weiße Wasser und gleich aufwärts nach dem Schieferberge, daselbst findest du schwarze Körner, die auswendig aber schön weiß und gediegen Silber und Gold sind, es ist da groß Gut vorhanden.

Von der Neustadt nach dem Nebelthale, welches bald auf voriges folgt, ist die Nürnberger Goldgrube, welche sie lange Jahre im Gebrauch gehabt, und soll 1 Pfund Ertz 100 Thlr. gelten. Ein wenig von selbigem Orte zur Rechten aufwärts ist ein guter Silbergang, bei diesen beiden Oertchen fließt ein Wässerlein, das heißt das kalte Wasser und ist nicht groß; zur linken Hand der beiden Gänge ist der Silbergang oben am Berge und der Goldgang unten am Thale.

An dem Haselbache steht auch ein Ertz, der Taubenkopff genannt, dessen Pfund 1 Thlr. gelten soll, ist nahe bei der Hartzeburg gelegen. Nicht weit davon ist auch ein Ertz, der schwarze Talck genannt, so auch gut Silber hält, stehet nicht weit vom neuen Schlosse.

Bei Braunlage ist ein Brunnen, darin ist gut Ertz. Man muß ihn aber ausgießen, so man es haben will. Gehe von demselben Ort etwa einen Musketen=Schuß weit vom Wege ab zur rechten Hand, so wirst du eine alte Kohlstätte antreffen, daselbst schlage ein, so findest du ein Eisen, das kost= bare Eisen genannt, das hält Gold in allen Proben und ist leicht zu gewinnen."

Noch liegt uns in der oben bezeichneten Abschrift, wir wissen nicht woher entnommen, Folgendes vor, was sich auf das Weingartenloch (vergl. Harzsagen S. 203—207, und die Anm. S. 296—298) beziehen mag: „Wende dich gleich an= fangs zur linken Hand, so wirst du eine Fünfe oder V finden, da steige in die Tiefe und gehe 12 Schritte fort, alsdann krieche zur rechten Hand hinein, so wirst du hinunterfahren in die Tiefe und wirst daselbst einen Stein antreffen, daran zwei Finger stehen; es ist auch ein Wässerlein daselbst, da krieche auf dem Wässerlein fort, kannst du aber nicht fort kommen, so steige den Stein hinauf und gehe gleich auf die linke Hand, da wirst du in einen schmalen Gang kommen, gehe fort, und du wirst graue Felsen antreffen, oben an denselben wird eine 5 stehen, daselbst wirst du gleich ein Loch vor dir sehen, da steig hinab und wenn du hinein bist, so krieche gleich zur linken Hand auf dem Bauche hinein über ein paar Häuser lang, gefällt dir der Gang nicht und stoßen die Mauern zusammen, so lehne dich mit dem Rücken daran und die 5 wird aufwärts weisen; dann gehe gleich fort und du wirst noch in einen schmalen Gang kommen und wird gleich am Ende daselbst ein Loch hinein gehen mit Steinen verworfen, da räume auf und wenn du solches gethan hast, so krieche hinein von ohngefähr 3 Klaftern, da steht ein Bergmann, der mit der Bicke unter sich weist, gehe dann fort ungefähr 5 Klafter, da begegnen dir 2 Bergmänner mit Grubenlichtern; fahre vorbei, sie weisen dich an die Seite, und gehe weiter fort und du wirst in einen weißen Felsen kommen, worin ein rundes Loch sein wird, da mußt du durch und kommst dann wieder in die Weite; gehe darinnen fort und du wirst dort an der Ecke einen Mönch stehen sehen, eine Bicke in der Hand habend und nach einem Wasser zeigend, und wenn du hinüberkommst nach dem Wasser ohngefähr ein gut Klafter breit, da werden Hölzer darinnen liegen; gehe hinüber, es wird zur linken Hand ein schwarzer Felsen stehn, der gemeiniglich — [hier hat die Abschrift eine Lücke] ..... machst du daran was los, so wird es hell glänzen, machst du es mit dem Lichte schwarz, so wird es einen Schall von sich geben: ich fresse dich! Kehre dich aber nicht daran, sondern gehe wieder auf die linke Hand und kratze ein wenig mit der Bicke, so wird ein Stein los fallen und ein eckiges Loch durchgehen, da mußt du durch und wenn du durch kommst, so wird dort ein Mönch stehen, mit der Bicke unter sich weisend auf ein Erz, das Pfund für 30 Thlr.; wenn dir aber das nicht gut genug ist, so gehe hinunter, schreite fort und du wirst in eine Weite kommen, wo es wird so helle sein als am Tage, da wirst du einen güldenen Altar erblicken und die Felsen gediegenes Gold sein; nimm nach deinem Gefallen und vergiß die Armen nicht."

———

E. Der wilde Jäger und die Frau Holle.

Die Sagen vom wilden Jäger aus dem Sagengebiete, welches dieses Buch umfaßt, wie die von der Frau Holle u. s. w. ziehen wir vor so viel als thunlich in eigenen Abschnitten zusammenzustellen, anstatt sie nach der sonst von uns gewählten Folge nach den Orten mitzutheilen.

Bei der großen Wichtigkeit der Sagen aus der Grafschaft Stolberg ist es interessant, daß dort auch der wilde Jäger ganz besonders zu Hause ist.

In Petersdorf in der Graffschaft Stolberg erzählt man: Christus kam mit dem Kreuze vor eines Juden Thür, dort zu rasten. Der aber ließ ihn dort nicht ruhen, da sprach Christus, der seiner Kreuzigung entgegen ging: „Ich will ruhen und Du sollst wandern!" Von der Zeit an ziehen umher der ewige Jude, der ewige Fuhrmann und der ewige Jäger. Der ewige Fuhrmann zeigt sich in der preußischen Graffschaft unweit Hochstädt und ruft: „Har! Har!" wie Fuhrleute thun. Gastliche Aufnahme der Götter bei ihrem Umzuge über die Erde wurde von diesen belohnt, ungastliche bestraft. Dieser Gedanke hat sich demnach vielleicht auch an Christi Kreuzesgang angeheftet. Zugleich zeigt die vorliegende Sage, wie nicht allein die Sagen vom ewigen Jäger vielleicht, sondern auch vom ewigen Juden und ewigen Fuhrmann zusammenhängen mit Mythen vom Wandern und Fahren der Götter über die Erde.

Der wilde Jäger erscheint in Stolberg mit zwei Hunden, reitend auf einem kleinen Pferde ohne Kopf. Durch das Grumschlacht (?Grubenschlacken?), ein großes Hüttenwerk, ist er hindurch geritten und man hat die Fußtapfen seines kleinen Pferdes nachher gesehen.

Auch im Walde, welcher der Jenteich heißt und wo sich in katholischen Zeiten ein Fischteich befand, hauste er. Er erschien dort einer Frau.

Ein halbes Stündchen von Stolberg, links an der Allee nach dem Eichenforst, über dem Hunnenrodt (welches angeblich Hunnenrode bedeuten soll), liegt Hätschels Wiese. An einem bei dieser Wiese entspringenden Wässerchen zeigte sich ein braunes Pferd und ein Reiter ohne Kopf, welches der wilde Jäger gewesen sein soll. An mehreren Stellen des Wässerchens haben sich auch kleine Kinder gezeigt. Man sah zwei mit einander nackend tanzen. Auf dem Hunnrodt (vergl. auch S. 160) sind zwei große Flecken, darin soll eine Riesenjungfrau und ein Riese begraben sein. Vor mehreren Jahren wurde dort gegraben, aber nichts gefunden.

Der wilde Jäger kam in der Grafschaft Stolberg von Rodishageu her und zog wie ein Hund über den herrschaftlichen Teich nach Rottleberode zu, über's Feld.

Andere sagen: Der wilde Jäger kommt von der Aue her und zieht über Rodishagen fort nach dem Eichenforst, jetzt einem bekannten Vergnügungsorte.

Der wilde Jäger hat 6 Hündchen (andere sagen 8—12 Teckelhündchen) bei sich, die haben Schellchen an. Mit ihnen zeigt er sich z. B. am Bäckersberge. Er ist grün gekleidet und trägt den Kopf unter'm Arm.

Köhler bei Wida, was bei Braunlage (vergl. S. 152-155) und Lauterberg (vergl. Harzsagen S. 197 bis 199, 295) liegt, hatten ein Reh und sprachen, ob's wohl einen wilden Jäger gebe. Da trat ein Jäger herein und entstand vor der Köthe ein furchtbares Hundegebell und Jagen. Plötzlich wird die Köthe aufgerissen, und zwanzig bis dreißig Jäger stehen da. „Alle guten Geister loben Gott den Herrn," sprachen die Köhler. Ich bin Hackelberg, zweifelt nicht an mir, sagte Einer der Jäger, ihr sollt alle Wochen ein Reh haben. Ich komme nur alle 50 Jahr. Der Köhlermeister gibt seine Hand, Hackelbergs Finger drücken sich ein. Im Nu ist Hackelberg umringt vom Jagdgefolge und geht gleich wieder in die Luft.

Ueber die Himmelpforte in der Grafschaft Wernigerode (vergl. S. 81—92) kam der wilde Jäger nach Veckenstedt zu und warf auf einer Wiese die Pferdelende herunter.

Die Geschichte von der Pferdelende und dem wilden Jäger soll auch vor Drübeck geschehen sein.

Vom Oberharze ist diese Sage bereits mitgetheilt Harzsagen S. 125 und nochmals S. 125; vergl. daselbst S. 12 und S. 268. Schwartz hat sie auf Blitz und Donner bezogen (vergl. W. Müller's Abhandlung „zur Sage von dem wilden Jäger", N. S. S. 420).

Im Bodethale hörte ich Folgendes vom wilden Jäger:

Er erscheint im Sommer, Mittags zwischen 11—12, und ruft Ohät; die Holzhacker halten dann in der Arbeit an.

Der wilde Jäger (sagt man zu Altenbrak im Bodethale), zeigte sich am Meisten im kleinen Mühlthale bei Altenbrak und zwar Aschermittwoch.

Auf dem Rübelande im Bodethale jagte der wilde Jäger auch. Er trieb Frauen aus dem Holze (vergl. Harzsagen S. 124) und warf Lenden herunter.

Verschiedene Sagen zeigen Zusammenhang des wilden Jägers mit dem Wasser (vergl. auch oben die Sage von Hätschels Wiese). Im Wasser zu Elbingerode jagt er alle 7 Jahr (wo er dann auch nach der Susenburg kommt), mit dem Kopf unter dem Arm, herauf und herunter. Sein Hund klafft.

Auch wird in Elbingerode erzählt: Der wilde Jäger zieht durch die Luft und verschwindet mit Hundegeklaff im Teich=loche. Man sagt, daß die Kinder aus diesem Teich=loche gezogen würden. Er patscht auch von der Mühle aus in Elbingerode.

Der wilde Jäger trank aus dem Jägerborn am Brücknerstieg. (Dies, wie auch daß am alten Stolberg, vergl. die Abhandlung über den Hirsch, der wilde Jäger zieht, zeigt den Zusammenhang der Sagen vom Hirsch aus Venedig mit dem wilden Jäger). Die dies erzählen, setzen hinzu: Der wilde Jäger fliegt in der Luft und hat einen Hund bei sich, der bellt immer.

Einst fragte der wilde Jäger irgendwo im Vorüber=ziehen: „Habt Ihr keinen Wagen mit 9 Mühlsteinen ge=sehen?"

Auf dem Berge um Goslar geht Nachts ein feuriger Mann und zeigt sich auch aus den Gebüschen. Der Aus=sage der Leute nach bezöge sich dies auf den wilden Jäger.

Der wilde Jäger träumte auch: ein Steinadler würde ihn nachher verzehren. Er wurde auch wirklich in den „Stein=adler" zu Wülperode gebracht.

In Wülperode, in einem Zimmer des alten Amtes, liegt jede Nacht der Hund des wilden Jägers und schüt=telt sich.

Als Nachtrag zu der Sage vom Hackelberg, welche Harzsagen S. 10—12 mitgetheilt und S. 245—248 be=

sprochen ist, stehe hier noch folgende Sage aus der Gegend des Hackels, welche Caspar Abel hat in seiner „Sammlung etlicher noch nicht gedruckten alten Chroniken" (1732) S. 86:

„Eyn Grave to Eghelen de reyt jagen an den Hart na Wiltwarcke, unde reyth uth in des Düvels Namen, unde sprack, he wolde Wild vanghen, dat scholde ome noch GOt effte de Duvel weren, do he an den Hart kam, do bejegende öme eyn swart wilt Swin, darvor vorferde sick sin Perd, dat se allbeyde stortten, unde bleven allbeyde dot, he unde sin Pert."

Wir kommen zur Frau Holle, mit Bezug auf welche es schon von Wichtigkeit ist, zu wissen, wo sie überhaupt vorkommt.

Zu Buchholz in der Grafschaft Stolberg sagt man: „Frau Wulle kommt." Auch in Röbishayn in der Grafschaft Stolberg ist Frau Wulle bekannt. Eben so in Sorge. In Stolberg sagt man: Die Wulle.

In Elbingerode sagt man: Fru Rolle. Fru Holle kommt in Elend zu Neujahr.

Siehe auch in meinem Schriftchen: „Harzbilder. Sitten und Gebräuche aus dem Harzgebirge. Leipzig, F. A. Brockhaus, 1855" den 23. Abschnitt: „Frau Holle; die Kinderbrunnen; der wilde Jäger; Stepke" (S. 76—78), wo sich bereits weitere Nachweisungen finden.

Fru Wulle, sagt man irgendwo, kommt in einer bestimmten Zeit, wo man aufhören muß zu spinnen.

Sagen von Kinderbrunnen stehen in den vorliegenden unterharzischen Sagen unter Nr. 9, 10, 78, 242—245, 357, 358, 374. Vergl. auch J. W. Wolf, hessische Sagen, S. 133, 210 und 211.

F. Frû Frêen, Frû Frien, Frû Frètchen.

Bei Kuhn und Schwarz, Nordd. Sagen, Märchen und Gebräuche, werden in dem Gebrauch Nr. 180 S. 114, (vergl. auch die zugehörige Anmerk. S. 518) die Namen Frêen, Frien, Frêke genannt.

Mir wurde zunächst (in Ilsenburg) folgender Reim mitgetheilt:

Frû Frien
 wolle gêren frien
 un konne keinen krien,
 da seng se an de schrien.

Auch ward in Ilsenburg erzählt:
Fru Frien wollte immer freien in Hölzern, verbarg sich Nachts vor Regen und Schnee in Höhlen; sie ging gleich über Berg und Thal, war nicht schön und konnte Niemand bekommen, sie reiste die ganze Welt nach einem Freier aus. Hatte sie jemand, dann war er wieder fort und sie schrie furchtbar. Besonders zeigt sie sich bei Bäumlers Klippe vor Ilsenburg. Sie ging vor Sonnenaufgang aus, tödtete einen Köhlerjungen, geht über Meineberg und Westerberg. Sie spukt bis heute und zeigt sich des Abends zur Zeit der Uhlenflucht.

Andere erzählen ohne einen Namen zu nennen, unter der Bäumlers Klippe her komme eine Frau im weißen Hemde und in einer weißen Mütze und verschwinde in Kalbogens Garten.

Ein Mann aus Ilsenburg ging Morgens im März ins Holz, früher als er gewußt hatte, daß es an der Zeit sei. Da begegnete ihm eine Frau in einer Haube und langen weißem Gewande. Er fragte, wohin sie wolle, und sie sagte: „Von hier nach der Haidewisburg," welche bei Goslar liegen soll.

Anfang Juli 1855 wurde die Frû Frien wieder von einem Burschen gesehen.

In Langeln sagt man Faßlabend: Jungens spinnt jue Dieße af, Sûß kummet de Frûe Frêe Un kackt in de Heee.

Einen sehr verwirrten Bericht hörte ich zu Beckenstedt, wo man auch Frû Frêtchen sagt, von Kindern und von einer steinalten Frau Bei der großen Wichtigkeit des Gegenstandes hebe ich dasjenige daraus, was noch den meisten Sinn gibt, hervor:

Frû Frêen ist im Himmel gewesen und wurde von den

Leuten um Rath gefragt. Sie hielt sich unter den Weiden bei Veckenstedt auf. Sie machte Musik, tanzte viel und fiel zuletzt ins Wasser.

Auch Märchen von Frû Frêen sind vorhanden. Ich theile zunächst eine Variante aus Ilsenburg zu dem Märchen: Horle, Horle=Wip (Märchen für die Jugend, Nr. 20) mit:

Ein armes Mädchen wollte sich vermiethen, ging deshalb näher und kam endlich auf ein königliches Schloß. Dort wurde sie gefragt, was sie denn könne. Sie sagt, sie könne Gold und Silber spinnen. Sie fragten: was sie zum Silber spinnen haben wolle, und sie sagte Roggenstroh. Sie hatte es aber nur aus Angst gesagt und konnte es nicht. Da klopfte es an die Thür und die Frû Frêe mit den groten Dume kam herein. Sie weinte und sagte, daß sie ihr Versprechen nicht erfüllen könne. Die Frû Frêe fragte: ob sie was zu leben hätte, und da aß sie Alles auf was da war, denn sie konnte sehr essen. Danach ging es immer hurr, hurr, hurr, und sie spann Alles auf. In der nächsten Nacht wollte sie wieder kommen. Das Mädchen sollte alles Essen aufheben und nun wollte sie das Gold spinnen. Auf dem Schlosse war große Freude. In der Nacht klopft es wieder und Frû Frêen kommt. Nun nimmt sie das Waizenstroh und spinnt das Gold. Sie ziehn sie ordentlich an und der Prinz heirathet sie. In der ersten Nacht aber nach ihrer Niederkunft kommt die Frû Frêen und sie muß das Kind hergeben. Deshalb wollte die Schwiegermutter den König aufhetzen, aber vergebens. Nachher bekam sie wieder einen Sohn. Da sagte die Frû Frêen, das Kind sollte sie behalten, und wenn sie rathen könne, wie sie hieße, so sollten sie ihr erstes Kind auch wieder haben. Damals stellte aber der König eine Jagd an und es fügte sich, daß er auch vor die Höhle kam, worin die Frû Frêen war. Da ging die Frû Frêen in der Höhle immer hin und her und sprach:

Hüte will ik bruen,
Morgen will ik back'n,
Owermorgen will ik en kleinen Königssohnen haben,
Weil de junge Frue nicht weit,
Dat ik Pumpernelle heiß.

Pumpernelle war nämlich ihr Vorname, Frû Frêen ihr Zuname. Der König erzählte dies zu Hause und als die Königin rathen mußte, sagte sie zuletzt den Namen Pumpernelle. Danach sagte sie auch, daß sie nun bald sterben müßte. Der König solle hinaus und das Kind holen, das Kind aber solle alle ihr Gold von ihr haben. Das Gold aber hatte sie in einem großen Kasten, und das Kind mußte mit goldnem Spielzeug spielen. Ihr Sarg stand auch schon da und der König mußte ihr Begräbniß besorgen.

Auch wird Folgendes erzählt: Es war eine Frau, die wurde Frû Frêen genannt, und wohnte allein im Walde. Sie war eine Hexe und hatte eine Pflegetochter. Die Alte näherte sich mit Spinnen und spann am Tage 15 Löppe mit ihrem dicken Daume, und sagte immer:

Hurre, hurre, hurr,
All wedder 'n Lob vull.

Ihre Tochter sollte dies auch lernen. Sie schickte sie in's Holz, daß sie sich eine „Wäseke" (Wase) holte und versprach ihr einen rothen Apfel, wenn sie heimkehrte. Den gab sie ihr auch. Nun sagte sie: „Meine Tochter, komm, nun will ich Dir das Spinnen lehren." Da setzten sie sich beide hin und das Kleine mußte immer sagen:

Hurre, hurre, hurr,
All wedder 'n Lob vull.

Die Alte hatte aber auch immer die Hand mit an dem Wocken, darum war es auch wirklich so, und war zu gleicher Zeit gehaspelt und gesponnen, und waren goldne Löppe. Das Mädchen wuchs nun und wurde groß, und es fand sich auch ein Freier dazu, der war ein Köhler, der ging zu der Alten in das kleine Haus im Walde. Die Junge bewog auch die Alte, daß sie ihre Einwilligung zu der Heirath gab, doch sagte sie: „so wie Du nicht spinnst, so habt Ihr kein Brod, denn Dein Mann wird faul werden und zuletzt nichts mehr thun wollen." Sie sollte aber ihrem Manne nicht sagen, wie sie es machte. So hatten sie Hochzeit, lebten ganz glücklich und verdienten viel. Auch bekamen sie zuweilen Besuch von der Alten. Einst erfuhr der Mann von der Sache, da beschuldigte er seine Frau der Hexerei und wollte sie fortjagen, doch geschah dies nicht, und er hat nur von der Zeit an selbst gearbeitet.

———

Anmerkungen.

Zu den Sagen von Thale und der Roßtrappe.
(S. 1—8).

Hünen und Riesen im Bodegebirge. Nr. 1. 2. Bei den Riesen des Bodegebirges muß auch an den Namen Lupbode erinnert werden, jedoch wollen wir uns jedes Urtheils dabei enthalten und nur auf das verweisen, was Jacob Grimm, deutsche Mythologie, 3. Aufl. S. 492 und 493, wo zu dem Namen Lupberg unsere Lupbode nachzutragen wäre, wohl keineswegs mit der Absicht etwas abzuschließen beigebracht hat. Vielleicht ist die Lupbode nach der Art ihres Laufes (angeschlacht rinnende, oder große Bode) genannt, wie man eine warme und kalte Bode hat.

Die Sage von der Roßtrappe. Nr. 3. 4. Vergl. Nr. 1 und 2 „Hünen und Riesen im Bodegebirge". Ferner Nr. 5 und 6 das Bärensdorf, und Märchen für die Jugend Nr. 29, besonders die zugehörige Anm. S. 226 bis 232. Alles dies betrachte man im Zusammenhange mit der deutschen Heldensage, auf die Beziehung der Roßtrappsage zu ihr deutet schon Jacob Grimm's Myth. S. 888 und 889 hin. Wer muß nicht bei dem Bärensdorfe an jene Aeußerung der Quedlinburger Chronik denken: „cantabant olim rustici Theodoricum illum de Berne?" Auch Folgendes ist hier nicht außer Acht zu lassen. Krieger (die Bodethäler im Unterharz von Johann Friedrich Krieger, Geheimen Hofrathe. Halberstadt, bei Helm 1819) sagt S. 62 vom Hexentanzplatze der Roßtrappe gegenüber: „Nach manchen Sagen und Chronisten, welche die Flucht der Heldin einer würdigern weiblichen Neigung der Liebe beimessen, tanzte dieselbe hier in triumphirender Stimmung, als sei es ihr Hochzeitstag, und daher entstand der Name des Tanzplatzes." — Vergl. auch Kuhn und Schwarz, Norddeutsche Sagen, Märchen und Gebräuche, 1848 S. 169 und 170: „Die Roßtrappe" und die Anmerkung dazu S. 490. Der große Christoph (s. Nr. 5) ist schon von Finn Magnusen zu Thor in Beziehung gesetzt.

Das Bärensdorf. Nr. 6. 7. Vergl. die Anm. zu Nr. 3 und 4. „Der von Bären" soll der Vater der Prinzessin genannt werden, deren Fuß sich in den Roßtrappfelsen eindrückte. Bei Kuhn, märk. S. Nr. 203 steht eine Sage von Bärenskirchhof bei Grimnitz, woran sich die Sage vom Tode des wilden Jägers (Hackelberg) knüpft. Aus Stübener, Denkwürdigkeiten des Fürstenthums Blankenburg (1788) S. 5 ersehen wir, was unserer Benutzung des Namens für die Mythologie keinen Eintrag thut, daß das Bernstorf (so schreibt er) historisch ist; es sei, sagt er, nach einem Bernd genannt.

Fahle Hölle. Nr. 8. In Krieger's Bodethälern, S. 81 heißt es: „Wie mehrere Harzörter, besonders im Blankenburg'schen, durch ihre Namen: Sonnenburg, Sonnenbreite, Sonnenfeld, Sonnenstein, Sonnenwald u. s. f. auf die ehemalige Anbetung der Sonne daselbst hindeuten, so ist es auch mit dem Sonnenberge unweit der Blechhütte der Fall, in dessen Nähe sich auch ein Valhalla, in der Volkssprache Valehölle genannt, befindet. Gleich dem Valhalla unterm Bielstein bei Blankenburg eröffnet sich auch dieses an einem anmuthigen freundlichen Orte u. s. w. Vielfältige Spuren von Menschenbegräbnissen finden sich hier." Die Echtheit des Namens Valhalla bei Blankenburg wird durch die Nähe des Bielsteins nicht verbürgt. Bielstein und Beilstein wird jetzt von Grimm, Wörterb. 1376 (beil) als Jagdwort („jagdplätze auf welchen das wild zu stand gebracht und erlegt wurde") erklärt. Dies als Nachtrag zu dem was Harzsagen S. 302-303 über Biel gesagt ist. Vergl. auch Stübener I, S. 198—200. Auch die Berghöhe, auf welcher das Schloß (Amthaus) Catlenburg liegt, heißt Bielstein. Vergl. auch Nr. 416 der vorliegenden Sammlung.

Die Siebenspringe. Nr. 11. 12. (So und nicht Siebensprünge ist zu lesen). Krieger sagt S. 86, daß neben den Siebenspringen 14 heidnische Grabhügel emporstiegen, von welchen man (1819) „bereits 4 geöffnet und aus denselben sechs schöne Urnen und andere, gewöhnlich mit vergrabene Geräthschaften. der tausendjährigen Ruhe geraubt hat."

Der Mönchenstein vom Kloster Wendhausen. Nr. 13—18. Vergl. auch Kuhn und Schwarz S. 171, „Kloster Wendhausen." Von dem Spuk im Kloster Wenthusen redet auch Krieger S. 84—86: „Mönche und Nonnen besonders, sagt er, tummeln sich hier in nächtlicher Weile gar dreist umher." Was er von dem Stein bemerkt, zeigt deutlich, daß derselbe auf die Viehzucht Bezug hat. Vergl. zu 5.

Die Linde am Bodekessel und der Zwerg. Nr. 19. Bei Caspar von der Röhn tritt ein Zwerg auf, der den wunden Helferich durch eine Wurzel heilt. S. W. Grimm, Heldensage S. 216.

Nickelmänner und Wassermänner in der Bode. Nr. 21—23. Vergl. Kuhn und Schwarz 172 bis 175: „Der Nickelmann." Nr. 23. Die Sage von der Saale: „Nixe kämpften mit einander," E. Sommer, Sagen aus Sachsen und Thüringen, S. 7. Der Name Wassermann auch in Franken und Steiermark, s. A. Fries in J. Wolfs Zeitschrift für Myth. I, S. 29, und J. G. Seidl ebenda II, S. 25 f.

Die Zwerge im unteren Bodethale. Nr. 24. Für den Zwergkönig Ewaldus vergl. den Namen des Zwergkönigs Echwaldus, der in Elbingerode, also im oberen Bodethale, bekannt ist (Märchen für die Jugend, S. 231, auch Harzsagen S. 208). Nr. 26. Merkwürdiger Weise verkehren in Bräunrode die Zwerge gerade mit einem Manne Namens Gödecke.

Zu den Sagen von Alten-Brak, von der Schönburg und von Treseburg.
(S. 9—12).

Zunächst ein Nachtrag:

Die Schönburg bei der Ludwigshütte, die zu Altenbrak gehört und nach Wendefurt zu liegt, soll früher ein Kloster gewesen sein. Von da geht eine Nonne aus, dann durch die Darlöcher (einen Hartenwald, d. i. Eichenwald) zwischen der Hoppelnberger Gemeine und dem Grubenthal (welches Tannenwälder sind), dann durch mehrere Thäler, durch die Hassel, ein Wasser, wovon Hasselfelde den Namen hat, dann im Wildenhahn, welches Wiesen sind, herauf, und dann nach der Draburg, welche Daseburg geschrieben wird. Sie erscheint besonders Mähern, und wer ihr folgt, kann sie erlösen. Auf der Draburg soll eine Braupfanne voll Geld gestanden haben und nach Elbingerode geholt sein.

Kegelspiel auf der Schönburg. Nr. 33. Vergl. „Das Kegelspiel unter'm Hohenstein," Harzsagen S. 229.

Osterfeuer auf der Schönburg. Nr. 34. Ueber Ostern und die Osterfeuer vergl. Harzbilder S. 61—65.

Die Spuk-Eiche. Nr. 38. So heißt ein Baum in der Gegend von Treseburg. Es spukte unter ihm, als ein Mann mit Mähl darunter ruhte.

Zu den Sagen vom Rübeland und der Baumannshöhle.
(S. 13—16).

Der schwarze Mann zwischen der Rapbode und der alten Burg. Nr. 41. Das Thal heißt: Mordthal, nicht Moorthal.

Hüttenkobolde. Nr. 43. 44. Vergl. Nr. 28—31, 297, 298, 375—379.

Geister in der Baumannshöhle. Nr. 45. 46.

Wie berüchtigt die Baumannshöhle am Ende des 17. Jahrhunderts war, zeigt S. 400 vom 1. Theil des theatrum poerarum, wo eine Hexe unter Anderm von „ihrem Vetter, dem alten Hansen aus der Baumannshöhle" einen Spruch gelernt haben will. — In seinen „Streifzügen durch die Literatur des Harzes", im trefflichen Programm der höhern Bürgerschule zu Aschersleben von 1854 hat der Oberlehrer Gustav Heyse S. 6—8 mit wohlthuender Gründlichkeit gezeigt, wie es nur ein grober literarischer Irrthum von lächerlichem Ursprunge ist, daß die Höhle ihren Namen von einem Bergmann Namens Baumann haben soll, der sie im Jahre 1670 zuerst durchkrochen; 1591 hatte Heinrich Eckstorm schon eine epistola de specu Bumanni, vulgo Bumannsholl geschrieben, wonach sie 1591 schon seit Menschengedenken berühmt war. — Der Buman (Buttemann, Buttmann) wird Myth. 475 als Name für einen Hausgeist aufgeführt. Eine Sage von der Baumannshöhle steht noch im 1. Bande von Geiger's Geschichten.

Zu den Sagen von Quedlinburg.
(S. 17—25).

Der Vogelheerd bei Quedlinburg. Nr. 47. Ueber Heinrichs I. Vogelheerde und Königswahl sollte diesem Buche die schon früher von mir angekündigte Abhandlung, welche die Waitz'schen Untersuchungen weiter führen wird, beigegeben werden, deren Abfassung jedoch, aus Mangel an Zeit, leider für jetzt nicht mehr möglich war.

Henrich der Vogler und die Stadt Quedlinburg. Nr. 48. Aus Abel a. a. O. S. 481—483. Wie Quedlinburgs Name von dem Hunde Quedel (um dies beiläufig hier zu den Harzsagen S. 21 und 22 zu der nach Quedlinburg übergreifenden Goslar'schen Sage zu bemerken), so wird der von Helmstedt von einem Hunde des Ludgerus, Helim, hergeleitet. S. Büsching's wöchentliche Nachrichten II, 192.

Das Ritterfeld. Nr. 49. Aus Abel a. a. O. S. 493.

Vom Kirchenraube. Nr. 50. Aus Abel a. a. O. S. 494—496.

Sanct Anna und die Mutter Gottes. Nr. 51. Aus Abel a. a. O. S. 498—499.

Das wilde Wasser auf dem Münzenberge. Nr. 56. Vom Münzenberge führte ein unterirdischer Gang nach dem Münchenhofe; pflichtvergessene Nonnen benutzten ihn zu Zusammenkünften mit den Mönchen. Sie spuken noch beim Münchenhofe an den Weiden und diese Weiden heißen deshalb **die drei Nonnen**.

Albrecht vom Regenstein und die Stadt Quedlinburg. Nr. 60. Vergl. meinen Aufsatz über den Regenstein im deutschen Museum von 1855. Aus Abel a. a. O. S. 501 und 502.

Zu den Sagen von Blankenburg und der Umgegend.
(S. 26—29).

Die Teufelsmauern. Nr. 62. 63. Vergl. Kuhn und Schwarz S. 170: „Die Teufelsmauer." Ein Felsen in der Teufelsmauer heißt der Großvater. (Vergl. dazu Myth. S. 153). Er könnte vielleicht nur nach seinem äußeren Ansehen benannt sein, das etwas Bequemes hat. Jedoch sind die Spuren von Donar im Allgemeinen auf dem Gebiete, welches dieses Buch umfaßt, ziemlich reichlich, weniger tritt er in den „Harzsagen" hervor.

Das Dorf Börneke. Nr. 69. Aus Stübener I, S. 420.

Zu den Sagen von Michaelstein, Heimburg und Benzingerode.
(S. 30—39).

Zunächst ein Nachtrag:

Aus dem Jagdhause der Heimburger Forst entführte der Teufel eine Prinzessin.

Evergodesrode, Volkmarstein und **Michaelstein.** Nr. 72. Aus Leuckfeld antiquitates S. 18—23. Die Sage von Volkmar und Michaelstein hat auch Winnigstädt bei Abel S. 491.

Michaels Bild. Nr. 75. Vergl. Kuhn und Schwarz, S. 171, »die Bildsäule des heil. Michael.«

Das Teufelsbad. Nr. 87. Zusatz: Wer die Leichenzüge sieht, erlebt den andern Morgen nicht.

Die Lausehügel. Nr. 93. Die Erläuterung des Namens ergiebt sich aus Harzsagen, Vorwort S. XXXIII und XXXIV. Vergl. de nominibus montis Bructeri p. 46. Vielleicht ist hier auch der Name Lieseberggasse aus Nr. 227 des vorliegenden Buches herbeizuziehen. Ein »Leiseberg« liegt unweit des rechten Ufers der Unstrut, worüber der Weg von Freiburg nach Naumburg geht.

Die Heimburg brennt ab 1288. Nr. 96. Aus Abel a. a. D. S. 175. Nach Stübener I, S. 195 ist Heimburg in Urkunden Hainburg und Hainenburg geschrieben; dies wird auf den Hain, der noch jetzt Osterholz heißt und der sich so weit erstreckt habe, daß die Heimburg ursprünglich in ihm gelegen, bezogen. Im Osterholze ist die **Lisekenhöhle.** An der Osterwiese soll ein Dorf **Göddenhusen** gelegen haben. Hier schließt sich an, was in den Anm. der Harzsagen, S. 284, schon über den Osterstein beigebracht ist.

Bene cincta rota. Nr. 109. Die Nägel, 1½ Schock, wurden zu Ostern an die Pfarre gegeben. Vergl. auch de nominibus montis Bructeri, p. 46.

Zu den Sagen vom Regenstein.
(S. 40 u. 41.)

Der Name Regenstein. Nr. 112. Aus Abel a. a. D. S. 41. — Herr Oberlehrer Keßlin zu Wernigerode hat in einer Vorlesung, die er im wissenschaftlichen Vereine zu Wernigerode über den Regenstein hielt, über den Namen Folgendes zusammengestellt: »Was den Namen des Felsens betrifft, so bemerkt **Stübner** in seinen Denkwürdigkeiten des Fürstenthums Blankenburg Folgendes darüber: Er bekam den Namen Reinstein entweder vom Mangel der Bekleidung, weil er schon von Alters ein nackender, reiner Felsen war, oder von seiner Lage, nach welcher er theils ein Rainstein d. i. Grenzstein der Felder der in der Nähe gelegenen Dörfer, theils ein Felsen auf einem Rain, d. i. auf einem langen und schmalen mit Gras bewachsenen Strich Landes zwischen den Aeckern war. Regenstein wurde er nur nach der von der oberdeutschen abweichenden, niederdeutschen Mundart genannt.

Diese Ansicht Stübner's scheint aber keineswegs die richtige zu sein. Die Schreibart Regenstein findet sich schon 1173 in einer Urkunde Kaiser Friedrichs I., in welcher Conradus comes de Regenstein als Zeuge genannt wird, auch anderweitig im 12ten Jahrhundert. Desgleichen wird Henricus comes de Regenstein in einer Urkunde vom Jahre 1512 genannt, welche von Leukfeld in seinen Antiquitates Blankenburgenses pag. 80 angeführt wird. Im Jahre 1197 schreibt der Graf Conrad selbst: Ego Conradus comes de Regenstein. Diese Benennung ist auch in den spätern Urkunden bei weitem die gewöhnlichere. Es ist also kein Grund vorhanden, die Form Reinstein für die ursprüngliche und einzig richtige zu erklären, wiewohl diese Zusammenziehung der Benennung Regenstein üblich und zulässig ist und in neuerer Zeit häufig gebraucht wird.«

Meine eigene Ansicht über den Namen Regenstein habe ich schon früher in der deutschen Reichszeitung, 1854, No. 41 ausgesprochen. Der Artikel ist folgender: »Der Name des Regensteins, dieser in einen Sandsteinfelsen bei Blankenburg gehauenen ehemaligen Ritterburg, hat zu manchen Vermuthungen Anlaß gegeben, da für Regenstein auch der Name Reinstein vorkommt. Der Regenstein ist weder ein Stein, auf dem es immer regnet, noch ein rein aussehender Stein: deshalb suchte man den Namen von Reihe abzuleiten. Man ging also davon aus, daß mehre Steine hier in derselben Reihe lägen, wobei man vielleicht an die Teufelsmauer dachte, und daß der Regenstein, der hauptsächlichste davon, deshalb vorzugsweise der Reinstein genannt sei. So will man auch in Harzburg den Namen des Elfensteins unweit des neuen herzoglichen Lustschlosses nicht von den Elfen herleiten, sondern da-

von, daß der Elfenstein der hauptsächlichste von elf in einer
Reihe liegenden Felsen sei. Wenn dem wirklich so wäre, so
wäre der Elfenstein zwar einer von den elf Steinen,
aber darum noch kein Elfstein.

Mehr hat die Ableitung des Regensteins von Reihen=
stein für sich. Aus Reihe konnte allerdings Rege werden,
wie Jeder weiß, der den plattdeutschen Dialekt kennt, und wie
sich außerdem noch durch Analogien aus andern Dialekten,
welche die historische Grammatik ergiebt, nachweisen ließe.

Allein auffallend bliebe es immer, warum dann bei der
nun einmal schwankenden Schreibung neben Reinstein der
Name Reihenstein — so viel wir wissen, gar nicht, und wenn
überhaupt, doch gewiß nur selten, vorkommt. Ich erkläre
deshalb den Namen Regenstein auf folgende Weise, durch
die ich seinen Namen zugleich mit seiner großen Vergangen=
heit in Einklang setze.

Im Althochdeutschen heißt ragin, auch ragan, regin
Berathschlagung, Rath. Man findet dies bereits in Grimms
Grammatik angeführt, und Otto Abel hat schon weiter ent=
wickelt, wie aus ragin, regin, dann rein geworden, wie da=
von herkommt Reginhard oder Reinhard, abgekürzt Reineke,
der im Rathe starke, ein Name, welchen der Fuchs führt,
dann Reginald oder Reinald, der Rathwaltende, dann auch
Reginmar oder Reimmar, und wie manche andere Namen
daraus entstanden sind.

Der Reinstein oder Regenstein ist also ein Raginstein,
ein Stein, auf dem Rath gehalten wurde, ein alter Versamm=
lungsstein.

Diese Versammlungen auf dem Regensteine waren in
der ältesten Zeit jedenfalls religiöser Art, sie brauchen aber
darum nicht bloß zu Opfern gehalten zu sein, sondern können
namentlich auch Gerichtsversammlungen gewesen sein.

Daß der Regenstein ein heidnischer Gerichtsort gewesen
sein mag, dafür spricht eine schon bekannte Sage, wonach
man dort noch oft das Hämmern vieler Schmiede vernimmt.
Diese Sage deutet auf Donar (Thor), den Gott des Donners,
der Schmiede und des Gerichts, welcher auf dem Regen=
steine verehrt sein wird.

Der Regenstein wurde von einem der ältesten Grafen=
geschlechter des Harzes bewohnt, und die Grafen standen

überall dem Gerichte vor. Weit erstreckte sich das Gebiet der Grafen von Regenstein, und vom nahen Blankenburg wenigstens wissen wir, wie es einem weiten Gerichtssprengel vorstand.

Zu dem Worte mocte s. das Bremer Wörterbuch; J. Grimm, deutsche Gramm., 1. Thl., 3. Aufl., S. 243; auch Benecke's ausführliche Anm. zu Z. 5331 des Iwein (2. Ausg. von Benecke und Lachmann) und Benecke's Wörterbuch zu Iwein unter ich muote.

Steine auf dem Regensteine. Nr. 113. Aus Behrens Hercynia curiosa, S. 162. Nach anderer Quelle, jedoch wenig abweichend, auch bei Grimm, deutsche Sagen, I., Nr. 109.

Zu den Sagen von Osterwieck und der Umgegend.
(S. 42—48).

Der Kobold. Nr. 119. Vergl. Nr. 296.

Der Welthund bei Stötterlingenburg und Lüttchenrode. Nr 120. Eine Sage von ihm aus Engelbostel und Hecklingen s. bei Kuhn und Schwarz S. 255.

Das beherzte Mädchen. Nr. 124. Vergl. Harzsagen S. 141—143.

Gottslohn. Nr. 125. Vergl. Müller und Schambach, S. 227 und 228.

Zu den Sagen von der Harburg, von Wernigerode, Röschenrode und Hasserode.
(S. 49—77.)

Zunächst ein Nachtrag:

Der Graf hatte erfahren, daß in der Stadt Wernigerode ein sehr geschickter Mann Namens O...... wohne, den ließ er zu sich kommen und trug ihm vor, ob er nicht ein laufendes Wasser ihm auf sein Schloß führen könnte. Jener erklärte: Wollt Ihr mir die Verbrecher, die Ihr in Eurem Gefängnisse habt, losgeben, so will ich meine Kunst zeigen. Der Wunsch soll Euch gewährt sein, war die Antwort. Darauf machte O........ ein Verbündniß mit dem Satan, dem er seine Seele versprach, und fing mit seinen beiden Gefangenen die Wasserleitung an abzugraben. Sie hatten die Lei-

tung aber noch nicht ganz fertig, da ließ O........ dem
Satan merken, daß er ihn betrügen wollte und dieser zerstörte
den Bau selbst. Das hatte O........ nur gewollt. Durch
diese erste Zurichtung hatte O........ sich so viel Kenntniß
erworben, daß er eine neue Leitung machte und das Wasser
glücklich oben auf das Schloß brachte. Dafür stellte der Graf
O........ es frei, er könnte für seine Mühe sich entweder
die sogenannte Charlottenlust, oder die Heidemühle, die zu jenen
Zeiten eine Zwangsmühle gewesen ist, nehmen; O........
nahm die Mühle. Weil nun der Satan keine Tücke an dem
O........ ausüben konnte, so stellte er das Wasser statt in
der alten Stadt in der Neustadt herunter, dadurch verlor die
Mühle so viel Wasser, daß er nicht fortwährend mahlen konnte,
und der Mahlzwang ist von der Mühle genommen, weil er
den Leuten ihr Getreide nicht immer mahlen konnte.

Ein zweiter Nachtrag:

Auf Tischler Ulrichs Wiese steht ein Schatz, der ganz
Wernigerode zweimal wieder auferbauen kann.

Der Kreuzberg. Nr. 128. Sagen von der
Harburg. Nr. 129—131. Der Berg, worauf die Harburg
gestanden, hieß sonst Hartenberg, wie dieser Name in ältern
Urkunden vorkommt, namentlich in einer des St. Sylvesterstiftes. Hart ist Wald und in vielen Ortsnamen am Harz, der
ja ebenfalls seinen Namen davon hat.

Die Sage von Rutschefort ist, wie schon S. 183
angedeutet ist, in dieser Form spätern Ursprungs und zwar
aus der Zeit, wo aus der Königsteinschen Erbschaft Rochefort an das Stolbergsche Haus kam und in den Gräflichen
Titel mit aufgenommen wurde.

Die Königsteinsche Erbschaft fiel dem Hause Stolberg
1535 zu und zwar hiervon nur die Rochefortsche Herrschaft,
worüber ein langer Prozeß mit dem Hause Löwenstein geführt
wurde, der erst im Jahre 1755 endigte. Rochefort liegt im
Luxemburgischen.

Nr. 129—131. Vergl. unsere Abhandlung über die
Zwerge in Familiensagen und Kuhn und Schwarz S. 175
und 176. Der Kreuzberg (vergl. auch S. 182) soll ein
Calvarienberg gewesen sein.

Nr. 128. Auch in Wallnußtöpfen wird Bier gebraut. Als das Zwergkind darüber an zu reden fängt, sagen die Leute: „So bist Du so klug und so alt!" und prügeln es. Uebrigens vergl. Nr. 248, 293 und 368. Harzsagen S. 209. W. Müller und Schambach S. 133. J. Thaler „können auch in Tyrol Spuren von germanischem Heidenthume vorkommen?" in Wolfs Zeitschrift I, S. 290.

Die Glockenblumen oder Pfingstrosen auf den Zwölfmorgen. Nr. 145. Die sogenannte Zwölfmorgenblume ist Trollius Europaeus Linné XIII, Kl. VI. Ordnung Kugelranunkel, sie findet sich auf dem ganzen Ober-Harze.

Die Zwerge von der Heidemühle. Nr. 149. Der Zwergname Trultram erinnert merkwürdig an den Zwergkönig Trutram (vergl. Harzsagen S. 259—260). Trolltram wird im schwedischen Liede von Torkar der Teufel genannt, von welchem der Hammer geraubt wurde (Mythologie S. 223).

Venediger im Bärenloche. Nr. 157. Vergl. die Abhandlung vom Hirsch zu den Venedigersagen. Im 15. Capitel des Froschmäusler tritt ein Alchymist aus Venedig auf, welcher gekommen ist, „Weil er vom alten Münch vernommen." Und ebenda heißt es im 16. Capitel:

„Die Stadt Venedig wird dergleichen
Von solchen Künsten trefflich reich.
Da auch der Münch die Kunst gestohlen" u. s. w.

Das Pferd von Nöschenrode. Nr. 158. Vergl. Nr. 159—161, 164. Kuhn und Schwarz S. 176 und die Anm. S. 491.

Reiter verschwindet im Teich. Nr. 165. Der eigentliche Name des Berges ist Hörstberg. In Niedersachsen bedeutet Horst (plattd. Host) ein einzelnes im Felde liegendes Gehölz.

Sage vom alten Wernigeröder Waisenhause. Nr. 166. Der Kaufmann Ludwig Meyer wird der Bäcker Meyer sein sollen auf der breiten Straße nahe am Markte, denn hier hat das frühere Waisenhaus gestanden.

Feuersbrunst. Nr. 167. 168. Die erste Wernigeröder Feuersbrunst, so weit unsre Geschichte reicht, war 1455 gewesen, im Sterbejahre des Grafen Botho, des ersten

Wernigerödischen Stolbergers. 1528, den 6. August, war die zweite unter Graf Botho dem Glückseligen. Darauf folgte die von 1751, um die es sich handelt. Die vierte große war 1847 am Sonntage Palmarum. S. Bericht über das der Stadt Wernigerode im Jahre 1847 widerfahrene Brandunglück und die ihr dabei zugewandte Hülfe, erstattet von dem Unterstützungsvereine. (Die Geschichte der frühern Feuersbrünste ist daselbst vom Pastor Friedrich und Oberlehrer Kallenbach verfaßt).

Unsere Sage meint, wie schon bemerkt, die dritte große Feuersbrunst vom 30. Juni 1751. Sie ging auf der breiten Straße nur bis an das Haus, welches jetzt von dem Kaufmann Fischer bewohnt wird, und nicht bis an das Hertzer'sche Haus.

An Fischers Hause ist ein Denkstein eingemauert mit folgender Inschrift:

Feralis incendii media in urbe die XXX. Junii circa meridiem anno MDCCLI infeliciter oborti plusque trecenta aedi ficiaconsumentis, terminum hic esse jussit propitius praepotensque Deus, cui grates laudesque sunt exsolvendae per saecula omnia.

Das Volk glaubte, daß Graf Christian Ernst das Feuer besprechen könne.

Der Bärenstein vor der Neustädter Schenke. Nr. 171. Die Neustädter heißen auch Hirschfänger. Nach Kuhn, Märk. S. Nr. 228 werden auch die Einwohner der Stadt Mohrin häufig, wenn sie in anderen Orten der umliegenden Gegend erscheinen, Bärenstäker genannt. Dies wird durch einen von Kuhn mitgetheilten Schwank, wonach die Mohriner gar keinen wirklichen Bären gejagt hätten, begründet. Der Neustädter Stein und die Wiederkehr der Sage selbst an verschiedenen Orten zeigt ihren echt mythischen Grund.

Der Ziegenbocksreiter, das Johannisthor und die Johanniskirche. Nr. 172. Auf dem Claushofe zeigt sich auch eine Ziege.

Das Hickemännchen. Nr. 173. (In Wernigeröder Mundart). Vergl. „Das Hickeding", Harzsagen S. 145 und 146 und die zugehörige Anm. S. 272—276.

Nächtliches Orgelspiel in der Kirche zu Hasserode. Nr. 174. Diese Sage und Nr. 196 zeigt eine schwärmerische Rückerinnerung an eine frühere, gleichsam verloren gegangene Religion, welche man bei unserm norddeutschen Volke nicht suchen sollte.

Pastor Reccard. Nr. 179—180. (Zum Theil in Wernigeröder Mundart). So und nicht Reckhart, wie im Texte steht, ist zu schreiben. Joh. Phil. Reccard aus Wildungen im Waldeck'schen war 1733 Prediger zu Stapelburg, 1733 bis 1735 zu Wasserleben, 1735—1755 Diakonus und 1755 bis 1772 an der Johanniskirche zu Wernigerode, über welche S. 68 Nr. 172 zu vergleichen ist.

Unterirdische Gänge. Nr. 197. Der Name Rektorhof möchte irre führen, da der Rektor jetzt ein anderes Haus bewohnt. Der Hof heißt der „Rüdigersche Hof". Der Name Rektorhof ist dadurch entstanden, weil früher es einmal die Rektoratswohnung gewesen ist.

Der Brunnen bei der Himmelpforte. Nr. 215. Man sieht wie hier Sage und Geschichte sich mischt. Es ist Heinrich Horn damit gemeint, der das Salvatoris-Hospital im Jahre 1554 für 12 Arme stiftete. (Das Nikolin-Hospital ist viel älter, sowie auch die Nikolin-Kirche.

Zu den Sagen von der Mönchenlagerstätte, von der Himmelpforte, von Drübeck, Altenrode und Darlingerode.
(S. 78—98).

An Drübeck, Darlingerode und Altenrode knüpfte sich ein merkwürdiger Gebrauch des Umreitens der Grenze. Die Acten eines darüber geführten mächtigen Processes sind mir gütigst anvertraut worden und ich beabsichtige bald in einer Zeitschrift eine ausführliche Schilderung des höchst wichtigen Gebrauches zu liefern.

Die Prinzessin mit dem Schweinerüssel. Nr. 223. 224. Dies und Nr. 222 enthält die Quintessenz der Sagen des alten Klosters Drübeck am Fuße des Brockens, um welches, wie um Kloster Himmelpforte sich die mythischen Vorstellungen, welche luftig und genial den Brocken umflattern,

Freyja. Nachtrag zu den Sagen. Kater-Kumpen.

in dem Niederschlage einer Reihe von bäurischen und plumpen Sagen concentrirte. Im Ganzen lege ich auf Alles was in diesem Abschnitte von S. 78—105 steht sehr großes Gewicht, und bedauere, sie und die Ilsenburger Sagen hier nicht sogleich ausführlicher besprechen zu können. Das Schwein kennzeichnet die Prinzessin von Drübeck als Freyja, was auch mit den Untersuchungen über die Walpurgisnacht übereinstimmt. Unter den Hirten von Drübeck wird am Liebsten der Schweinhirt genannt, vergl. S. 86.

Der alte Kolbaum. Nr. 205. S. Märchen für die Jugend S. 236.

Die Zwerge am Butterberge. Nr. 228. Im Butterberge steckt auch Silbergeschirr.

Zu den Sagen von Beckenstedt, Wasserleben, Silstedt und Rebbeber.
(S. 99—105).

Zunächst ein Nachtrag:

Beim Jungfernteiche zwischen Wernigerode und Silstedt soll ein weißer Hund sich zu Zeiten sehen lassen, welcher die Leute irre führt; ein Mann kömmt des Weges da herauf und ruht sich ein wenig an dem Teiche aus; nicht lange, da kömmt ein weißer Hund auf ihn zu, er will ihn mit seinem Stocke fortjagen, der Hund geht nicht vom Flecke; auf einmal war er verschwunden. Der Mann will seinen Weg nach Wernigerode antreten, läuft aber vergebens im Felde herum und kann den Weg nicht finden, so daß er nach mehren Stunden Umherirrens wieder nach Silstedt zurückkömmt.

Noch möge eine Anekdote, welche die Sagenbildung zur Erklärung von Namen betrifft, hier Platz finden. Ein vor 20 Jahren errichtetes Gebäude in Wasserleben heißt jetzt allgemein, sogar in Actenstücken, der Kater-Kumpen. Dieser Name entstand daher, daß Jemand von dem Gebäud sagte: »Düt is saune ole Kattekumbe« (Katakombe), wonach dann das Wort Katakombe in Katte-Kumbe und zuletzt gar in Kater-Kumpen verdorbt wurde. Man erzählt aber, als das Gebäude fertig gewesen, sei ein Kater daher gesprungen, dem habe man zugerufen: „Kater kumm!" und daher habe das Gebäude den Namen empfangen.

Von der Linde auf dem Stukenbergsanger zwischen Charlottenlust und Beckenstädt. Nr. 235. Im Acker des ehemaligen St. Viti=Holzes wurde nach gefälliger Mittheilung des Dr. Friedrich vor acht Jahren eine Framea von Erz gefunden. Das Vitsholz lag nahe der noch jetzt eine alte Weihsage grün erhaltenden Linde, die schon in mittelalterlichen Grenzbestimmungen die „alte Linde" heißt. — Schon früher wurde hier eine kleine Streitaxt aus Feuerstein gefunden, die durch Reg.=Rath Stiehler in Besitz Sr. Erlaucht des Grafen Botho gekommen ist.

Bericht vom heiligen Blute zu Wasserleben. Nr. 254. Aus Abel a. a. O. S. 328—330.

———

Zu den Sagen von Ilsenburg.
(S. 106—113).

Prinzessin Ilse. S. 256—286. Für die Ueberschrift ist, wiewohl das Volk jetzt Ilsensteinsjungfer sagt, dieser Name gewählt, da mir mitgetheilt ist, daß der Name Prinzessin Ilse nicht etwa nur von der neuern Poesie der Jungfer beigelegt, sondern noch vor nicht langer Zeit ganz gebräuchlich gewesen ist. So gebrauchen denn auch Kuhn und Schwarz die nämliche Ueberschrift bei Mittheilung der betreffenden von ihnen gesammelten Sagen (S. 176—179, vergl. die zugehörigen Anm.)

Der Schutzpatron des Ilsenburger Klosters war anfangs der heilige Petrus. — Vergl. unsere Abhandl. vom Hirsch. — Die Sage vom Ilsenstein wird jetzt von Tage zu Tage mehr verderbt, da ein schauderhafter Roman über denselben vorhanden ist, welchen ich durchgelesen habe, um desto leichter etwa daher stammende Fälschungen aus der Sage ausscheiden zu können. Noch übler hat es auf die Sage eingewirkt, daß in dem kleinen Ilsenburg ein Liebhabertheater vorhanden ist

Beispiel geflissentlicher Verfälschung der Sagen eines Ortes.

in welchem zuweilen ein nach diesem Roman verfaßtes sogenanntes vieraktiges Sagenspiel: „Die Prinzessin Ilse vom Ilsenstein" aufgeführt wird. Personen dieses lächerlichen Erzeugnisses, in Folge dessen mir Jemand sagte, die Ilsensteinsjungfer heißt: Theater, sind: Prinzessin Ilse vom Ilsenstein; Schürer, genannt Tizmann, Köhler im Ilsethale; Beate, seine Tochter; — Bulko Ammerbach, Förster im Eckerthale; Albert, sein Sohn, Jäger; Daniel Markwart, Hüttenmeister auf dem Hohofen; Brigitte, dessen Tochter; Christoph Flach, Hohöfner; der Ur=Alte oder erster Venetianer; mehre Venetianer, Geister und Geister= stimmen. Ort der Handlung im ersten Akt: die Köhlerhütte Tizmann's; im zweiten Akt: die Himmelspforte (Schatz= graben); im dritten Akte: der Hohofen und im vierten das Ilsethal mit dem Ilsensteine im Hintergrunde; dazu Musik des Hüttenmusikkorps.

Zwerge, Mönche, graue Männchen. Nr. 294. Vergl. Kuhn und Schwarz, S. 180.

Zu den Sagen von Stapelburg und dem Scharfensteine.
(S. 114—116).

Die Schlange auf dem Scharfensteine. Nr. 306. Auf der hier sehr nahen Harzburg zeigt sich Harzsagen S. 5 und 6 der Basilisk.

Das Haus im Schimmerwald. Nr. 309. Eine Geschichte aus dem Schimmerwalde (vom Eckernkrug) steht Harzsagen S. 12 und 13.

Zu den Brockensagen.
(S. 117—136).

Die Mainacht. Nr. 310—314. Der Hexen= altar. Nr. 315. Ueber die Sagen von der Walpurgis=

nacht muß auf die mehr erwähnte Abhandlung de nominibus montis Bructeri verwiesen werden. Vergl auch über Hexenglauben und Hexenfahrten Simrock S. 494—497. Müller und Schambach S. 177—179: „Die Walpurgisnacht." Myth. S. 552. Dr. A. Fries, Sagen aus Unterfranken, in Wolfs Zeitschrift I, S. 299. W. Crecelius, Auszug aus hessischen Hexenprocessen in Wolfs Zeitschrift II, S. 72. F. Wöste ebenda S. 84. Das in der Abhandl. de nominibus montis Bructeri erörterte ergänzen wir hier vorläufig nur durch einige abgerissene Notizen. Der 1. Mai war dem Philippus, Jacobus und der Walpurgis heilig. Die Nächte vom Montag zum Dienstag und vom Freitag zum Samstag sind besonders Hexennächte. (Prätorius Blocksberg S. 499. Die „Kräuterfrauen" (Kräutersammlerinnen?) in der Gegend des Brockens scheinen bis Sondershausen hin als Zauberinnen und Hexen gegolten zu haben nach dem 1. Bande des Theatrum poenarum von 1693, S. 400. — Es wird erzählt und steht auch gedruckt, daß am Brocken am 1. Mai von den mit Gewalt zum Christenthum bekehrten Sachsen noch lange Abgötterei getrieben sei; als man diesen aufgelauert habe, hätten sie sich in Teufelsmasken verkleidet, um die Wächter zu schrecken und ungestört zu opfern. So sei der Glaube an die Hexenfahrt nach dem Brocken entstanden. (Vergl. auch Myth. 1007 und 1008). Diese Erklärung von dem Entstehen des Hexenglaubens erschien Göthe so anziehend, daß er ihr in „die erste Walpurgisnacht" sogar eine dichterische Behandlung zu Theil werden ließ. — Kuhn, Märk. S. Nr. 234, handelt von dem Teufelssteine von Mohrin, auf dem der Teufel jedesmal in der Walpurgisnacht zum Blocksberge geritten ist. Vergl. ebenda S. 375. Eine versunkene Kirche tönt in der Nacht auf den 1. Mai aus der Tiefe herauf; Müller und Schambach S. 16. — Von der Reußenstube zu Netzschkau aus schrieb Karl Müller (dessen Leben und kleine Schriften, von C. A. Varnhagen von Ense, 1847, S. 114 und 115, am 1. Mai 1803: „Gestern Abend sitze ich also hier ganz allein bei meinen Büchern und einer Tasse leidigen Thees, als auf einmal der Kammerdiener hereintritt und mir sagt, ich möchte eilen, wenn ich die Hexen von dem andern Flügel des Schlosses auf allen Anhöhen wolle tanzen sehen. — — — Ich ziehe also mit in die östlichen Zimmer, und — wirklich ein überraschender Anblick! — die ganze Kette der Berge war, so weit das Auge trug, mit schwebenden Reihen von tanzenden Fackelträgern besetzt. Hoch sprüheten die Funken in die Luft empor; laut tönte ein schallendes Halloh! in die Thäler herab. Immer ausgedehnter wurde der Feuerkreis, von dem wir das Centrum zu sein schienen; immer eine Ortschaft nach der andern deployirte und schloß sich an, bis endlich der Horizont von allen Seiten nichts als Feuerwogen zeigte. — — — Iphofen machte sich trotz der Finsterniß auf den Weg und, nachdem er mehrere Feldgraben übel und böse ergründet hatte, was fand er? eine unzählige Menge von Kindern, Knaben und Mädchen komisch vermummt, mit brennenden Besen, die sie jubelnd schwenkten. Das ganze Jahr lang sammeln sie die Besen dazu in abgelegenen Winkeln zu mehrern Dutzenden" u. s. w. Die Besen (vergl. über den Besenritt auch Myth. 1037 und 1038) werden im Allgemeinen eigentlich vielleicht knospende Reiser gewesen sein, sie sind Maien (Birken). — Der Hexenbesen kommt auch in Schweden vor (s. Horst, Dämonomagie II, S. 207. — Ein Mann band neuerdings ein Hirschgeweih auf und stellte so in der Mainacht den Teufel dar. — Walter Scott verlegt im Alterthümler die Geschichte von Martin Waldeck nach der Umgegend des Brockens.

Nr. 311. Dieselben Dienste wie hier das Drachenschwanz u. s. w. genannte Kraut leistet bei Sommer S. 58 der Gundermannskranz.

Köhler und Venediger. Nr. 323. 324. Johannisblume. Nr. 327. Vergl. „Die Springwurzel," Harzsagen S. 99 und 100. — „Nur in der einzigen Johannisnacht, in der Stunde zwischen elf und zwölf Uhr, blüht das Kraut Renefarre — Rainfarren — und wer diese Blüthe bei sich trägt, der wird dadurch den übrigen Menschen unsichtbar." Kuhn, märk. S. Nr. 191. Vergl. ebenda S. 330. Vergl. auch über Farn Myth. S. 1161. J. W. Zingerle in Wolfs Zeitschrift I, S. 330.

Der Wehrwolf am Brocken. Nr. 326. Vergl. Harzsagen S. 146 und 147. Kuhn, Märkische Sagen S. 375.

Wölfe am Brocken. Nr. 332. Vergl. die Sage

von der Wolfswarte auf dem Bruchberge (Harzsagen S. 127 und S. 268).

Vom Andreasberge unter der Waldschmiede. Nr. 333. Ueber Andreas in Ortsnamen s. Harzsagen S. 270 bei Gelegenheit der oberharzischen Bergstadt St. Andreasberg.

Katzensagen. Nr. 335—339. (Zum Theil in Wernigeröder Mundart). Vergl. Harzsagen S. 101 u. 102. Zu 338 vergl. Harzsagen S. 306, wo jedoch in die Anführung eines bekannten Büchertitels ein lächerlicher Druckfehler steht: der Roman von Brentano handelt nicht von Wehmüttern, sondern heißt: „Die mehreren Wehmüller." Ferner vergl. Sommer a. a. O. S. 57 und 58. Kuhn und Schwarz S. 202. Schambach und Müller S. 180. Zu Nr. 338 sei folgendes angemerkt.

Prätorius' Blocksberg, S. 330, berichtet nach Hildebrands Theurgie: „Da einsmals ein Knecht, Johann von Bremen, am Gemörde der Pferde gewartet und in einer Hütten ein wenig Feuers gehabt, kam eine Katze zu ihm, zu der sprach er: „Kätzlein komme her zu mir und wärme Dich." Da kamen eilends ein Haufen Katzen zusammen, und die erste that den Vortanz und die andern folgten und sangen unter dem Tanzen:

„Katzenthier,
Komm her zu mir,
Sprach der gute Johann von Bremen zu mir
Und wärme Dich.

Er war erstlich erschrocken, da er aus einer Katzengestalt Menschenstimmen hörte; als er aber einen Muth gefasset, hat er mit seiner Geisel umb sich gehauen und sie zerstöret."

Wunschsumpf. Nr. 345. 346. Ueber wunsch s. Myth. 126—132, 390 und 391, und Harzsagen S. 260. Simrock S. 209.

Die Brautklippe. Nr. 347. Eine ähnliche Bewandtniß hat es vielleicht mit dem Brautstein auf der Kolborner Haide, unfern dem Städtchen Lüchow. Von ihm wird bei Harrys, Volkssagen Niedersachsens, I, S. 60 und 61 eine Sage erzählt, wonach die ihn umgebende rothe Haide Brauttreue heißt, was aber mit dem Inhalte der Sage nicht recht stimmt. Wie in unserer vorliegenden Sage der

Fuß einer Jungfrau in die Brautklippe, drückte sich in die Jungfernklippe bei E. Sommer, Sagen aus Sachsen und Thüringen S. 18 der Fuß eines Burgfräuleins.

Das Brockengespenst. Nr. 348. Brockengespenst nennt man jetzt gewöhnlich eine berühmte Luftspiegelung am Brocken, von der man glauben mochte, daß sie die im Texte gegebene Sage veranlaßt haben möchte.

Zu den Sagen von Schierke und Elend.
(S. 137—142).

Der Schlosser am Brocken. Nr. 349. Vergl. die Herzberger Sage in den Harzsagen S. 185.

Die Jungfrau von der Elendsburg. Nr. 362. 363. S. Märchen für die Jugend S. 234. Ich führe, ohne den etwaigen Zusammenhang mit dieser Sage ermessen zu können, hier folgendes aus Wächter, Statistik der im Königreich Hannover vorhandenen heidnischen Denkmäler an (S. 178 vom Amt Elbingerode):

„Heidnisch möchte hier vielleicht nur die sogenannte Elendshöhle im Elendsthale bei dem Eisenhüttenwerk daselbst genannt werden können. Sie ist nischenförmig in einen Bergvorsprung hineingehauen, aber so niedrig und eng, daß ein Mensch darin liegen, aber aufrecht schwerlich darin stehen kann. Lagerstellen fehlen gänzlich. Sagen über sie sind nicht vorhanden, man glaubt: ein Einsiedler habe sich darin aufgehalten." Der Name kehrt im Amte Bederkesa wieder, wo ein mächtiger Granitblock bei Groß Hein den Namen Elendsstein führt. „Die Sage will, daß die Camstedter, eifersüchtig auf den Bau eines hohen Kirchthurmes der Ringstedter, ihn fortgeschleppt hätten, um damit den Kirchthurm zu zertrümmern. Aber an seiner jetzigen Lagerstätte angelangt, sei der Stein elend, d. h. zu schwer geworden, und habe nicht weiter gebracht werden können. Deswegen heiße er Elendstein." (Wächter S. 76). In der Nähe liegt ein Hunengrab: Dansenstein.

Zu den Sagen von Braunlage.
(S. 152—155).

Der Kappelfleck. Nr. 383. 384. Vergl. Kuhn, Märk. S. Nr. 78: „Der Markt auf dem Kirchhofe zu Lehnin."

Achtermannshöhe. Nr. 389. Vergl. Kuhn, Märk. S. Nr. 196: „Der Teufelsdamm im Paarstein." Müller und Schambach S. 152—154.

Huckepolte. Nr. 393. 394. Vergl. in Nr. 252 die Namen Tückeboten (Kuhn und Schwarz S. 183 haben den Namen Tückholde) und Dickepoten. Hucken heißt springen.

Zu den Sagen von Stolberg.
(S. 156—173).

Eruna, Aerine, die weiße Jungfer. Nr. 401 bis 412. Zusammensetzungen mit run s. in Förstemanns altdeutschem Namenbuche, 1. Band, Personennamen, 7. Lief. 1062. Sie hängt, jedoch offenbar nach der Sage, durchaus nicht als eine historische Person, in weißem leinenen Gewande auch auf Schloß Stolberg. 406. „Wenn ich meinen Bruder Valentin mitnehmen soll, so will ich mitgehen" sagt Harzsagen S. 4 Jemand zu der Jungfrau von Harzburg.

Hunniskirche, Hunrot. Nr. 414. Vergl. Kuhn und Schwarz, S. 229: „Die Rolandssäulen. Mündlich aus Nordhausen."

Georgine (Eruna), der Erdgeist oder die Jungfer vom silbernen Nagel. Nr. 420—422. Vergl. Nr. 401—412. Daß Eruna hier als „Erdgeist" auftritt ist höchst eigenthümlich und bemerkenswerth. Der Name Georgine ist Mißverständniß, zu dem der alterthümliche Klang des weiblichen Namens Anlaß gibt. Brachte man mir doch sogar eine angebliche Lebensgeschichte der Jungfrau; es war die der Gräfin Aurora von Königsmark, von Cramer.

Geisterkirche zu Stolberg. Nr. 423. Vergl. Nr. 117. Harzsagen S. 77—79. Zur Geisteskirche ist auch schon zu vergl. Thietmar, in den Geschichtschreibern der deutschen Vorzeit III, S. 13 und 7.

Die Hebamme und die Kinder in der Rädersee. Nr. 429. Vergl. z. B.: „Die Kindbetterin im Gohlitzsee," Kuhn, Märk. S. Nr. 81.

Antoniuskopf. Nr. 441. Für den Namen Antonius vergl. Harzsagen S. 241.

Der Gaukler zu Stolberg. Nr. 442. Aus Goëtia vel Theurgia, 239. Wenn der Gaukler gerade einem Lilienstocke den Kopf abhaut, so ist zu vergl. in meinen geistlichen und weltl. Volksliedern (Aschersleben, Focke 1855) Nr. 5, Strophe 10, und die in der zugehörigen Anm. angeführte Abhandlung von Koberstein.

Die goldene Schlange. Nr 450. Ich theile hier noch einiges andere von Schlangen mit. Wenn man dem Schlangenkönige die Krone abschneidet, wächst sie des Nachts wieder an. — In Darlingerode wird erzählt:

Leute, die schon etwas mehr waren, hatten eine Tochter, die hatte viel „Vorschläge," sollte aber nichts annehmen. Sie ging in's Holz und holte Gras, dabei schlief sie ein und eine Otterschlange kroch ihr in den Hals. Da wurde ihr so miserabel, sie konnte nicht essen und nicht trinken, und ihre Eltern glaubten, sie wollte in Wochen. Da wollten die Eltern sie erhängen, ihr Vater ging mit ihr spazieren und steckte vorher einen kleinen Strick in die Tasche. Sie will sich ein Bischen ausruhen und schläft ein, er läßt sie schlafen und macht unterdessen die Zurüstungen, um sie zu erhängen. Da kommt aus ihrem Munde eine Schlange und sechs Junge. Da fängt der Vater die Jungen und danach weckt er seine Tochter, geht mit ihr nach Hause und erzählt seiner Frau, daß sie nicht schwanger wäre, sondern Schlangen im Leibe gehabt hätte. Nachher erzählten sie's der Tochter, da ekelte und graute sie sich so sehr, daß sie nach einigen Tagen starb. —

Es war eine arme Frau, die ging mit dem Kinde im Korbe Heidelbeeren suchen und ließ es im Korbe stehen. Nach einiger Zeit ging sie hin ihm die Brust zu geben, das Kind schlief dabei ein und ließ von der Brust ab und die Mutter schlief auch ein. Da kam eine große, große Otterschlange und sog an ihrer Brust. Leute, die dazu kamen, mußten ihr ihr Kind abnehmen, sie aber rapte die Schlange in die Schürze und ging damit nach Haus, denn die Schlange ließ von ihrer Brust nicht ab. So ging sie mit der Schlange zum Schlangenfänger, der sagte: wenn sie geschwind sein wolle, so wolle er ihr helfen. Wenn er auf der Pflockpfeife pfiffe, so kämen die Schlangen zusammen und sie spränge dazwischen. Aber dann müßte sie rasch zur Thüre hinaus sein. Als er zum ersten Male pfiff, blieb die Schlange ruhig sitzen, da pfiff er noch einmal, da that sie einen Sprung und sprang zwischen die andern Schlangen. Kaum war die Frau zur Thür hinaus, da sprang die Schlange ihr nach und mit einem furchtbaren Satze gegen die geschlossene Thüre. Die Frau aber starb doch bald darauf vor Schrecken und Ekel.

Frauenruh. Nr. 457. 458. Vergl. „Die Frauenruhe," Kuhn und Schwarz, S. 230. Die Sagen vom Hohenstein (bei Neustadt) stehen übrigens schon Harzsagen S. 228 und 229.

Zu Abhandlung A.
(S. 174—182).

S. 174 lies in den drei letzten Zeilen: „wobei man nicht verkennen wird, daß sie andere Leser, wenigstens einen andern Zweck vor Augen hat, als die übrigen Abhandlungen und Anmerkungen dieses Buches."

S. 175, Z. 23 v. o. lies „auf die Grimm," statt „auf den Grund."
